国家出版基金项目
NATIONAL PUBLICATION FOUNDATION

田野中国·当代民俗学术文库

扮玩：鲁中三德范村的年节生活

朱振华　著

齊魯書社

图书在版编目（CIP）数据

扮玩：鲁中三德范村的年节生活 / 朱振华著. -- 济南：齐鲁书社，2019.12
（田野中国·当代民俗学术文库）
ISBN 978-7-5333-4252-4

Ⅰ.①扮… Ⅱ.①朱… Ⅲ.①节日－风俗习惯－研究－章丘 Ⅳ.①K892.1

中国版本图书馆CIP数据核字(2019)第292433号

扮玩：鲁中三德范村的年节生活

朱振华 著

主管单位	山东出版传媒股份有限公司
出版发行	齊魯書社
社　　址	济南市英雄山路189号
邮　　编	250002
网　　址	www.qlss.com.cn
电子邮箱	qilupress@126.com
营销中心	（0531）82098521　82098519
印　　刷	山东临沂新华印刷物流集团有限责任公司
开　　本	710mm×1000mm　1/16
印　　张	19.5
插　　页	3
字　　数	306千
版　　次	2019年12月第1版
印　　次	2019年12月第1次印刷
印　　数	1-1000
标准书号	ISBN 978-7-5333-4252-4
定　　价	80.00元

在田野中理解中国（总序）

张士闪

近年来学界劲吹“田野风”，行走田野成为时尚。田野调查并不专属于哪一学科，讲究的是深入民间，以参与式观察获得实证材料，当下能有红火气象，诚然可喜。田野调查在我国有着悠久传统，西周时期就已有“问俗知政”制度，专设负责采风的官员即“行人”，到民间搜集歌谣，供当政者了解民情风俗，考察政治得失。据说《诗经》中《国风》和《小雅》的部分诗篇，其由来便与此有关。“礼失求诸野”这句话是否真为孔子所说，一直存有争议，但它赋予“田野”的那种沉甸甸的神圣感，至今还能感受到。

不过，“田野”究竟意味着什么呢？这是我一直萦绕于心的问题。

一

我所理解的“田野”，就是我等众生于其中生老病死的日常生活世界。田野是人类知识的本原，是人类总体行为的发生场所。套用柯林武德的话来说，即生活是“自我—授权”① 的。如果仅依据书面材料分析人性乃至人类，就既高估了人类的理性能力，也低估了日常生活世界的复杂程度。

日常生活是琐碎、模糊的，它当然也会受到国家制度的巨大影响，虽

① ［英］R. G. 柯林武德著，何兆武、张文杰译：《历史的观念》，中国社会科学出版社 1986 年版，第 331 页。

然后者并不见得总是直接发挥作用。① 我们都在日常生活中，视听言行皆为日常，但常被选择性地赋予不同价值，导致我们身在其中却忘了我们在学术视野中的“日常”之理。田野研究作为方法，首要之义就是需要警觉与反思人之常情的缺失。

在现代西方文化研究转向中，日常生活被提升到空前高度予以关注。胡塞尔强调的对“生活世界”的回归，海德格尔的“日常共在”观念，维特根斯坦的“生活形式”分析，福柯关于“规训”的微观性权力的分析等，都是产生了巨大影响的思想。晚近的布迪厄则以人的“习性”为关键性概念，通过对其历史养成与现实运用的观察，试图理解日常生活实践。② 在他看来，“习性”研究的特别意义，在于它代表了一种相对稳定的社会行为规范，在日常生活与社会运行之间提供了一条便捷的阐释路径。

许多著名思想家都惊叹于日常生活力量的不可低估，如黄遵宪说：

> 风俗之端始于至微，抟之而无物，察之而无形，听之而无声，然一二人倡之，千百人和之，人与人相接，人与人相续，又踵而行之。及其既成，虽其极陋甚弊者，举国之人习以为然，上智所不能察，大力所不能挽，严刑峻法所不能变。夫事有是有非，有美有恶，旁观者或一览而知之，而彼国称之为礼，沿之为俗，乃至举国之人，展转沉

---

① 张士闪：“毫无疑问，国家制度‘深深地影响着乡村社会的日常生活’，但在乡村社会语境中，‘国家制度’又经常被视作一种可供谈论、交流、改装或化用的‘文化文本’。”（张士闪：《礼俗互动与中国社会研究》，载《民俗研究》2016 年第 6 期）在民间，这一文本或许会被漠视或忽略，也许会在不断的强化中嵌入地方传统之中，甚或在新语境的诱发之下衍生出新意与价值。从本原的意义上，国家制度是世俗化的产物，而国家制度的实施又在社会中形成新的常识，这亦可视为世俗化的过程。刘铁梁曾提及村落中一种散漫的、冲击着国家想象的“民俗现象”的存在，认为它是任何国家力量也无法消除的，“任何大一统的文化到了民间，都有一个民间化的过程，而这个民间化过程是紧密联系其社区自身存在和发展的需要”，这可视为对上述现象的自下而上的论证。参见王铭铭、刘铁梁：《村落研究二人谈》，载《民俗研究》2003 年第 1 期。

② ［法］皮埃尔·布迪厄著，蒋梓骅译：《实践感》，译林出版社 2012 年版，第 79 页。

锢于其中，而莫能少越，则习之囿人也大矣！①

詹姆斯·C. 斯科特也说：

正如成千上万的珊瑚虫杂乱无章地形成的珊瑚礁一样，成千上万的以个体形式出现的不服从与逃避行动构建了其自身的政治或经济屏障……当国家的航船搁浅在这些礁石上时，人们的注意力被典型地吸引到船只失事本身，而不会看到正是这些微不足道的行动的大量聚集才是造成失事的原因。②

黄遵宪认为民众“习俗”是自行其是的，因此以“习之囿人也大”推导变法维新思想的合法性，而斯科特则关注“微不足道的行动的大量聚集”对于国家权力的侵蚀，认为应从日常生活政治理解社会变迁。二人的共同之处，则是都将日常生活与国家命运相提并论。类似思想，早在两千多年前的《史记》中即有表达：

鲁公伯禽之初受封之鲁，三年而后报政周公。周公曰：“何迟也？”伯禽曰：“变其俗，革其礼，丧三年然后除之，故迟。”太公亦封于齐，五月而报政周公。周公曰：“何疾也？”曰：“吾简其君臣礼，从其俗为也。”及后闻伯禽报政迟，乃叹曰：“呜呼，鲁后世其北面事齐矣！夫政不简不易，民不有近；平易近民，民必归之。”③

在这则案例中，君王对于民众日常生活的态度（或者说“民俗政策”），对于王朝命运的影响是如此巨大而直接，难怪被后世视为治国之鉴。其中反复述及的“礼”“俗”话语，既是对中国传统社会形态

① 〔清〕黄遵宪：《日本国志·礼俗志一》。

② 〔美〕詹姆斯·C. 斯科特著，郑广怀等译：《弱者的武器》，译林出版社 2007 年版，第 43 页。

③ 《史记》卷三三《鲁周公世家》。

的化约表述，又表征着颇富弹性的中国传统政治模式。源远流长的中国传统政治，绝非近代以来西方学者所谓“东方专制主义”一语所能盖棺论定的。

二

在我的家乡鲁中山区洼子村，村民至今有讲礼论俗的传统。村里老人也知道，他们的生活本身是“民俗”，却在分家、葬礼等一些重要场合，依然拿“礼”或“老礼”说事。面对已有或潜存的世俗纠纷，“礼”（而非“理”）是管用的。再看遍及全国各地的庙会节庆、冠婚丧祭、修志续谱、传统游艺等活动，在看似不同的文化表达中，都体现出“礼治社会”的共同特征。如民间祭祀中“天地君亲师”牌位的摆设，乡村巡游时“普天同庆”“天下太平”等旗号的彰显，庙碑家谱中“礼曰”“诗云”的征引，民间口头传统中“圣人言”“老人言”“老礼”“老话”的强调等，都在借用国家权威（礼）而建立地方秩序，却在持续的仪式活动实践中，经由形式模仿而逐渐嵌套于国家政治格局之中，形成了各地同中有异的“家国一体化”传统。我们意识到，民间之“礼”固然是含混的，但这正是民众参与国家礼制建构所留下的文化印迹，并已成为中国传统文化完整谱系中不可或缺的部分。

我还注意到，为各地民众所运用的“礼”“俗”话语，既与国家历史进程中的教化实践有关，也对应于乡村日常生活本身的复杂性质。在乡村社会中，也会出现家庭内部的分化或分工的问题。兄长可能是讲究礼仪、在乡里素有声望的人士，瞧不上“时俗”；兄弟却喜好参与地方信仰仪式、乡民游艺之类的热闹活动。当国家致力于“礼仪下行”之时，对这类家族造成的影响可能就是分裂，最终在地方社会中形成既有分治又有整合的状态。每逢灾乱年头，民众挣扎于生存底线，也会使得社会上“礼”与“俗”的裂缝加大，国家行政难以贯彻基层。这已是每次大的社会灾乱过后，历代王朝总要“整顿风俗”的根本原因，并成为中华文明逐渐建构、整合和传承的有机部分。

我相信，中国传统社会的良性运转，正在于礼俗互动的政治制度框架与弹性实践机制的设计：在社会理念上，国家讲究礼制而不至于脱离俗情，民众以贴近国家正统为正途；在国家政治层面，倡导“为政必先究风俗”“居官以正风俗为先”等民俗政治原则，注重因俗制礼与以礼化俗相结合的社会实践，冀望通过礼仪教化达致礼俗融合的社会理想状态。

当然，村民的讲礼论俗，与国家制度或文化典籍中的礼俗话语并不一致，亦不见得是要谋求上层社会的支持，而重在自树影响，以强调传统伦理、化解民间纠纷或动员公益事务等。但更重要的是，这种民间之“礼”虽与国家礼制有异，却又以贴近国家礼仪正统自命，并自觉调适于国家一统进程中。村民为什么要将自身“民俗”的一部分界定为“礼”？他们在援引“礼”的话语时，如何确信就是（或符合）国家之“礼”？这就是田野研究一展身手的地方了。

田野研究的一大优势，是可以直接碰触已在民间存在久远、至今仍在发挥作用的一些知识和思想，无论它们是以怎样的形式存在（如村志、族谱、庙碑、俗语、节庆、礼仪等），还可以持续观察它们为民众继续使用的过程与样态。这些知识和思想并不见得就完全属于民间，因而与一般意义上的“中国原理”相联系。长期行走田野的学者，都曾有类似经历：有时候偶然听到一两句俗语，忽然就对国家一统进程中积淀一方民众的某种心态心领神会。哈布瓦赫认为“言语的习俗构成了集体记忆最基本同时又是最稳定的框架”①，那么为村民频繁使用的俗语，就可以视为理解地方社会生活的一种捷径。重要历史事件和影响较大的社会观念，必然会在俗语中有所表达。还有些流行更广泛的俗语，如“不经一事，不长一智”“谋事在人，成事在天”等，则代表了中华民族更普遍的文化心性。前者是说人类个体“成人”的过程离不开社会历练，而后者则在激发一种积极奋发精神的同时，并不否认社会条件的制约性。

何谓“下田野”？即指学者走进民众的日常生活，以具体的人和事为研究对象，发现其背后的“人情世故”及其文化意义的过程。古往今来，

---

① ［法］莫里斯·哈布瓦赫著，毕然、郭金华译：《论集体记忆》，上海人民出版社 2002 年版，第 80 页。

无论是古代文人的采风问俗实践，还是现代史上知识分子“向民间去”的社会运动，都具有某种“下田野”的色彩。但这些活动往往因为忽视民众的自我表达，难以对民众的日常生活有充分认知。我以为，田野调查之要义，是一种特定的人际交往方式和文化互动实践。民众口述所表达的知识（田野资料）与口述本身所代表的交流行为（田野关系），其实都是具有学术意义的素材。比如一位村民讲同一件事，面对家人、邻居或陌生人的表述肯定会有所不同。不同的社会语境，影响了他的知识表达。

田野研究既以民众日常生活为研究对象，首先就要关注“野”，就是探究以人与自然的互动为基础而形成的人地关系，即“非社会”状态。人总是宿命般地存在于自然环境之中，自然环境是人与社会的共同起点。自然环境凭借其物质构成，不仅为人们提供生计资源，还是人类情感、意志及广泛意义上的实践行为的投射对象，并以意象的方式参与人类心智结构的发育。自然环境通过人的生计劳动，再转化为合乎人需要的物，而富有人文气息的“田野”亦由此生成，这就是更广泛意义上的“文化”发生的过程。譬如那些以凤凰、凤翅、龙头、卧龙、回龙等命名的地理地貌或人工建筑，就是人们附会宏大历史或赋予吉祥寓意所营造的族群认同符号。人与自然环境之间的交互作用看似微不足道，却坚韧地影响着整体社会系统的运行与变迁。因此，马克思曾将“市民社会”界定为“物质的生活关系的总和”①，并认为它是“全部历史的真正发源地和舞台”②。

按照赖特·米尔斯的说法，社会科学应“探讨个人生活历程、历史和它们在社会结构中交织的问题”③，这需要研究者贴近日常生活，体察民众感受，并以田野的眼光理解个人所处的社会结构与历史传统。虽然，生活总如流水般不断逝去，但承载流水的河床还在，田野研究便有章可循。

---

① 《马克思恩格斯选集》第二卷，人民出版社 2012 年版，第 2 页。

② 《马克思恩格斯选集》第一卷，人民出版社 2012 年版，第 167 页。

③ ［美］C. 赖特·米尔斯著，陈强、张永强译：《社会学的想像力》，生活·读书·新知三联书店 2001 年版，第 158 页。

三

田野研究的学术共识，是从地方生活细节入手，在民间与国家的相互建构中理解中国政治传统。如果说“地方性知识”（克利福德·格尔兹语）是人类文化的起点与载体，那么我们常说的“文化传统”无非是稳定化了的文化，而“传统文化”则是做大做强了的“文化传统”。文化的意义在于为生活提供价值，但对于文化的价值判断，却长期来自政治系统、学术系统，而非占据人类绝大多数的芸芸众生的生活系统，诚为咄咄怪事。久而久之，人们甚至会淡忘“生活是文化之根”的常识，以至于需要一种“眼光向下”的学问，长期在田野中观察民众生活系统，做相关的价值辨别及清理工作，提醒整个社会不要忽略或淡忘来自民众生活系统的文化判断。

中华民族是众多族群的集合，中华传统文化是在对多元地方文化的融会、提炼中形成的，而与礼俗相关的话语形式与社会实践，涉及中华民族自古及今持续的思想构成与社会运作，因而成为理解这一过程的重要路径。历经波澜起伏的近现代社会变迁，其精髓仍在当今社会生活中潜在传承。近年来，已有不少学者以田野调查为基础，对国家之“礼”与民间之“俗”之间复杂的互动关系进行研究，显示出“在田野中理解中国”的广阔前景。

长期在中国做田野调查的科大卫教授，将地方信仰、祖先祭祀、社区节诞、民众文字传统、庙宇建筑等视作“有意义的礼仪标签”，试图以此“重建地方社会整合到中华帝国的过程”①。近年来，他又提出“国家对地

---

① 科大卫、刘志伟：“在不同时间不同空间，尽管人们都同样追求大一统，但他们用来定义大一统的标签往往不一定相同。在把地方传统纳入大一统范畴的过程中，尽管他们总是会努力把对自我的认知与对大一统认知之间的距离拉近，他们建构的大一统样式与其他人建构的大一统样式在概念和行为上仍然可以有很大的差异，问题不在于这种差异有多大，而在于他们对正统的理解和定义是否有规律可循。”见氏著《“标准化”还是“正统化”？——从民间信仰与礼仪看中国文化的大一统》，载《历史人类学学刊》2008年10月第一、二期合刊。

方社会的影响，不一定是控制，也可以是地方社会很主动、很巧妙地把国家制度引入来处理地方上的问题。所谓地方整合到国家，就是一种认同的过程”，因为“我们在田野考察的基础上注意到，这种认同跟地方社会与国家机构打交道的形式很有关系”①。在他看来，国家政治建构与地方社会发展之间的互动过程，即“形成中国的历史”，而在这一互动过程中形成的“礼仪标签”，就是“理解中国”的关键。无独有偶，在历代王朝“礼下庶人”的教化过程中，刘志伟、孙歌看到的却是“礼俗互动”的基层政治实践，“读书人在民间推行士人之‘礼’的过程，常常是通过把原来民间社会秩序中的‘俗’纳入‘礼’的体系之中来实现的……礼教在民间的渗透推广，并不是一个自上而下的过程，而是读书人和士大夫阶层自觉地把民间的社会秩序之‘俗’纳入礼的规范中来的过程”②。或许正鉴于此，郑振满将历史人类学的研究范式归结为“注重民间文献，注重田野调查，力求回到历史现场，从民俗研究历史”③，我相信这一理念也适用于更多的学科。

如此，以田野的眼光看文献，以历史的眼光看民俗，就在“礼”“俗”之间看到了“俗化之礼”“礼化之俗”等所谓“礼俗相交”的社会状态。其实，南宋思想家吕祖谦本来就说得很是清楚：“礼俗不可分为两事，制而用之谓之礼，习而安之谓之俗。”④ 历代县志中常见的“俗成民化”之说，是地方官普遍设定的社会治理目标，“俗成”即社会风气明显好转，“民化”则指民众经由教化达致“礼仪自觉”，彻底成为“化内之民”。

再看国家之“礼”，也并非成于一时、定于一尊，其本身即屡经重建、多元复合的产物。在不同的历史时期，所谓“礼制”并未由儒学所垄断，

---

① 科大卫、张士闪：《“大一统”与差异化——历史人类学视野下的中国社会研究——科大卫教授访谈录》，载《民俗研究》2016 年第 2 期。

② 刘志伟、孙歌：《在历史中寻找中国——关于区域史研究认识论的对话》，香港大家良友书局有限公司 2014 年版，第 115 ~ 117 页。

③ 郑振满：《华南学者的历史人类学：传承与互动》，载《开放时代》2016 年第 4 期。

④ 〔宋〕王应麟：《困学纪闻》卷四。

佛道之学对于“礼”的建构也各有绵延的传统。譬如在春秋战国时期，有楚礼也有夷礼，礼的相对性极为明显。在元朝时期，全真教曾力压儒、佛而以“国家之礼”自居，一度在众多地区担当起社会教化与组织的职责，成为沟通王朝政治与地方社会的重要方式。时过境迁，历史上国家礼制的多元建构却依然会对地方社会持续发生影响。我们在田野中见到的多种民间文献，如族谱、碑刻、契约文书、诉讼文书、日用类书、民间礼仪本、宗教科仪书、宝卷、善书、唱本、剧本、账本、杂记等，就生动地显示出了这一点。

赵世瑜曾为田野研究树立了一个宏大目标：

> 我们要研究的，就不只是中国文化的“大一统”的结构本身，而是形成其结构的复杂历史过程，尤其需要对不同地域历史演变作比较的研究……中国社会秩序是以“礼仪”为核心，建筑形式、行政制度、产权代表、武装力量等都是礼仪的表征，因此可以作为理解统一性的切入点。①

当然，这需要无数田野个案的长期累积和以小见大的层进拓展。

四

在田野中遭逢的一切，既是现实，也是历史，足可展开绵密而深邃的思考。钟敬文说“一滴水的意义是不能低估的”②，罗志田说“历史的共性完全可以展现在个人的经历和体验之中”③，都说的是个案研究之长。不过在田野研究中，现实的多重面相与人性纠结需要辨析，历史的杂乱堆积与回环嵌套也需要厘清，因而抱持一种谦卑心态是必要的，因为“历史留

---

① 赵世瑜、申斌：《从社会史到中国社会的历史人类学》，载日本中国史学会《中国史学》第25卷，2015年10月。

② 钟敬文：《民间美术与民间文化问题——在山东高密民间艺术展览座谈会上的讲话》，载《民间工艺》创刊号，1984年10月。

③ 罗志田：《知人论世：回归以人为主体的历史》，载《读书》2019年第11期。

给后人的本来就不可能是一个完整的图像，本来就都是些‘碎片’，关键在于人们如何发现它们之间的联系及其意义，把它们连缀起来”①。在田野中搜集“碎片”的工作固然辛苦，而在纷然“碎片”中发现和建立关联则尤费斟酌，这需要有足够的想象力。我曾试图这样概括我的田野研究思路：

> 一是注重人地互动的关系，从人与自然之间长时段的相互塑造关系来理解民俗传统；二是注重中国社会发展进程中礼俗互动的关系，从乡村生活实践中观察整个社会的礼俗互动态势，梳理其价值演化的脉络、机制与逻辑；三是关注田野调查中的人际互动关系，将田野访谈视作一种特定的人际交往方式和文化互动实践。②

这样的表达并不完整，但是有感而发，意在提醒田野同道们应兼顾多维思考。就上述三种互动关系而论，任何一维的些许变化又都会影响其他，并在复杂联动中将这一微变放大或削弱，从而影响整个社会系统的运行和演化。比如人际关系固然是在人地关系的基础上发展起来，但既同为社会性的存在，人地关系又可视为人际关系的延伸，并连同在长期礼俗互动中凝结而成的社会结构，一起汇作我们当下正在观察的社会关系整体。

我相信，就学术方法而言，唯有置身于田野之中，才能真正理解一种地方传统的约定俗成，并在更长时段、更广阔区域被传承，乃至与国家政治形成因应互动的关系。换句话说，当我们在田野中亲密接触一个个活生生的人，体会“芸芸众生”内部的千差万别，内心就有了五味杂陈。在田野故事多种版本的背后，映照的恰是人情世故众生相。田野研究是凸显“人的实践”的研究模式，贯穿于整个工作过程的，应是那种持之以恒地探究个体日常生活的好奇心。海外学者萧凤霞曾说：

---

① 赵世瑜等：《走向多元开放的社会史——中国社会史研究30年的回顾与前瞻（超越名实之辨的社会史）》，载《光明日报》2009年3月24日。

② 张清俐：《“深描”中国村落文化变迁》，载《中国社会科学报》2017年7月10日。

> 我着力研究在田野考察过程中碰到的一个个人，我探讨某些事物为什么对他们那么重要，尝试了解他们的选择和取向，是经过一个怎样复杂的历史过程而形成的。……像中国这样庞大的政治实体，不论在帝国时期还是在现代，有那么大的地区文化差异，又经过那么繁复的兴衰周期，它是怎样维系着人民共同的想象的呢？①

这席话是对田野研究目标的绝好概括。我们在田野中所接触的民众生活文化，与长期高居庙堂的儒家经义，以及道、法、墨等百家之学，同是秉承于中华民族古老的精神血脉，而各有损益，多元相通，并非势同水火，因此才会有“礼失求诸野”的说法。“呦呦鹿鸣，食野之苹。”我们真希望能有更多怀有学术良心与善意的人走进田野，联起手来，俯下身去，一步一步共同实现“在田野中理解中国”的宏愿。

---

① 萧凤霞：《廿载华南研究之旅》，载《清华社会学评论》2001 年第 1 期。

找寻有温度的田野（自序）

在某种意义上，民俗学者与乡间老农并无不同，他们都要在一片被称为“田野”的土地上劳作，还都强调“人勤地不懒”。大家相信，除了年景的好坏，劳动收获的丰歉主要取决于耕者对土地投入的热情。20 世纪 90 年代前后，山东农村在分配或调整各家责任田时，为了尽力实现公平，保留着“抓阄”的传统，各家地块的远近、优劣全凭自己的手气。因此，农民们面朝哪块黄土挥洒汗水实则充满偶然性。与之相似，从身边师友的治学经历来看，大家与“田野”的结合也常出人意料。选择山东省省会济南市的城边村三德范作为本书田野调查的地点，也是由几个偶发事件促成的。

2004 年，笔者在一所艺术院校修读艺术史论专业。在很长一段时间里，笔者所受教、熏陶和理解的“艺术”或者是诗词曲赋，或者是吹拉弹唱，再或者是琴棋书画、影视、戏剧。2006 年春天，学校主办了一场主题为“乡民艺术与近现代华北社会”的学术研讨会。其间，部分学者还应邀作了几场学术报告。笔者意外地发现，被主持人介绍为国内著名学者的教授们（当时作学术报告的有刘铁梁、赵世瑜、傅谨等几位先生）讲述的田野故事，非常符合笔者这个在泰山脚下、大汶河边捉泥鳅、逮知了长大的青年人的生活感受。更重要的是，原来老百姓的生活文化也可以登上大雅之堂，竟然还值得专家津津乐道！紧接着，笔者选择继续攻读硕士学位。尽管报考的是艺术学专业，但学习的兴趣由此转向了民俗学，并最终以非物质文化遗产方向研究生的身份完成了一篇以城市民俗为个案的毕业论文。就这样，伴随“城市语境下的泰山皮影戏”为主题的论文写作，笔者发现在城市社会的公共领域（public sphere）①，作为文化资源的“民俗”开始蜕变为一种文化资本，并在国家政策和市场经济的助力下化身为市民社会的一种艺术政治。

从那时起，艺术民俗的权利表达成为笔者很感兴趣的学术话题。当然，现在看来，当时那种“只见树木，不见森林”的田野调查还十分肤浅、稚拙。知者行之始，行者知之成，随着时间流逝，透过“语境”去体悟民众生活文化的理念逐渐转变了笔者之前只注意本体的庸人短见。

过去十年间，得益于山东省民俗学界注重田野调查的风气，笔者先后奔赴河北省及太行山东缘一带系统地考察了姚家峧村“大进驾”、白府村“拉死鬼”、固义村“捉黄鬼”、土山诚会等多个春节社火活动。在河北省广宗、永年，笔者随同山东大学民俗学研究所师生深入调查了“梅花拳”的组织和传承情况；在辽宁、吉林、黑龙江等地，借助中国民间文艺家协会的支持，笔者与师友们近距离感受了山东人“闯关东”的心路历程。不仅如此，在李万鹏教授、刘德龙研究员、张士闪教授的带领下，更是先后在鲁中、鲁东、鲁西南等地的城乡间做过几十次田野调查。这种种因缘，使得笔者对中国北方农民及其土地、生活的理解渐渐超越了以往狭隘的、出于个体生活感受但缺乏文化震撼的认识。

基于以上渊源，在攻读民俗学博士学位期间，笔者曾试图选取黄河下游地区颇有名气的乡民艺术“鼓子秧歌”做专题研究。但在进行了四次田野调查以及周备的案头工作后发现：关于鼓子秧歌的研究不仅学术成果丰赡，而且其表演活动本身亦逐渐脱离乡土语境，有走向精致化、职业化、商业化、城市化的趋势。换言之，鼓子秧歌像华北地区诸多乡民艺术的现代遭遇一样，它不但在中国近现代历史上经历了剧烈的革命化、政治化、艺术化的改造，而且随着当代中国现代性问题的急剧扩张发生了巨大变化。一方面，这导致它“离土离乡”，从文化根基上渐趋流失了乡民们广

---

① 一般认为，“公共空间”（public space）一词指向的是现实生活中物质的或物理意义的空间环境；而哈贝马斯（Jürgen Habermas）所强调的“公共领域”（public sphere）主要倾向于一种社会或政治空间。

泛参加、自主运筹的组织传统；另一方面，它又在表演文本方面日趋精致、唯美，不但成了一种“舞蹈学院的专家指导过的文化遗产”，甚至还在向市民社会展演的过程中引入了企业化的组织、管理机制。① 这种种现象所引发的问题同样值得学者们深入探讨，但远超出了笔者的研究旨趣。

就这样，虽然笔者围绕艺术民俗与国家政治的话题，以“国家与社会”② 关系问题为着眼点做了多次田野调查，但具体到20世纪上半叶以来，中国乡土社会的公共文化传统何以延续，进一步言之，在中国社会转型带来乡村秩序再造的过程中，乡村公共文化组织机制及其行动逻辑发生了哪些变化这一问题，笔者始终没寻到一片适合自己深耕细作的“田野”。

2014年底，鉴于礼与俗作为连接政府、文人与普通民众的重要机制，对于理解中国社会、阐释中国文化具有特别重要的意义，山东大学民俗学研究所邀请历史学、民俗学领域的16位资深教授，开展了一场名为“礼俗互动：历史学与民俗学的对话”的学术研讨会。③ 研讨活动结束后，主办方组织与会学者在济南市章丘区文祖街道做了为期半天的田野调查。借此机会，笔者偶然走进了三德范村。在一番即兴式的入户访谈后，笔者对这个村落的乡民艺术与礼俗传统产生了浓厚的兴趣。征得张士闪教授、刘德龙教授的同意后，在之后的两年里，笔者在三德范村完成了自己的博士

---

① 在商河县，本着振兴鼓子秧歌的初衷，近年以少数“能人”牵头，联合本地和临近的滨州市惠民县等鲁北地区各行各业的鼓子秧歌爱好者，成立了面向市场的鼓子秧歌文化演出公司。虽有注册地点，但这类公司一般没有固定场所和专职人员，而是以俱乐部、秧歌队的形式半固定地训练或演出。主营业务常“自我介绍”为：鼓子秧歌的演出、培训，组织文化艺术交流竞技活动，企业策划，文艺创作，会议及展览布置等。

② 在本书的讨论中，与葛兰西、哈贝马斯笔下的“公民社会”（civil society）或黑格尔、马克思指称的“市民社会”的概念不同，笔者不认为中国像西方发达国家那样较早地跨入了市民社会与民族国家之列。在学术指向上，本书主要立足中国社会“礼俗互动”的传统展开讨论。张士闪：《礼俗互动与中国社会研究》，载《民俗研究》2016年第6期。

③ 龙圣：《“礼俗互动：历史学与民俗学的对话”学术研讨会述评》，载《民族艺术》2015年第1期。在这次会议上发言并参加田野调查的学者有：常建华、罗志田、刘志伟、郑振满、赵世瑜、刘宗迪、刘永华、王琛发、肖永明、李松、刘铁梁、高丙中、赵旭东、刘晓春、张士闪等。

论文，且后来很荣幸地被乡民们称为“名誉村民”。现在呈现给大家的这本小书，就是笔者在博士论文的基础上完成的。

三德范村是中国北方农村基层社会变迁的缩影。即使从短时段观察，三德范村也十分完整地展示了中国民族国家建构的宏大叙事与微观政治碰撞的历史谱系、礼俗智慧和实践反馈。例如，国家制度的顶层设计、传统儒家与礼俗体系的解体、现代性问题的渗透与扩张，这些影响现代中国的明波暗流都在这个鲁中乡村互相激荡且余绪绵远。事实上，“国家怎样控制社会和日常生活，是20世纪中国一直存在的问题”①。当熟悉了三德范村，笔者不禁追问：为什么这个庞大的城边村能够全村总动员，持续在年节期间自发组织起来大扮玩？再进一步，我们应该怎样理解游离于城乡之间的中国农民及其各式行动的内在逻辑？就这样，站在社会转型的大背景下，怎样理解国家政治与地方文化传统的关系问题，就成了笔者最想解决的问题。在这背后，实则延续着这样的问题意识——民俗学者应当怎样理解地方社会里的国家？更进一步，民俗学怎样凭借田野调查和“以小见大”的方法去理解并探寻礼俗传统在当代中国的传承？就此而言，在三德范村，作为一项历史悠久、联系广泛、能够引起村落内外共同参与的集体性春节社火表演活动——元宵节大扮玩，可能成为理解现代中国及其权力的各种微观运作机制的显微镜。

当然，笔者始终提醒自己，面对当前处于快速变革期的中国社会，仅从广袤的国土面积而言，任何凭借单一社区来概括中国问题并试图得出标准答案，或者说那种追求超越时间、空间的“普遍性”探索经常是徒劳的。笔者在三德范村发现，虽然政府行为的影响几乎遍及三德范村社会生活的各个领域，但政府行为亦贯穿着与社会生活相近的逻辑。换言之，那种无视一方水土，将“国家”“社会”二分，乃至置于对立或博弈关系的宏大分析，不论其研究单元的大小，得出的结论恐怕都是有问题的。在乡土社会，国家制度和政策法令“嵌入”礼俗、人情、惯习和非正式运作，

① 王笛著译：《茶馆：成都的公共生活和微观世界，1900—1950》，社会科学文献出版社2015年版，第6页。

后者不但不能被前者替代，而且正是前者在实践中出现问题的根源所在。由此，笔者想避开关于研究单元大小或者典型性问题的争执，将“人”而非“国家/社会”作为分析的中心。或者说，在将国家、社会和村落视为多元一体的分析之上，再加入对“乡民”的行为逻辑和行动意义的考察。如此，我们才能够跳出研究边界之争，深入民众的“主体性”和生活叙事，真正做到“有温度”地呈现当代中国基层社会的主体形象、精神气质和现实图景。

本书即立足村落民俗志，从乡民艺术与民间自治传统的视野，以20世纪上半叶以来的乡土社会变迁为重点，探讨国家政治和地方社会的互动关系，探寻国家、地方、村落和民众等多元主体建构现实生活的历史、文化传统与社会运行机制。在此基础上，本书尝试从生活叙事的角度，为讨论现代中国如何进一步建构统一秩序的问题，寻求一种民俗学意义上的文化解释。

目 录

在田野中理解中国（总序） …… 1
找寻有温度的田野（自序） …… 1

绪 论 …… 1
第一节 问题缘起 …… 1
一、中国社会研究的路径 …… 1
二、“民间社会”的“自治”逻辑 …… 6
三、“民间自治”与乡村治理 …… 12
四、“礼俗互动”：乡土社会研究的新视角 …… 15
第二节 研究对象、方法与田野经历 …… 22
一、村落、年节与扮玩 …… 22
二、主位叙事与文献研究 …… 28
三、经历田野 …… 31
第一章 流变的村落生活 …… 35
第一节 村落空间的历史变迁 …… 38
一、缺水与治水 …… 39
二、山地和煤井 …… 49
三、官道与集市 …… 58
第二节 村落生活与文化变迁 …… 65
一、村名的源流 …… 65
二、生活的趣味 …… 70

三、民间信仰仪式 …… 80
四、丧葬与人生仪礼 …… 84
小　结 …… 92
第二章　村落社会的社群组织 …… 96
第一节　传统组织体系的衰落与重塑 …… 97
一、武术传统的沉浮 …… 98
二、“乡规民约”的兴衰 …… 104
三、“四村一社”的诞生 …… 118
第二节　通婚圈、宗亲与巷道 …… 128
一、通婚圈：“好闺女不出庄” …… 129
二、家族：“同姓不同宗” …… 135
三、巷道：“一根胡同一伙人” …… 144
小　结 …… 150
第三章　表演、仪式与民间自治 …… 154
第一节　表演文本与组织机制 …… 156
一、表演文本 …… 157
二、“领头的” …… 165
三、经济运作 …… 171
第二节　“报官”：官民互动的仪式变迁 …… 178
一、缘起：“灯官”叙事 …… 180
二、自治：“报官”仪式 …… 188
三、悬念：“今年报谁的官” …… 196
小　结 …… 203
第四章　国家、村落与乡民艺术 …… 208
第一节　国家政治与扮玩叙事 …… 210
一、“社会”与社火 …… 211
二、国家礼制和乡俗衍变 …… 219
三、社会转型与乡土热情 …… 228
第二节　礼物、传承人和象征资源 …… 234

一、礼物流动的叙事 …… 236
二、消弭“非遗”争端 …… 242
三、现代传媒的话语权 …… 248
小　结 …… 253

余　论 …… 256
参考文献 …… 260
附　录 …… 271
后　记 …… 287

绪 论

第一节 问题缘起

一、中国社会研究的路径

20 世纪 30 年代前后，中国学术界曾有一场关于“中国社会性质问题”的大论战。论战始于关于马克思“亚细亚生产方式理论”观点的讨论，知识分子争鸣的核心话题是“鸦片战争后的中国社会究竟是什么社会”。这场论战改变了知识分子对中国社会性质的很多成见，但在学理意义上没能达成共识。① 直到今天，“怎样看待现代视野里的中国”还是一个常讲常新、莫衷一是的话题，但这恰恰又是真正理解并应对中国社会现实问题与未来命运的关键。改革开放以来，按照“社会与国家”（或“市民社会与国家”）的理论框架对近现代中国的社会性质问题开展的研究，成果虽众多，成效却未尽如人意。对此，有学者评价说：“我们的社会学家们，试图在中国复制出西方自工业化之后社会的转型，即从农业社会实质性地向工业社会的快速转变，并希望借此来改变中国缺少与西方一样的生活方式的那种‘可憎’的局面，显然，这种努力，最终也未能真正完成，因为，我们从来就没有在

---

① 盛邦和：《20 世纪 30 年代前后中国社会性质大论战》，载《上海财经大学学报（哲学社会科学版）》2012 年第 4 期。客观上，这场论战随着中国共产党领导革命走向胜利并掌握国家政权，马克思主义者倡导的近代中国社会性质是半殖民地半封建社会的结论成为主导。

‘中国社会究竟是什么？’这一问题上下一番深度思考的功夫。”①

毋庸置疑，民俗学者擅长从社区单元出发去理解地方传统与文化建构的机理。像历史学、社会学学者那样，借此从更深刻意义上思考中国社会复杂图景的学术指向却并没有得到足够重视。作为一门生活之学、感受之学和传承之学，民俗学如果想独辟蹊径地做到对中国社会现代性问题的准确理解，就必须从民众出发，对中国民间社会及其组织生成机制做出深刻把握。以此为基点，构成了本书“站在一种社会和文化转型的大背景下，理解当代中国及其生活主体行动逻辑”的旨趣。

20世纪下半叶以来，尽管中西学者越来越对彼此的学术成见抱有警醒态度，但从厘清中国社会性质问题的角度出发，他们都不约而同地以“国家与社会关系”问题为着眼点，这是学者们研究中国问题共同的范式。同时，在全球化语境下，国内学界在解释现代性问题时总是感觉理论表达不足，交流对话的欲望促使中国学者主动吸纳西方学说的营养。由此，20世纪90年代以来，几乎所有重要的“海外中国学”著作被源源不断地译介到国内。自此，不但其理论观点、分析框架、话语体系频频被中国学界征引，许多思想或观点还在国内持续引发广泛的讨论或反思。

事实上，在20世纪中叶之前，西方学界研究中国，基本承续的是法国人研究中国古代历史和文献典籍的汉学传统，即侧重于中国语言文学等人文学科的考订、比较和释读。第二次世界大战后，随着学术中心从欧洲向北美的偏移，自费正清始，从人文科学转向社会科学，传统意义上的“西方汉学”研究在实证意义上转向了以“当代中国社会变迁”为核心的“现代中国学研究”。由此，部分西方学者超越传统的中国语言学、文学研究的范畴，转而在中国历史、中国社会学研究领域取得了引人瞩目的成绩。

在纯粹的历史研究之外，中国社会学、人类学领域的学者同样注意采用西方社会学家、人类学家的诸多创见，如弗里德曼的“宗族”理论，格尔茨、黄宗智的“过密化”理论，施坚雅的“集市”理论，彭慕兰的

① 赵旭东:《从社会转型到文化转型——当代中国社会的特征及其转化》，载《中山大学学报（社会科学版）》2013年第3期。

“大分流”理论，杜赞奇的“权力文化网络”理论，魏斐德、罗威廉的“市民社会”与“公共领域”理论等。这些理论都曾引得中国学者征引、批评与争鸣。客观上，这种学术现象出现的原因是：首先，60 多年来，西方人研究中国的兴趣逐渐从寻觅“历史感”转向了贴近“现实感”。“从方法论的角度而言，这次转向明显受到了人类学‘民族志’方法的影响，即强调历史研究也应重新界定研究对象的范围，通过细致入微地对基层社会生活复杂图景的复原，深化对下层历史的了解。”① 从此，海外中国学从“地方史”研究入手、立足“区域社会”，对中国展开研究的方法渐成气候。由内观之，上述理论自身具有解析性张力的魅力，而国内学者对中国现代性问题的认识也愈加清晰，二者是相辅相成的。其次，“中国学”源于欧美国家的历史根性导致它的学术立场带有强烈的西方母体文化的色彩。这种转变与 20 世纪 70 年代美国学界对越南及东南亚农民的重视有异曲同工之妙。② 可以肯定的是，作为被观察和研究的对象，“中国”从被研究、被俯瞰的“他者”（费正清），逐渐上升为可以让西方学者平视的“中心”（柯文）。这与 20 世纪下半叶以来，随着中国国际地位的螺旋式上升，无论是从政策研究还是知识生产的维度，针对中国问题展开研究的紧迫性都有直接关系。

那么，不同流派的“中国研究”理论的学术旨趣到底有何差别？事实上，西方学者观察中国并提出的各种理论表面看来眼花缭乱，但其内在的理路是由历史学家和社会学家分别提供的两种分析模式：“历史学的分析路径以 1949 年前的近代中国为对象，而社会科学的分析路径则将重点放在了 1949 年后的当代中国。”③ 在理论归宿上，前者的分析路径是意图回答

---

① 杨念群：《美国中国学研究的范式转变与中国史研究的现实处境》，见黄宗智主编《中国研究的范式问题讨论》，社会科学文献出版社 2003 年版，第 292 页。

② 比较有代表性且为中国学界广泛了解的有 J. C. 斯科特以及 S. 波普金等人的研究和讨论。

③ 周晓虹：《中国研究的可能立场与范式重构》，载《社会学研究》2010 年第 2 期。在笔者看来，产生这种差异的诸多复杂因素中，历史学家关注“历史感”，社会科学因实证主义倾向更加重视“现实感”的内在分野应该放在首位。

中国民族国家建构的成因以及现代化转型的动因；后者则将问题置于“国家与社会关系”这一预设下，重点关注国家权力与所谓的“民间社会”到底有何统一关系。从根本上讲，两者都是在探讨现代化进程中当代中国社会的一般性质和统一秩序的生成问题。

那么，“海外中国研究”解答中国问题的愿景实现了吗？如前所述，西方汉学（中国学）在过去60余年的学术碰撞与交流中给中国本土的历史学、人类学、社会学、民俗学以及其他人文社科领域释放了巨大的理论魅力，展现了西方汉学家的敏锐洞察力，并赋予中国社会性质以精彩论证或独特诠释。但是，“共同论域本身并不能消除不同的学术传统之间的张力。海外中国研究无论是在其研究的预设方面，还是在其研究的目的及所借重的研究方法上，都有其自在的逻辑”①。进一步言之，这种带有深刻的西方母体文化特征，以及将中国视为“异域”“他者”身份的天然阈限，都无法逃脱理论适用性的质疑。毫无疑问，将中国作为实验理性和西方经验构建起来的讨论对象，以及奠基在国家/社会二元结构上的分析框架，不但容易对中国产生“误读”，而且经常在削足适履的理论移植中陷入自相矛盾的境地。

要言之，本土研究若既想立足中国社会的实际国情又能超越西方理论潜藏的先验性陷阱，那么首先应当转变将中国作为“客体”而研究者本人丧失“中国性”自觉的价值导向。当然，若想真正理解中国，首先应当拥有“中国主体意识”的自觉性。但是否符合这一标准并不取决于学者本人的知识结构、学科背景乃至国籍身份的差异，因为，是否真正做到把“中国”作为中国研究的主体，取决于研究者的“中国本位”意识，更取决于研究者是“从民众主体出发”还是“从上层建筑出发”的实践理性。在笔者看来，我们不能全盘否定西方理论，但要站在中国历史传统及社会心理结构的文化根性上去认识、思考、表述和回答本土问题。简言之，即“主义可拿来，问题须土产，理论应自立”（秦晖语）。这种理念和导向也是本

---

① 吕德文:《在中国做“海外中国研究”：中国研究的立场与进路》，载《社会》2007年第6期。

书立足中国乡土社会，通过华北地区的一个典型村落，以现代民俗志的方法展开讨论的基点。

据此，我们可以进一步讨论，当经常作为“客体”的中国，现在可以反客为主并能找到“主体价值”，中国社会研究的自主性和出路又在哪里呢？或者说，“怎样从实践的认识而不是西方经典理论的预期出发，建立符合中国历史实际的理论概念？怎样通过民众的生活实践，而不是以理论的理念来替代人类迄今未曾见过的社会实际，来理解中国的社会、经济、法律及其历史？”①

从社会大变革的历史进程看，中国本土并不乏立足本土实际并以之构建具有中国智慧和中国方案的现代化理论、概念和指标体系——梁漱溟、梁耀祖、杨开道、吴文藻、晏阳初、费孝通等前贤就立足“乡土中国”实际，按照本土逻辑和礼俗智慧进行过具备中国特色、风格、气派且富有成效的理论探索和行动实践。以民众为本位，走向乡土社会的实践逻辑，其内在合理性在于：“我们不可以只依赖宏观分析和数据，否则就会在不知不觉之中运用那些自以为是无须检验的‘真理’和‘前提’，从而完全曲解了我们要了解的另一个社会。我们需要首先深入那个社会，了解它的不同的组织逻辑和社会成员的心态，也就是先在‘感性认识’方面下功夫，然后才有可能把认识提高到分析概念层面。”② 时至今日，这种研究范式的现实合理性则是：“农村人口占据总人口80%以上比例的中国，‘乡土中国’的特性仍然决定着中国性，认识了中国乡村，认识了中国的基层社会，才谈得上认识了中国，也就是在这个意义上，乡村研究与乡村学是最有可能成为从中国经验生长出来的学术。”③

综上所述，中国社会空间的广阔性以及人文地理的多样性、差异性，

---

① ［美］黄宗智：《认识中国——走向从实践出发的社会科学》，载《中国社会科学》2005年第1期。

② ［美］黄宗智：《认识中国——走向从实践出发的社会科学》，载《中国社会科学》2005年第1期。

③ 吕德文：《在中国做“海外中国研究”：中国研究的立场与进路》，载《社会》2007年第6期。

决定了对中国社会现代性问题的研究充满了复杂性和不确定性。照搬照抄西方理论很难准确解释中国实际，不立足中国经验开展扎实的田野调查，就难以生成真正具有主体性、原创性的理论观点。据此，本书认为，在避免成为西方理论附庸的前提下，民俗学者对中国乡村的理解不应该是“先验”地假设，而应该是“经验”地按照具体语境下的乡土逻辑去感受生活、观察生活，在此基础上再以“主位叙事”的方式做出讨论。要言之，“实现这一中国主位的立场，其具体进路在于中国研究是问题取向和经验取向，最终应该是以认识及理解中国为取向的”①。换言之，面对快速城镇化和急剧变革的乡土社会，任何学者的实践主体性都应当是在做到“更进一步”或“更多一点”理解和认识中国“民间社会”的过程中实现的。李怀印指出：“我们在了解20世纪地方政治生态因国家渗透而产生的变化时，宜避免大而化之的简单化描述。一个比较可行的办法，是展开一系列可反映地区性差异的、以第一手材料为基础的个案研究。在此基础上，方可形成一个有关基层乡村社会政治变迁的较完整的图像。”②

二、“民间社会”的“自治”逻辑

梁治平曾指出，“民间”并不是一种人群的范畴，相反，“它本身即包含了一种社会的观念，在这一意义上，它所指称的可以是一个有别于‘国家’的‘社会’”③。在学理意义上，当我们不假思索地运用“民间”概念时，就仿佛不言自明地设立了一个官与民、公与私、国家与社会等两两相对的理念预设。实际上，“民间”这一词汇的内涵恰恰是引发学者们在认识和理解中国现代性问题，尤其是在讨论所谓“国家与社会关系”问题时产生诸多混乱之所在。

---

① 吕德文：《在中国做“海外中国研究”：中国研究的立场与进路》，载《社会》2007年第6期。

② ［美］李怀印：《晚清及民国时期华北村庄中的乡地制——以河北获鹿县为例》，载《历史研究》2001年第6期。

③ 梁治平：《“民间”、“民间社会”和CIVIL SOCIETY——CIVIL SOCIETY概念再检讨》，载《云南大学学报（社会科学版）》2003年第1期。

从20世纪90年代起，海外中国学所讨论的“civil society”被介绍到中国，并很快在汉语学界收获了三个流行的译名——“市民社会”“公民社会”“民间社会”。与前两者的相近性不同，有学者指出，“民间社会”的概念不带有某种特定的政治机构或社会结构的制度形态。翻译成“民间社会”的优点是它具有较多中国色彩和中国气息，是一个地地道道的中国名词、中国概念，完全可以独立使用并回答中国问题；缺点是“隐含着一种极其根深蒂固的、中国人看待政治生活和政治社会的传统方式，这就是‘民间对官府’这样一种二分式基本格局。民间社会者，说穿了，对立于乃至对抗于官府者也……可以说，中国的‘民间’百姓几乎根本就不相信社会与国家（所谓民间与官府）之间可能建立一种良性的互动关系”①。季卫东在梳理了西方国家“市民社会与国家关系”以及中国传统政治制度对国家体系的设计之后，认为自己的理解与黄宗智的判断相同，即“国家与社会之间的二元对立图式是西欧近代经验的概括和分析框架，它不适合于中国”②。黄宗智干脆舍弃了“国家/社会”的二元模式，采用“国家/第三领域/社会”的三元模式来理解中国问题。虽然有所创新，他本人也不否认自己的提法是受哈贝马斯公共领域概念的影响③，但后者又正是“公民社会”“市民社会”概念滥觞之所在。因此，在某种程度上，黄宗智也没有真正超越西方学界采用二元结构模式分析中国问题的陋习。

越来越多的学者指出，中国传统意义上的“民间社会”并不等同于西方的“civil”，它更接近“folk”这类土生土长、既源自百姓又非官方的含义。在赵旭东看来，与西方人强调的具有公共空间意味的“社会”相比，

---

① 甘阳:《“民间社会”概念批判》，见张静主编《国家与社会》，浙江人民出版社1998年版，第26，34页。

② 季卫东:《评论：批判者的千虑与一失》，见张静主编《国家与社会》，浙江人民出版社1998年版，第36～40页。

③ ［美］黄宗智:《中国的“公共领域”与“市民社会”？——国家与社会间的第三领域》，见黄宗智主编《中国研究的范式问题讨论》，社会科学文献出版社2003年版，第260～285页。另参邓正来、［英］J. C. 亚历山大编:《国家与市民社会：一种社会理论的研究路径》，中央编译出版社1999年版。

中国人的“江湖”一词更贴近自己的生活世界。① 杨念群进一步指出，与西方市民社会的形态不同，“在中国历史的发展中，‘国家’与‘社会’的关系一直维持着一种微妙的均衡状态”。他认同日本学者沟口雄三的观点：“在传统中国，民间社会既不是只受国家权力支配的非自立的存在，也不是自立于国家之外的自我完善的秩序空间，而是可将民间社会与国家体制共同视为由持有共同秩序观念的同心圆而连接起来的连续体。”② 自20世纪80年代以来，在中国学界大量接受、吸纳西方市民社会理论并以之研究中国社会的同时，杨念群、赵旭东、梁治平等学者逐渐认识到，梁启超、梁漱溟、费孝通等人对“乡土中国”“家国天下”等中国社会建构独特性的分析并不过时：“这正是我们在家—国—天下这一连续体上所见到的那种统一性，其表现于制度，则是一种援礼入法、融法于俗、浑然无外、包罗万有的礼法秩序。”③

从以上讨论可以看出，中国语文学意义上的“民间社会”富有独特的历史内涵和文化包容性，它不能笼统地与西方话语下的“国家/社会”概念画等号。中国本位下的“民间社会”不但可以统摄西方视野里的国家/社会、公共领域/私人领域等严格意义上的二元社会结构，而且包容性更强，可以涵盖西方话语体系之外更为丰富的中国社会独特的多元主体“礼俗互动”的社会运作机制。因此，从中国乡土社会出发，通过乡民、村落社会、国家政治的“礼俗互动”，去观察、理解中国社会的现代性问题显然是开展中国社会研究的应有之义。以此为统领，本书选择从一个鲁中村落的元宵节扮玩活动入手，以乡民艺术和民间“自治”传统为落脚点，去讨论现代中国应当如何建构统一秩序的问题。

在国内，有关“自治”范畴的讨论被视为“老大难”问题。老，在于这个话题从传统中国走向解体、民族国家建构之际就不断引起学界的讨

① 赵旭东：《从社会转型到文化转型——当代中国社会的特征及其转化》，载《中山大学学报（社会科学版）》2013年第3期。

② ［日］沟口雄三：《中国与日本“公私”观念之比较》，载《二十一世纪》1994年2月号。

③ 梁治平：《习惯法、社会与国家》，载《读书》1996年第9期。

论，更有一大批仁人志士以“乡建”的名义切身投入理论实践；大，因为它勾连着西方与东方、国家与地方、官与民、礼与俗、传统与现代等几乎一切可以预想到的学术命题；难，在于“自治”的历史、概念、性质、功能、主体、现状、出路等讨论复杂难辨，莫衷一是。此外，将内涵同样丰富的词汇“民间”“传统”“自治”并置在一起讨论无疑也是一种大胆的尝试。

为了不让读者陷入概念论争的陷阱，同时方便我们集中讨论“自治”问题，本书参照中国学者较为一致的认识和理解，将“传统”的概念界定为：“由以往的历史上形成、凝聚的，经历代传承、流变、积淀下来的文化的有机系统，具有鲜明的民族性和时代性；传统与社会生活密不可分，它组建着人的基本生存方式，其本质是真实的现在；传统是流动于过去、现在、未来整个时间性中的一种过程，敞现出无限的超越性。”① 在此基础上，我们有针对性地集中展开对民间“自治”问题的讨论。

事实上，在中国，无论是作为一种生活实践还是国家制度，“自治”都有着极为丰富的内涵和外延。国家权力话语中的自治更多地指向后者，即“民族、团体、地区等除了受所隶属的国家、政府或上级单位领导外，对自己的事务行使一定的权力”②。与此相对应的“生活实践”，也随之偏向了基于现代国家顶层设计下民众行使自治权的组织机制和政治模式。这个维度的“自治”概念与西方社会具有法律、行政、制度意味的“自治”概念十分相近。例如，“自治（self - government）是一种特定范围内的人群得以无须等待国家立法机构而由自己立法的政治体制。1860—1920 年，在瑞士发展了这种体制。1898 年，南达科他州采用了这种体制，美国其他

---

① 包也和：《传统概念探析》，载《哲学动态》1996 年第 4 期。有关“传统”问题的讨论还可以参照庞朴：《一分为三——中国传统思想考释》，海天出版社 1995 年版；张立文：《传统学引论——中国传统文化的多维反思》，中国人民大学出版社 1989 年版；余平：《论传统的本体论维度》，载《哲学研究》1993 年第 1 期；罗荣渠：《趋新浪潮与回归传统》，载《哲学研究》1994 年第 5 期。

② 中国社会科学院语言研究所词典编辑室编：《现代汉语词典（第 5 版）》，商务印书馆 2005 年版，第 1810 页。

的一些州也承认这种体制”①。“自治（autonomy），一国的某些地区被给予自己的内部行政权力，但不脱离其作为一部分的国家。这些地区称为自治区，往往是具有种族或文化特点的地区。”② 沈延生曾对作为制度的西方“自治”模式做了总结，认为：“迄今为止，主要的自治理论只有三种：社会自治、地方自治和群众自治。如果做一个最简单的概括，可以把它们分别称为：国家之后的自治、国家之中的自治与国家之外的自治。”③

受西方话语和理论架构的影响，自 20 世纪 80 年代以来，在中国社会学、政治学领域引起广泛关注的“自治”研究，其探讨内容主要是国家政策、法律和制度在农村以“村民自治”名义实施的过程、机制与效果。有学者甚至认为：“村民自治，是近年中国农村改革的新生事物，是当代中国民主政治和法制建设的全新概念。”④ 换言之，学界对“自治”概念的使用，指向了作为一种既糅合了西方古典民主理论，又夹杂了现代民主制度实践的经验总结——“村民自治”，并在对具体问题的讨论中产生了混乱。沈延生就曾对“村民自治”制度的理论研究进行过尖锐批评，认为它“是一种理论上的怪胎”，找不到它的理论源头。在笔者看来，将“自治”问题导向对“村民自治”制度的讨论，并进而产生有数量、没质量，有问题、没答案的研究困境，大致由以下两方面原因造成：一是学界在知识层面没有厘清中国传统社会的“自治”模式、特征与国家治理制度之间的阈限，造成了一种知识逻辑的混乱；二是学者们在实践层面无法把民间自治传统与现代政治实践模式的结构性区别呈现出来，更常误将中国传统乡土社会“自治”传统与西方“国家/社会”的分析框架强行套用到中国农村现代性问题的分析中，因而遭遇理论预设的水土不服，缺乏强有力的学理支撑。

---

① ［英］戴维·M. 沃克著，李双元等译：《牛津法律大辞典》，法律出版社 2003 年版，第 562 页。

② 王铁崖主编：《中华法学大辞典：国际法学卷》，中国检察出版社 1996 年版，第 699 页。

③ 沈延生：《村政的兴衰与重建》，载《战略与管理》1998 年第 6 期。

④ 何泽中：《村民自治概念辨析》，载《法学评论》2001 年第 1 期。

那么，中国人的“自治”概念，到底是当代中国为解决政治问题而做出的民主安排，还是确实是一种特殊的具有中国特色的乡土逻辑和公共机制呢？

实际上，与西方宪政范畴下“自治权”概念的界定不同，作为一种语汇现象，古汉语的“自治”有“修养自身的德行”“自然安治”“自行管理或处理”等含义。① 从语文学的意义上看，它们既涉及生命个体身心的体悟，又明显从生活主体本位出发，指向了一方民众即那些“沉默的大多数”相沿成习、生生不息的生活模式和行为规范。据此，在本书，结合现有田野研究的成果，“民间自治传统”的概念被笔者界定为：在特定的社区单元，人们长期以来在国家政治、礼俗传统和精神信仰等多元因素的相互影响下，以公共事务运作为指向，自发形成的一套价值观念、组织行为和社会规范机制。在大部分情况下，其表现为族群内部自我组织、自我约束、自我管理的观念体系和实践策略，是一种非正式制度。

一般而言，“在传统的农村社会，不仅存在着宗族组织、乡绅主导的村社结构，还有比较广泛地含有宗教、信仰、娱乐、互助多种功能的农村‘会社’，主要有香会、花会、社戏、社火组织，还有看青会、拳会等半武行的团体，汉语中‘社会’一词，原指农村祭祀土地神的所在和团体，传统农村的这些‘会社’倒是非常接近中国‘社会’的原义”②。民间自发组织的普遍存在，客观上证明了中国农村在传统时代强大的自我组织能力，也就是被顾颉刚赞叹为“实在有了国家的雏形了”的组成部分。还有学者认为：“乡里组织、民间私社、宗族组织、族田、乡约、乡绅乡治，

---

① 例如，一是“自行管理或处理”意。《汉书·南粤传》：“服领以南，王自治之。”《新唐书·北狄传·黑水靺鞨》：“离为数十部，酋各自治。”二是“修养自身的德行”意。明高启《白田耕舍记》：“取圣贤之书而读之，求其所以自治之道。”清洪榜《戴先生行状》：“君子之自治也，情与欲使一于道义。”三是“自然安治”意。《尹文子·大道上》：“法用则反道，道用则无为而自治。”《朱子语类》卷七二：“但能内君子而外小人，天下自治，何必深治之哉？”

② 张鸣：《爬上妙峰山看“村民自治”》，载《读书》2001年第11期。

以及古代城市中的行会、商人会馆等形形色色的组织，均是古代中国基层社会自主治理身边公共事务的组织。就其性质而言，它们是国家政权系统之外自发形成的、带有自治性的组织。”①

综上，在厘清“传统”“民间”“民间社会”“自治”等概念的内涵和外延之后，我们不禁又要追问：我们是如何将中国传统社会普遍存在的“自治”现象，转换成为今天作为一种顶层设计的“村民自治”制度的呢？“民间自治传统”与作为国家政策的“基层群众自治制度”又是一种怎样的关系呢？

三、“民间自治”与乡村治理

20 世纪初期，蒋梦麟被誉为“以儒立身，以道处世，以墨治学，以西办事”的受过西方系统教育的学者。他曾这样描述传统中国社会的“自治”景象：“一般人都说中国的四万万人像一盘散沙，如果说中国的人口是由许多自治的小单位构成的，倒更切近事实。中国的民主体制包括千千万万的这种单位，由几千年来累积下来的共同的语言、共同的文化和共同的生活理想疏松地联系在一起。这些或大或小的单位是以家庭、行业和传统为基础而形成的。个人由这些共同的关系与各自治团体发生联系，因此团体内各分子的关系比对广大的社会更为亲切。”② 还有学者指出：“中国历史的久远、文化的多样以及地域的辽阔，很难简单认定在漫长历史时期内传统乡村社会只存在唯一一种治理模式。从大量历史文献、乡规乡约乃至族谱等文本系统、祠堂等历史遗迹，都可看到中国乡村自治传统的根深蒂固。”③ 但随着现代民族国家的建构，蒋梦麟笔下的这种“自治”传统逐渐萎缩，甚至在特殊历史阶段几近湮灭、消亡。

---

① 薛冰、岳成浩：《古代中国基层自治实践对现代公共管理的意义》，载《西北大学学报（哲学社会科学版）》2009 年第 2 期。

② 蒋梦麟：《中国生活面面观》，见吕思勉等著、高敬编《历史的盛宴》，新世界出版社 2016 年版，第 201 页。

③ 郭德君：《村民自治的历史嬗变——传统文化传承视角下的村民自治审视》，载《北京行政学院学报》2016 年第 6 期。

那么，曾经在中国乡土社会普遍存在的“自治”传统和现象，是怎样向国家治理“现代化”转换的呢？

宋小伟、楚成亚认为：“乡村秩序的构建本身是一个动态的过程，在历史上它一直处于村庄内生秩序和国家行政权力这两股力量互相博弈结果的支配之下。进入20世纪之前，这两种力量相互游离，乡村秩序在国家行政力量的‘默许’下由村庄内生秩序主导并掌控着；19世纪末20世纪初以来，国家行政权力开始将其触角深入到乡村社会的最底层，并逐渐将其严格地控制在国家机构手中，这个过程一直持续到上个世纪末。”① 苏海新、吴家庆则将这个过程细分为“1949年以前国家统治下的‘县政绅治’模式、1949年之后国家主导下的‘政社合一’模式和1978年以来国家治理下的‘乡政村治’模式三个阶段”②。他们强调这个过程是“从传统的政治统治转向政治管理最终过渡到现代的公共治理过程，内含着国家与乡村社会关系的重大变化”。其突出表现在于：“自新中国成立以来，国家法定的基层政权由县一级延伸到了乡镇一级；不仅如此，村一级的组织虽然在法律上是自治组织，但在事实上也受乡镇政府的领导，可以被认为是最低层级的准政府。”③ 由此，在乡土社会，传统意义上的“民间自治”走向了全面解构，而作为国家制度安排的“村民自治”，则最终以农村社会学所定义的“乡村治理”的面孔登上了历史舞台。这是正在发生的历史，也是本书展开讨论的时代大背景。

但是，随着政权下乡、政党下乡一系列举措的完成，民间自治传统被形塑为“基层群众自治制度”之后，以“乡政村治”模式为代表的“村民自治”实践远远不能令人满意。在理论层面上，以徐勇、吴毅、贺雪峰、罗兴佐、董磊明等为代表的“华中乡土派”一向以乡村治理研究著称。但无论是在国家制度层面，还是在理论创新层面，关于“村民自治”

---

① 宋小伟、楚成亚：《村庄内生秩序、国家行政嵌入与乡村秩序重建》，载《中共天津市委党校学报》2004年第3期。

② 苏海新、吴家庆：《论中国乡村治理模式的历史演进》，载《湖南师范大学社会科学学报》2014年第6期。

③ 蔡潇彬：《中国国家治理研究述评》，载《天津行政学院学报》2016年第3期。

“乡村治理”研究策略和实施效应的质疑与回应一直不断。[①] 在实践意义上，有学者批评：“改革开放后，行政从农村退出并非行政力量不够强大，恰相反是行政力量过于强大，完全窒息了社会自身的发展愿望。”[②] 特别是近年来，出现了“人口空心化导致乡村治理主体缺失；村庄经济衰败弱化了乡村治理的基础；村级党组织弱化导致社会治理能力和治理信任缺失；基层民主虚置使村民自治运行不畅”[③] 等诸多问题。汪荣认为：“从多年的乡村治理实践来看，村治与乡政的合流最终占据主导地位，实际运行中的村治与乡政主要表现为合流与冲突的关系，使村民自治正在逐步丧失其本有的自治意义，在很大程度上衰变为‘乡政统治’。面对一些地方乡政村治的困境，学术界不得不深入思考乡村治理的出路何在?”[④]

实践证明，面对中国乡村在社会快速转型期的复杂矛盾，“村民自治”制度在面临实际问题时屡屡出现水土不服的现象。徐勇也不得不承认：“新世纪以来，由于以村委会为自治体的村民自治在实践中遇到很多困难和问题，处于发展的瓶颈状态，农村治理更多的是依靠外力推动，有人因此宣告‘自治已死’，村民自治研究由一度的红火而淡出学界，甚至为学界所遗忘。”[⑤] 朱政解释说：“世纪沉浮，国家权力在中国乡村的下沉与后撤是一个不断试错的过程，与乡村本身形成互动，相互形塑。现在回过头看，有其成功的一面，但也必须承认，不论是政府还是学者，面对乡村社会各个时期的剧烈变化，皆显得被动。总之，我们对中国乡村的观察和研

---

① 除了上述沈延生在1998年发表的《村政的兴衰与重建》，2005年应星发表的《评村民自治研究的新取向——以〈选举事件与村庄政治〉为例》以及同年吴毅等人发表的《村治研究的路径与主体——兼答应星先生的批评》，都是在学界引起较大反响的讨论。

② 朱司明、顾洪森:《徘徊在自治与行政之间——百年来乡村治理模式的演变及启示》，载《今日中国论坛》2013年第10期。

③ 杨春娟:《村庄空心化背景下乡村治理困境及破解对策——以河北为分析个案》，载《河北学刊》2016年第6期。

④ 汪荣:《我国乡村治理模式的历史演进及其发展路径浅探》，载《理论月刊》2013年第7期。

⑤ 徐勇、赵德健:《找回自治：对村民自治有效实现形式的探索》，载《华中师范大学学报（人文社会科学版）》2014年第4期。

究尚不够深入，对于未来中国乡村的理想图景也缺乏共识。”① 针对以上问题，应星认为：“也许只有同时依靠对西方社会科学理论的精深阅读和对中国乡村社会实践逻辑的敏锐洞察，也即依靠理论素养和经验直觉的相互滋养，我们才能捕捉到中国乡村社会在转型期所面临的重大问题和微妙状态，从而可望走出一条真正的理论创新之路。”②

那么，我们如何通过“对中国乡村社会实践逻辑的敏锐洞察”，捕捉中国乡村社会在转型期所面临的重大问题和微妙状态呢？近年来，一批学者从田野调查出发，将中国社会中的“礼”“俗”话语与“礼俗互动”传统，同国家和地方社会的大小政治传统联系起来，显示出比较开阔的学术视野与强劲的研究活力。笔者发现，这种走向“田野与社会”，从“礼俗互动”角度出发，对中国社会展开文化研究的取向已经成为学界不容忽视的视角。而这种思潮与本书的立论不谋而合，即通过对乡土社会的深入分析，探讨中国社会进入新时期以来国家制度和民众生活的关系以及它们多元同构的逻辑与机制。以此为前提，在充分挖掘中国社会“礼俗互动”运作机制的丰富性和特殊性的前提下，真正理解、拓展文化转型大背景下中国农民集体行动的复杂性逻辑。

四、“礼俗互动”：乡土社会研究的新视角

早在20世纪50年代，美国人类学家雷德菲尔德就提出了一个被广为征引的观点“大传统与小传统”。他认为“大传统”代表着国家及其权力、城市的知识阶级所掌握的书写系统；“小传统”则代表乡村的，由乡民通过口承、身承、物承、书承等方式传递的大众文化传统。在现代社会，后者最为人知的概念是“民俗传统”。显然，民俗传统或民间文化是一种“小传统”。但越来越多的学者赞同“小传统”恰恰是生发、培育、养成“大传统”的必要条件。本书认为，这两者不但相辅相成，而且是一种互

① 朱政：《国家权力视野下的乡村治理与基层法治——鄂西L县网格化管理创新调查》，载《中国农业大学学报（社会科学版）》2015年第6期。

② 应星：《评村民自治研究的新取向——以〈选举事件与村庄政治〉为例》，载《社会学研究》2005年第1期。

相滋养的过程性、动态性的互构关系。与此同时，随着中国国家建设的展开，虽然“乡土中国正在发生转型并呈现出了诸多新的特点，然而转型并不意味着质变，表面上看，虽然‘乡土中国’逐渐演变为‘离土中国’，但是乡村社会的底色尚在。在学理方面，我们需要围绕乡土中国与转型社会所展开的讨论作出理解和反思”①。

近年来，随着国家非物质文化遗产保护工作和以地方旅游开发为导向的民俗文化资源化运动的开展，民俗学家置身其中，渐有几成“显学”的错觉。不宁唯是，少数民俗学者清醒地认识到“文化传承人及其生活世界是学者的研究对象而不是改造对象”②，“一个真正的民俗学者应该通过探究民众传统何在，民间文化的传承机制如何，深入追溯民众的文化认同史，在梳理民间文化的认同逻辑与脉络的过程中予以解答。因为，这其中凝结着民众传统的价值观，民众想象幸福的多元模式，以及民众实现幸福的多种手段亦即民众生命体验的外化形态”③，以及按照“以民间活生生的民俗知识为窗口，达到认识民众生活世界、理解‘民间’的目的”④ 等。相较而言，从学界近年发表的成果看，虽然“生活世界”“公共性”“日常生活研究”“民俗主义”等学理性研讨方兴未艾，但那种立足田野调查，注重在本土民俗传统中发现其当代价值，以期有效地认识、理解并运用于中国现实问题解读的个案研究越来越引起人们的关注。

在方法论意义上，张士闪近年强调：“中国有‘礼’‘俗’结合的社会传统，以此引导和规范民众的言行举止，而不同于讲究绝对法制的西方社会。民俗文化毕竟贯穿着一方民众的生活智慧与集体意志，承载着民间社会千百年来形成的道德观念、精神需求、价值体系等，构成了一种相对

---

① 赵旭东、张文潇：《乡土中国与转型社会——中国基层的社会结构及其变迁》，载《武汉科技大学学报（社会科学版）》2017 年第 1 期。

② 施爱东：《学术与生活：分道扬镳的合作者——以各类“公祭大典”“文化旅游节”为中心的讨论》，载《民族艺术》2008 年第 1 期。

③ 张士闪：《从故事到事件——围绕山东淄博市淄河镇孟姜女故事产业开发的讨论》，载《民族艺术》2009 年第 4 期。

④ 张士闪：《从故事到事件——围绕山东淄博市淄河镇孟姜女故事产业开发的讨论》，载《民族艺术》2009 年第 4 期。

稳定的群体行为规范。民间自我生成的‘规范’力量，与国家权力意志之间既有分立又有合作，既有纷争又有对话，并谋求在对话、合作中从日常规范上升为公共价值。”① 以此为前提，他倡导：“要想真正实现‘从民俗研究历史’，就必须将民俗与国家行政运作、地方社会发展等进行综合研究，亦即将长时段、大区域与‘微政治’等视角结合起来。”② 虽然这种呼吁已经引起了学界的关注或重视③，但有关的学术实践和讨论才刚刚开始，且有待进一步拓展。

本书是将中国社会形态运作的性质界定为“礼俗互动”，并以鲁中三德范村的乡民艺术——元宵节扮玩为着眼点，将长时段、大区域与“微政治”等视角结合起来，探讨地方传统与国家政治关系的一部尝试性作品。

从个案研究的题材来看，鲁中农村地区在年节期间举行的扮玩，在严格意义上属于春节社火的一种。④ 作为仪式表演的社火，向来是民俗学家和民间戏曲研究者关注的问题。⑤ 现代民俗学意义上的社火研究，多从民间组织的角度去理解民众生活与国家社会的关系，这种理念甚至可以追溯到顾颉刚先生的妙峰山香会考察。20 世纪 90 年代以来，赵世瑜较早关注到了国家组织制度与民间仪式表演的关系问题，他从“社”的制度变迁入手，通过对明清时期山西、河北有关社火民俗志的爬梳寻绎，试图判断“社”的运作机

---

① 张士闪:《礼俗互动与中国社会研究》，载《民俗研究》2016 年第 6 期。

② 张士闪:《礼俗互动与中国社会研究》，载《民俗研究》2016 年第 6 期。

③ 张士闪:《礼俗互动与中国社会研究》，载《民俗研究》2016 年第 6 期；赵世瑜、李松、刘铁梁:《“礼俗互动与近现代中国社会变迁”三人谈》，载《民俗研究》2016 年第 6 期；耿波:《礼俗互动传统中的徐复观农本政治观》，载《中国政法大学学报》2014 年第 2 期。

④ 在北方不同地区还有“闹玩”“花灯”“社会”“社伙”“射虎”“秧歌”“哑巴戏”“闹红火”“闹十五”等称呼。

⑤ 从扮玩入手，较为传统且晚近的代表作品有丁广惠的《北方特有的民俗文化灯官考论》。此文先后收于中国民俗学会编《中国民俗学研究（第一辑）》（中央民族大学出版社 1994 年版）和《中国传统礼俗考》（黑龙江教育出版社 2012 年版）。全文没有做明显改动。丁文是目前唯一可以找到的系统论述“灯官”仪式的学术论文，因“灯官”叙事也是本书研究的重点讨论内容，笔者在后文有专节讨论。

制，进而去把握其在明清基层社会的位置。① 20 世纪 90 年代中期，刘铁梁通过田野调查的方式，对江浙农村的庙戏、祠堂戏、抬阁会、龙灯会等社火活动及其所反映出来的宗族、地域认同观念进行了讨论。②

20 世纪 90 年代末以来，随着民俗学学科人才培养体系的建构，由西方陆续译介到中国人文社科领域的人类学、社会学理论被学者大量参考、借鉴和使用。③ 由此，在乡民艺术研究领域，学者们对文本、仪式、象征、表演、叙事等理论的借用最多，其中又以春节社火的重要表现形式——“秧歌”开展的个案研究成果最大。例如，科班出身的民俗学者王杰文借鉴了范·根纳普的“通过仪式”理论，特纳的“阈限”理论，巴赫金的“狂欢诗学”理论，以及列维·施特劳斯的“喧闹现象（charivari）”和布朗的“戏谑关系”等理论。在此基础上，他围绕陕北、晋西“伞头秧歌”表演的诙谐性与仪式性因素问题，对仪式理论做了拓展研究。④ 在此前后，刘晓春、张士闪等人为代表的博士学位论文⑤都是立足具有春节社火性质的“年节仪式”展开的讨论。

---

① 赵世瑜:《狂欢与日常——明清以来的庙会与民间社会》，生活·读书·新知三联书店 2002 年版。

② 刘铁梁:《村落集体仪式性文艺表演活动与村民的社会组织观念》，载《北京师范大学学报（社会科学版）》1995 年第 6 期。

③ 这些理论主要有：范·根纳普的“通过仪式”理论，特纳的“阈限”理论，哈贝马斯的“交往”理论，滕尼斯的“共同体”理论，布迪厄的“实践”理论，巴赫金的“狂欢诗学”理论，福柯的“知识社会学”理论，德里达的“解构”理论，格尔茨的“文化解释”理论，列维·施特劳斯的“结构人类学”理论，帕里·洛德的“口头程式”理论，鲍曼的“表演”理论，丹尼斯·特德洛克和杰诺姆·鲁森伯格的“民族志诗学”理论，萨姆纳的“生活文化”理论以及胡塞尔的“现象学”理论等。

④ 王杰文:《仪式、歌舞与文化展演——陕北·晋西的“伞头秧歌”研究》，中国传媒大学出版社 2006 年版，第 26 页。类似的研究还有刘晓真:《从乡俗仪礼到民间艺术》，中国艺术研究院 2003 年硕士学位论文；张蔚:《闹节——山东三大秧歌的仪式性与反仪式性》，中国传媒大学出版社 2009 年版；刘统霞:《被表述的民俗艺术——对商河鼓子秧歌的历史人类学考察》，知识产权出版社 2011 年版；郭凌燕:《经历“非遗”——鲁中地区一种乡民艺术的当代变迁》，载《中国农业大学学报（社会科学版）》2011 年第 2 期。

⑤ 刘晓春:《仪式与象征的秩序——一个客家村落的历史、权力与记忆》，商务印书馆 2003 年版；张士闪:《乡民艺术的文化解读——鲁中四村考察》，山东人民出版社 2006 年版。

本书的讨论对象——扮玩，曾经在华北地区春节期间广泛存续，如仅鲁中地区就曾广泛分布于济南、淄博、邹平等地。因为样本丰富，各学科的研究者们给予了扮玩相对较多的关注。20 世纪 80 年代中叶，济南市、淄博市文史委陆续邀请部分民间艺人以口述史的形式讲述并编辑出版了文史资料选辑。① 这是目前已知最早的观察、记录鲁中地区扮玩艺术的相关资料。以三德范村为个案的田野研究，有山东大学高向华②借鉴西方组织社会学理论完成的硕士毕业论文。除此，有关山东地区扮玩的论著，基本上将着眼点放在艺术本体，从艺术发生学、形态学、舞蹈学，或者从地方文史资料、文化社会学的眼光出发完成文本记录。这类研究大多将侧重点放在对春节扮玩或者其中的标志性表演章丘“芯子”、博山“芯子”、周村“芯子”等艺术本体审美特征、文化源流的比较、说明和解读方面。但因这些论著的立足点基本上是地方志书、文化志书所要求的固定套路，关注的焦点是演出文本，虽然有个别篇章在平铺直叙之外流露出了真切的田野感受，但并没有自觉地从“语境”出发对文本做出富有学术张力的阐释。因此，这也为本书的进一步讨论留下了较大的学术空间。

本书将扮玩视为一种乡民艺术并不是偶然的。在此需要强调的是，在社会生活领域，“艺术”是人们使用率很高的词汇，也是最容易被大众消费或混淆的概念。有学者认为③，广义上的“艺术”应该归纳为：美的艺术、流行艺术以及民间艺术。一种形式是否可以被表述或界定为“艺术”

① 其中章丘“芯子”扮玩的口述史主要辑录在《山东省文化艺术志资料汇编（第四辑）（济南市〈文化志〉资料专辑）》（1984）、《章丘民俗（文史资料第十二辑）》（1996）、《山东省志·民俗志》（1996）、《章丘文史资料选辑》（2001）；博山“芯子”扮玩的口述史主要辑录在《山东省淄博市文化志资料汇编（上卷）》（1985）。此后，又有苗万红编著的《章丘民间艺术》（2002），赵钟云先后编写的《曲山艺海话济南》（2002）、《济南民间歌舞》（2005），荣新的《济南民间艺术》（2010），李新华主编的《山东民间艺术志》（2010），庞宝龙编著的《山东传统舞蹈志》（2015），赵宇、孟梦主编的《我的家乡，我的舞蹈——山东省非物质文化遗产舞蹈调研笔记》（2015）等。

② 高向华：《村落组织与乡民艺术表演——以章丘三德范扮玩为核心个案》，山东大学 2014 年硕士学位论文。

③ ［英］维多利亚·D. 亚历山大著，章浩、沈杨译：《艺术社会学》，江苏美术出版社 2013 年版，第 1 页。

应当主要由其语境决定。但将艺术与文化人类学、民俗学联结在一起进行讨论，是十分晚近的事。[①] 20 世纪 90 年代以来，一方面，无论是人类学还是民俗学、艺术学的研究，都已经跨过了对民间艺术是否属于“艺术”范畴的讨论，对民间艺术的表现形态、精神特质和艺术属性有了清晰的定位。何明、洪颖就将作为艺术人类学研究对象的“艺术”归为三种样态：“日常生活化的”“仪式中的”“为展演的”。[②] 实际上，各类艺术形式之间从“艺术性”上讲，是否真正有清晰的边界呢？笔者认为，那种将艺术视为有高雅之别且遵雅贬俗的观念是站不住脚的。这是因为，从长时段来看，许多所谓的高雅艺术其实源于历史、社会的建构，它们无不经历了从民间到流行，再到所谓“美的艺术”的转变。另一方面，所有艺术体裁又都镶嵌于社会传统，其形式、内容、格调往往又会因为时空的转移而改变，“当时得令”和“明日黄花”往往是转眼间的事。甚至再进一步说，作为一种具有西式学科分类的概念，“艺术”一词除了便于我们展开“箭垛式”讨论，它自身并不足以包含作为一种文化展演乃至文化政治的中国乡土文明及其方方面面。

以华北地区春节社火为例，传统的社火表演常带有强烈的民间信仰意味，但也有诸多社火活动在社会转型期因陋就简，放弃了许多象征性的表达，从而使得仪式性内容减少或消失——在三德范村，扮玩的核心仪式“报官”的衰落就是如此。在笔者看来，所有生成在村落语境的乡土艺术，如果按照学院派那种艺术样式必须呈现出“作品、作者、读者、批评”等结构的

---

① 方李莉：《后现代主义背景下的西方艺术人类学述论》，载《江南大学学报（人文社会科学版）》2011 年第 4 期。

② 何明、洪颖认为，这三种艺术形式都可以纳入艺术人类学的研究范畴。“日常生活化的”艺术主要是指机械复制时代的大众艺术、通俗艺术，如西方发达工业社会曾一度流行的波普艺术以及电影、音乐等；“仪式中的”艺术，大略相当于格尔茨笔下的“圣化的活动”，主要是日常生活以外与宗教、政治相关的活动；而所谓“为展演的”艺术，主要是指通过剧院、画廊、音乐厅、出版社等中介机构，为呈现“艺术为何”的作品/行为，它既包括学院派的“精英”艺术，也包括民间流行的“大众”艺术。何明、洪颖：《回到生活：关于艺术人类学学科发展问题的反思》，载《文学评论》2006 年第 1 期。

判断标准——那几乎是缘木求鱼。但是，如果从一切艺术活动都是通过“人”的接受、体验，然后在此过程中释放出“人的超越性感受”，并以之作为艺术活动的本质特征和根本属性的话，那么，如同本书个案所呈现的那样，乡民们同样接触民俗节日和民间艺术活动的共情，实现了“人的超越性感受”，并使身体、精神沉浸在一种特殊的体验和场域，从而达成了状态的转换和富有超越性的生命体验。因此，我们当然有理由将它们视为一种“艺术活动”。同样重要的是，乡民艺术不是机械表演，更非隔绝在乡土社会权力结构的真空。郭于华就曾指出：“要超越传统乡土社会文化小传统的界限，十分重要的一点就是权力关系和政治视角的引入，即关注民间文化与政治生活及国家权力的互动关系。”① 这也是本书将扮玩以乡民艺术的身份纳入国家政治、地方社会与民间自治传统范畴进行讨论的原因。

综上所述，笔者发现，转型时期的乡土中国虽然与传统社会时期相比发生了巨大变化，但远没有实现理想意义上的现代化转变。“怎样认识现代视野里的乡土中国”依然是真正理解并应对中国社会现实问题与未来命运的关键。值得注意的是，“国家/社会”二元对立的阐释范式，目前仍然是人文社科领域研究中国社会的主流范式。虽然学界已经做出了突破原有研究框架的努力，但本书认为仍需在前人基础上，从“礼俗互动”的理念出发，将国家政治逻辑与乡土社会当下的生存状态恰当地对接起来。据此，本书的讨论十分注意对“民间自治传统”现代特质的理解，凸显民俗学作为一门生活之学、感受之学和传承之学的价值立场。

同时，本书注意到在学理意义上，“自治”一词的现代内涵和外延都十分丰富。无论是将其作为一种大众化的民主权利，还是达成国家政治目的而做出的制度安排，这两种导向都很容易让它产生自我矛盾。这也是我们按照“国家/社会”框架讨论“村民自治”问题时经常不得要领的原因。在实践层面，与建立在政治学意义上的概念体系不同，本书认为，就中国当代农村治理的实践与研究而言，应该认识到“礼俗互动”才是中国社会运作机制和社会形态的根本。从“礼俗互动”这一视角出发，中国“民间

① 郭于华主编：《仪式与社会变迁》，社会科学文献出版社2000年版，第4页。

自治传统”的历史价值与现实功能被极大低估了。因此，只有“返归乡村理解中国”，重视并寻绎中国乡土社会自身独特的“民间自治传统”，才能真正建构符合中国当代农村未来命运的制度设计。

需要再次强调的是，随着当代社会城乡流动和村落边界的日益模糊，用个案研究来探讨整个中国社会的普遍性问题十分容易引起人们的质疑。但本书所做的工作正如刘志伟所指出的那样：“我们研究小规模的地区，研究民间下层的社会，当然一方面对我们理解作为整体和政治实体的国家是有帮助的，但不是因为我研究的对象有所谓的典型性，而是因为我在地方和民间社会的研究中，可以看到国家的权力、国家的秩序、国家的观念，也就是国家存在的方式。我们相信这样的研究能够发展出认识国家的一种方法，或者一种思路，甚至是建立某种具有范式性意义的研究逻辑。”①

本书是将田野实地调查与“礼俗互动”的视角结合起来，从鲁中三德范村的乡民艺术和民间自治传统出发，并以之探讨国家政治与民间社会互动共生关系的一个稚拙尝试。

第二节　研究对象、方法与田野经历

一、村落、年节与扮玩

“鲁中地区”是山东省中部的简称，主要包括济南市、淄博市、泰安市和邹平市等，它们是传统意义上山东省的历史、政治、经济、文化中心。如果将山东省省域地图四角对折，山东省的几何中心大致就在鲁中地区的济南市莱芜区和章丘区的交界处——春秋战国时期，这里是齐国与鲁

① 刘志伟、孙歌：《在历史中寻找中国——关于区域史研究认识论的对话》，东方出版中心2016年版，第95页。需要特别指出的是，与本书的核心观点相近，刘志伟表示：“我不太接受近年来一些学者不时会提到的所谓‘国家与社会’的理论。这个‘理论’的基本出发点，是把国家和社会看成是两个不同的对象，虽然都会说研究的是它们之间如何互动和渗透，但前提都是将其视为对立的实体。”同上，第94页。

国的边境，至今还保留着许多齐长城的遗迹，如重要关隘锦阳关。作为本书具有语境意义的社区单元，三德范村是鲁中地区的一个城边村，隶属于山东省省会济南市的章丘区文祖街道。

本书所称“乡民艺术”主要是指发生在乡土语境、乡土社会、村落单元的民间艺术。之所以将之界定为“乡民艺术”，一方面是为了在研究对象上区别于同样分布在都市、乡镇语境的民间艺术，另一方面也可以更好地强调研究对象所孕育和运作的语境——乡土社会。① 具体说来，本书所聚焦的“乡民艺术”，主要是指春节期间广泛分布于鲁中、鲁北、鲁西南等农村地区，尤其是以济南市章丘区文祖街道三德范村的表演文本和情境为典型个案，乡民们大多俗称为扮玩的年节表演活动。在广义上，它是华北地区春节社火的一种类型。

每年正月初七前后，三德范人以十条巷道的村落社区布局为单元，各条胡同（俗称巷道）在“领头的”组织下，自发动员，筹措资金，整修道具，选拔演员，排练节目。在整个组织过程中，乡民们既与街道办事处的派驻机构三德范管理区的协调调度有所颉颃，又在“民间自治”意义上按照自组织传统达成共识并取得步调一致。在表演形式上，扮玩以化装和类型丰富的游艺表演为主要内容。各条胡同之间除了高跷、龙灯、锣鼓略有重复，旱船、竹马、舞狮、蚌灯、抬杆、武术等表演各有差异，实际上有种“百戏”表演的意思。三德范人用顺口溜将其总结为：“东道云彩西道龙，金家胡同蛾子灯。陈家胡同是八卦，齐家胡同玩花瓶。西崖八仙来过海，辛庄唐僧去取经。张家胡同玩耄鱼，东沟哆嗦蛤蝼灯。单家胡同不玩灯，大刀一舞满地红。”其中的“东道”“西崖”“辛庄”“东沟”等都是相关胡同的俗称。在扮玩演出期间，上至耄耋，下至孩童，从化装到表演，皆可担任多个节目的不同角色，户数较少的巷道近乎是全员上阵。整个演出以村落为舞台，从正月十二正式开始，白天、傍晚各表演两次，在经过一系列村落内部的仪式表演和“礼物”流动之后，正月十五当天达到

---

① 张士闪:《乡民艺术的文化解读——鲁中四村考察》，山东人民出版社 2006 年版，第 6 页。

演出高潮，这就是俗称的大扮玩。最后，在元宵节灯会的喧嚣中大扮玩落下帷幕。

因为三德范村处于山地、丘陵的过渡地带，传统意义上在村庄内部各条巷道流动演出的形式，随着人口的增多，早在 20 世纪 50 年代前后就不再施行。20 世纪 80 年代以来，随着村内胜利桥、中心桥的先后建成，扮玩活动改为在巴漏河两岸及桥梁围成的“日”字形路线上流动演出。演出时，十余支扮玩队伍按照约定俗成的顺序，由巷道“领头的”率领锣鼓队伍走在最前面，同时在队伍前面扯着红色横幅，上面写有“东道巷”“张家巷”等巷道名称和拜年语等吉祥话，以向观众表明身份，区分不同巷道的表演队伍。随后是彩旗方队、节目各异的扮玩方队等。与老人们记忆里的“穷扮玩”不同，现在每条巷道的演出服装多由各巷道集资购买，以体现表演气势。

三德范村扮玩的标志性表演是“芯子”，它因酷似传统形制的烛台和灯芯，特别是宫廷制式的枝杈状烛台而得名。有的巷道在表演“芯子”时，需要多名男壮劳力轮流肩抬支撑“芯子”的两根衡木，这种树立在横木上的“芯子”俗称“抬杆”。“抬杆”是用粗细均匀，韧性、弹性较好，长约六米的鲜杨木制成。杆木两端装有扶手，杆身用红绸包裹，因每架抬杆至少需要两名男壮劳力才能抬起，整架“抬杆”重量要尽量减轻，所以能上“抬杆”表演的都是五六岁的孩童。表演时，架上幼童装扮成戏曲人物，抬杆的壮汉则要轻步慢摇、步调一致。这种具有民间舞蹈元素的表演的关键，就是要呈现出一种“力与美”“险与奇”的和谐统一。一直到 20 世纪 90 年代末，在春节社火表演的全盛时代，演出时，每条巷道少则出一两架，多则出三五架，于是这个人口大村便常形成十几架“芯子”首尾相接的壮观场面。

“芯子”演出多涉及戏文，如《白蛇青蛇》《哪吒闹海》《梁祝》《寇准背靴》《孙安动本》《三打白骨精》《海瑞罢官》《王小赶脚》《猴子摘枣》等。虽然没有唱词，但“芯子”演出时要求锣鼓声势要大，架上小演员做出的姿态要与“抬杆”颤幅一致，抬杆的汉子则腰弓腿弯，慢步轻摇，抖动杆木，上下颤动。就这样，从正月十二开始，连续三天，上千人的演出队伍和来自四邻八乡近万人的观众簇拥在一起，营造了一种中国式的狂欢氛围。

因为“抬杆”在扮玩活动中具有地方文化学者总结的“高难度、独特性、审美性”的特点，兼之在申报市级、省级非遗过程中参考周村、临淄等地的申报书统称为“某地芯子”，于是三德范村和周边地区的“抬杆”“转芯子”等最终被定名为“章丘芯子”。它作为民俗传统的代表参加各类会演或农民艺术节，还作为民间舞蹈代表参加非遗评审，并获得第二批国家级非物质文化遗产称号（X－87）。在村庄内部，“抬杆”的叫法越来越少。被反复纠正、统一表述的“章丘芯子”越来越多地见诸电视、报端以及各种汇报材料。于是，“芯子”悄然从扮玩活动的“百戏”中脱颖而出，成为村落文化的标志，其他种类繁多的扮玩形式也都笼罩在它的光环之下，隐而不显了。

事实上，“芯子”或“抬阁”“扛阁”“高台”“飘色”“铁枝”等一类表演形制、演出程式相近的乡民艺术至今广泛流传于华北、华南、西北等地。虽然鲁中地区的扮玩活动范围逐渐缩小，但章丘地区的扮玩至今仍散见于文祖、明水、普集、宁家埠、高官寨等乡镇的多个村落。问题在于，春节扮玩表演本身是一项耗工费力的民俗活动，山东农民同正在接受市场经济洗礼的其他地区的大多数农民一样，腊月二十六七“踩着点”回到老家过年，正月初六七再准时踏上进城务工的征程，这成为村落时间制度的常态。因此，既需要大量青壮年参与又不能带来任何经济效益的扮玩活动，按说已经“不合时宜”——这也正是华北地区的农民集体表演活动普遍萎缩、变异、消失的重要原因。金一虹在苏南农村的田野调查中发现：“实际上无论男女，普通村民对社区公共事务的实际参与度都不高，特别是自上个世纪80年代农村分田到户、农业集体经济转制，农村实行‘大包干’以来，农民基本上处于高度分散、无组织的状态（温铁军，2007），进入90年代，农村以乡镇企业经济转制为标志的集体经济转制、去集体化，进一步加深了这种分散化、无组织化的状况。”① 阎云翔更是根

① 金一虹：《中国新农村性别结构变迁研究：流动的父权》，南京师范大学出版社2015年版，第430～431页。

据在东北下岬村的调研尖锐地指出：“自 80 年代以来，公共生活衰落，社会秩序恶化，乡村社区也在解体。”①

“文革”及其前后一段时间，三德范村的扮玩处于沉寂状态，1982 年（一说 1983 年），在尝到了改革开放的甜头，以及村庄面临着行政区划的分隔之后，扮玩活动才逐渐走向了复兴和波折的现在。

时至今日，人口达 6000 多人的省会城边村三德范，在周边村落乡民艺术活动普遍消亡，春节期间的公共文化活动几乎绝迹的情况下，不仅几千人参与的扮玩活动能够持续运作，演员、观众的数量还保持了持续增长的势头。在节日期间，无论是宏观意义上的国家（非遗保护及监管），还是会跟村落产生直接联系的章丘区政府、文祖街道办事处，国家权力、地方传统和村落礼俗智慧共同构成了乡土社会“看不见的手”。在平时，能够成为扮玩领袖人物（俗称“领头的”）的大多是巷道内的各种“俗礼能人”或“艺术能人”——他们或者以年高德劭善于操持婚丧嫁娶等民俗仪礼而获得民心；或者虽人近中年但以书法、绘画、雕刻、化妆、木工等艺术才华而获得年轻人崇拜。而村内那些以“村两委”干部的身份，依靠国家制度而获得“自治权力”的村委会成员，他们除了在这场广泛参与的大型活动里努力“乐捐”以彰显身份并期待好评，在这场公益、共享、共情的集体活动里几乎不具有领导地位。

从人际关系、社会交往的亲密程度观察，处于鲁中山区巴漏河流域关键地带的三德范村，因为广阔的土地资源、丰富的煤炭资源、较多的人口等优势条件在很长一段历史时期佼佼不群，与县城、周边乡镇、其他村落的主动联系性很差。这种情况在 20 世纪末随着村内煤矿倒闭、大量村民进城务工等促成人口流动的因素的影响才有了很大改观。国家治理模式在三德范村显示出了较为特殊的权力结构。1984 年，以自然村为基础和边界，三德范被划分为三德范东、三德范西、三德范南和三德范北四个行政村，四村各有相对独立的村委会、村支部（俗称的“村两委”）。鉴于村庄规模

---

① 阎云翔著，龚小夏译：《私人生活的变革：一个中国村庄里的爱情、家庭与亲密关系（1949—1999）》，上海人民出版社 2017 年版，第 265 页。

庞大，集体经济和村办企业也十分繁荣，因此在分村而治时，镇政府又以解体前的三德范大队管委会为基础设立了一个机构两块牌子的三德范经济联合社和三德范办事处（后更名为“管理区”）。自此，在国家制度层面，三德范村的乡村政治就形成了以管理区作为文祖街道基层政权的派驻机构，与集体经济组织经济联合社以及各村法定的自治组织“村两委”由上及下共同维护农村基层秩序的格局。

21 世纪初，曾由乡镇政府于 20 世纪 80 年代广泛设置的“某某村经济联合社”在章丘地区已撤销殆尽。管理区作为乡镇政府派驻机构的设置尽管十分常见，但除了“有大事发生，比方说是村两委换届选举”，同全国其他地区类似的机构设置一样，它们并不对任何村落的日常生活发挥功能性干预。与此现象不同①，在三德范村合署办公的经济联合社、管理区不但代表整个自然村管理着锦屏山，办理着本村的公共事务和公益事业，还按惯例，由在本村出身、成长的管理区书记对整个村落自治范围内的事项负责。与此同时，下属四个行政村的“村两委”干部不但要在理论上服从管理区调度，而且在实践层面，这种上下级关系也因为历史传统、政治因素和经济资源等的发包、分配，使得各村村委会很少有能自行其是的余地。

田野调查发现，这种介于“村两委”与乡镇人民政府之间，即使在华北地区也十分鲜见的“村治”现象完全奠基于三德范村的“民间自治传统”②。从村落外部环境观察，这种“特殊情况特殊对待”的权力设置似乎并不是地方政府的被动反应。近现代社会以来，在基层社会不断被渗透、打破、改造和重组的同时，以百年中国为时空维度，民族国家建构对乡土社会的渗透，在很多层面表现出了因势利导、互益互补的复杂逻辑。

---

① 王荣武、王思斌：《管理区干部和村干部的互动过程与行为》，载《社会科学研究》1996 年第 3 期。

② 有当地村民认真地说：我们三德范从来就是实行高度自我管理，如果外乡人来自己村当领导，“无论是旧社会的乡长、镇长，还是新中国后的大队长，现在的管理区书记，非要硬往下安排的话，干不长，也干不了”。这种类似的说法在年长者那里经常听说。

乡民们充分利用自治传统和礼俗智慧最大限度地维护了村落的内生性秩序，这种富有地方策略多重面相的互动逻辑和民间自治的机制十分耐人寻味。

当然，即使是以三德范村为观察对象，目前在中国乡土社会生活的所有领域，也几乎只有在文化生活或民俗仪礼的范围还保留着较为明显的民间自治传统（遗留或痕迹）。但是，无论是作为村民个体自娱自乐的“热闹”，各条巷道之间斗艺竞技的“脸面”，基层政权作为文化名片所掌握的“民间艺术”，抑或是国家所倡导的“非物质文化遗产”，三德范村的扮玩都勾连着历史与现实、传统与当代、国家与村落、政府与百姓，勾连着具有政治现实感的“村民自治”和历史传统的“民间自治”的所有问题。这是本书以乡民艺术扮玩为切入点，试图对最能体现中国国家政治与乡土社会关系的“自治”问题进行拓展的关键之所在。

如前所述，国家如何借助文化传统参与地方社会和民众的日常生活，是20世纪以来中西学界一直关注并讨论的问题。以往学界的研究多从社会政治、经济体系调整、改革的角度着手，而且国家与社会二元对立的分析框架占据了主体地位。直到今天，对这一问题从乡民艺术的视角入手，从国家、村落、民众多元主体互动的视角展开观察、阐释的讨论尚不多见。本书即选择了这种既有历史感又有现实感，且需要社区民众广泛参与才能完成特定组织目标的乡民艺术，同时，借助各类口述资料和民间文献，在对村落个案进行“深描”的基础上，考察20世纪上半叶以来农民的劳作模式、自我意识、生活理念的变迁机制。在当前国家倡导乡村振兴战略的大背景下，本书通过田野调查和学理分析，从乡民艺术的角度寻绎了中国民间自治传统的文化机理和现实意义，这在一定程度上对思考当前村民自治制度可能具有些许借鉴价值。

二、主位叙事与文献研究

直到今天，在人类学、社会学领域，关于如何采集、利用和表述田野资料，让国内外许多学者都很困惑。在西方，帕森斯之后的社会学家们开始怀疑涂尔干所谓的“社会是体现在集体表征之中的被崇拜物”“社会事实只能经由统计手段才能被发现”这类带有神秘色彩的社会实在论。因此，田野资料特别是口述史资料、访谈资料，在保持着科学主义观点的学者那里总被认为是靠不住的。

实际上，不同学科、不同流派，乃至同一学科不同学术观点的研究者总能找到自己的立场和相应的解决办法。传统历史学、社会学研究主要采纳了结构分析或制度分析的方法，学者们努力从社会的正式结构、组织和制度框架内部去把握历史或现实的社会结构与运作过程。这种研究策略的缺点在于把一些看似简单的问题进行复杂的“话语分析”，从而显示出作者深厚的理论功底和卓异的建构能力，但生僻玄奥的理论术语和理论模型难免让读者有雾里看花终隔一层的感觉。从20世纪80年代末开始，中国社会史研究领域关于生活的研究如火如荼，但长期以来，也面临着“人”的缺位的问题——“长时段”之外，对日常生活里的个体生命的关注还远远不够。[①] 在民俗志实践领域，万建中批评说：“写作成为一种复制过程，这种复制指的是写作对写作的复制……民俗志成为没有叙事主体的资料集。”[②] 在社会学领域，以乡土社会个案研究为对象，为了体现“有主体的人”的知识生产，有学者针对日常生活叙事的书写问题提出了一个带有方法论色彩的研究策略，即“过程－事件分析”法。这种有别于“文本概括”（如《江村经济》）而倾向于“文学概括”（如《金翼》）的理念实则并不新鲜，它可以追溯到美国芝加哥学派基于历史分析的“生活研究法”。[③] 但它从实践层面为搭建日常生活叙事与宏大叙事之间的桥梁创造了一种可能。

---

① 常建华：《从社会生活到日常生活——中国社会史研究再出发》，载《人民日报》2011年3月31日。

② 万建中：《民俗志写作的缺陷与应有的追求》，载《民间文化论坛》2007年第1期。

③ 孙立平认为，“芝加哥学派”式的历史分析，“提供的并不是一种连贯而流畅的过程，其在每一时段上的事件仍然是静态的，展示出来的只是众多静态事件所构成的序列。而‘过程－事件分析’，所追求的则是一种对事物过程的连贯与流畅的描述与解释”。孙立平：《“过程－事件分析”与对当代中国社会生活的洞察》，见王汉生、杨善华主编《农村基层政权运行与村民自治》，中国社会科学出版社2001年版。

值得注意的是，也有学者批评“过程－事件分析”与“结构－制度分析”存在着内在理路的不可通约性①，认为前者常表现出修辞化与空洞化的倾向，有可能削弱对区域社会深层权力机制的分析。根据以上各家观点，在本书的写作过程中，笔者尝试并采用将“过程—事件分析”落实到“主位叙事”视角的办法。具体说来，即在事件表述过程中，多从生活主体“第一人称”的视角审视乡民的生命历程、生活感受和生命理解。简单地说，本书所倾向的“主位叙事”就是更多地让生活主体讲述自己的故事，研究学者则站在他们的立场、角度及所处的环境中“入乎其内，出乎其外”地去阐释、解读叙述主体的真性情、潜台词和生活感，从而让读者对个体叙事背后潜藏的生活意义进行反思、观照。

同时，文献研究与主位叙事的方法是本书研究的“一体两翼”。

赵世瑜曾指出：“理解一种乡土艺术的文本不仅需要考虑现实的语境，还要考虑一个历史的或者动态的语境。”对比同样习惯于田野调查的区域社会史、历史人类学等学科的学者，尽管认识到各类民间文献的重要性，但只有少数在村落语境开展工作的民俗学者能够比较熟练地使用它们。造成这种现象的原因是多方面的，有学者主观上学术旨趣的差别，也有所在村落客观上民间文献缺失的原因。但无论如何，缺少对民间文献的使用和分析，不免会阻碍我们将村落放置在长时段里给予动态性、过程性的理解。

幸运的是，三德范村从20世纪50年代起就延续了很好的档案管理制度，无论是清中叶以来的部分民间文书、集体化时代的统计数据，还是改革开放以来的各类官方文件，都在“三德范村档案馆”较为完整地保存了下来。据不完全统计，现存各类资料有3970余件，且各类资料均在持续补充和更新中。传统文献、民间文献之外，结合笔者多次田野调查所积累、收获的录音访谈和视频资料，现有的材料大致上能勾勒出1949年以来，三德范村的政权建设、意识形态、婚姻家庭、人口流动、生产生活、社区建

① 谢立中：《结构－制度分析，还是过程－事件分析？——从多元话语分析的视角看》，载《中国农业大学学报（社会科学版）》2007年第4期。

设、生态环境、灾荒救济和慈善事业等结构性变迁的原始面貌。在此基础上，笔者尝试着在写作中将一些民间文献放置到村落社会所经历的历史进程中，并尽可能还原当时的集体生活与个体经历的场景。因此本书呈现的主要就是这些乡土社会变迁过程中的记忆碎片和礼俗智慧，以及国家政治和民众生活交织在一起的风俗画卷。

三、经历田野

以三德范村为田野调查的大本营，本书的田野调查大致分为四个阶段。

第一个阶段是从 2014 年 11 月 30 日到 2015 年 3 月 5 日。在此期间，笔者对田野调查和参与观察采取了前紧后松的时间节奏。几乎所有老练的民俗学者都会告诫后辈，田野调查既要有问题意识又要松紧适度，因为过度的戒备容易使调查者戴上有色眼镜，造成我者与他者的“脱离”。所以在确定田野点后，2015 年春节扮玩前的这段时间，笔者几乎像一个“闲散人员”那样在村里游荡，每当邂逅善谈的乡民就像地质学家发现了一座金矿那样兴奋。庆幸的是，由于三德范村庄大姓多，村民之间相互不认识是常态，因此笔者的调查并没有在村内引起太多注意。在田野调查时，笔者经常推开一些村民家的大门，按照山东人打招呼的习惯，一边响亮地喊着“大爷、大娘在家吗?”一边鼓起勇气向庭院走去。幸运的是，三德范人非常的热情、淳朴和善良，笔者从没有在老人们那里吃闭门羹。就这样，像最初的几位重要的访谈人冯兰贵、单象厚等都是这样结识并逐渐熟悉起来的。此外，不能忽视的是三德范经济联合社党总支书记张江，经济联合社干部冯昭宝、李执华等人对三德范村人情、村况的熟悉以及对调查对象的推荐，让笔者在较短的时间内熟悉了村庄的大致状况，也为随后年节扮玩活动举行期间密集的田野访谈和参与观察做好了铺垫。

第二个阶段是从 2015 年 12 月 4 日到 2016 年 2 月 23 日。先是山东大学民俗学研究所受当时山东省旅游局的委托，以“乡村农业生态博物馆建设”为主题，笔者和山东大学民俗学研究所的一年级博士、硕士 20 余人，先后在 12 月 4 日到 12 月 6 日集中在三德范村做了一次田野调查。这次调查尽管因为时间紧张无法深入进行，但还是从“村落概况”“人生仪礼”“岁时节日”“民间信仰”“俗语故事”“乡民艺术”等方面入手，做了有针对性的专题调研。最终，大家不但完成了多篇精彩的调查报告，而且印刷了一期八万多字的内部刊物《百脉泉：章丘三德范村民俗调查专辑》。

在这一阶段，笔者个人的田野调查重点放在了对 2015 年、2016 年年节扮玩的观察上。扮玩期间，笔者循着第一个阶段留下的线索和足迹，初步观察了扮玩的相关流程，并且建立起了与几个街巷“领头的”的直接联系，对扮玩的组织机制、表演流程和演出模式有了直观、感性的印象和了解。

特别要指出的是，三德范村的春节扮玩也是济南市媒体聚焦的传播场域。扮玩举办期间，不但许多早已转为城市户口的乡民返乡参与活动，以济南市城区为核心，许多摄影爱好者、新闻记者、普通市民也由于媒体的广泛宣传蜂拥而至，其中还有一部分管理区主动邀请的专家教授和社会贤达。在这样一种氛围里，为了尽可能地与绝大多数“游客”区别开，笔者的策略是尽量跟“村里人”打成一片，而不是做一个冷静的旁观者。这期间在张家巷，因为排练活动开始不久就敲破了一面旧鼓，几位“领头的”在村内禹王庙为凑齐购买新鼓的钱而一筹莫展。笔者一时兴起，贡献了一点微不足道的余财，老乡们感动之余，将笔者的名字写在了“义捐”的大红榜上。这种即兴的交流，实际上对随后田野调查的顺利开展起到了很好的促进作用。当然，随着对扮玩组织机制的深入了解，笔者发现自己的这种捐款在村落内部有“站队”的嫌疑，而且容易引起其他巷道的不快。但从这件小事开始，许多识文断字的老人，特别是部分街巷的“领头的”逐渐听说了有这么一个待在村里写论文的青年。由此，他们中的大部分人不再以另类的眼光戒备笔者，彼此关于村落内部政治生活和家庭生活的言谈尺度也随之有了明显的扩大。另一方面，似乎为了能够“跟研究生拉呱”，许多年轻村民试着咬文嚼字、字斟句酌，尽量让自己的遣词造句和表达方式“讲究些”，客观上也磨损了许多自在交流状态里可以产生的信息。就这样，笔者逐渐与赵介平、李景兴、张烈民、王延训、刘绪刚等几条胡同的扮玩组织者建立起了联系，而且逐渐能够进行较为深入的交流。在此期间，笔者还对周边的黑峪村、青野村、文祖村、黄露泉村、马家峪村、东张村、东田广、西田广等村落进行了较为粗糙的田野调查，获得了一些可供区域社会内部互相比较的资料。

第三阶段是2016年4月初到2016年12月底。在这大半年的时间里，除了极其特殊的事务工作，笔者每周会有四五天的时间待在三德范村，并将书桌搬到了三德范经济联合社的档案室，整个村落的乡民都是笔者的授课老师。在这期间，笔者的主要任务是田野访谈和文献梳理。从4月初到5月底，笔者首先努力与经济联合社的七位干部和工作人员熟悉起来：跟他们一起为全村80岁以上的老人送生日蛋糕；一起为有“喜事”的乡民随“份子”并参加喜宴；一起参加葬礼，吊唁因病去世的为全村的工作做出突出贡献的老党员干部。有时，也会应三德范村党总支书记张江的要求，像驻村干部一样按照上级指示，偶尔润色申报“传统村落”“美丽乡村”的材料。就这样，笔者终于和部分群众、村干部熟悉起来。笔者曾经一度认为，优秀的田野调查应该像美国20世纪60年代初期倡导的“直接电影”的导演们那样，做到一种“墙上苍蝇式”① 的参与和观察。然而，这种以为鸟儿从天空飞过不会留下痕迹的想法只能是痴人说梦。在这个阶段，不但很多熟悉的村民会同笔者攀谈叙旧，个别村民还会因为孩子升学、就业、择业、婚恋的问题请笔者这个“研究生”为他们答疑解惑。此外，随着三德范村在媒体上的出镜率、影响力逐渐增加，济南市或周边地区的高校包括笔者当时所在的单位齐鲁师范学院，还常以学术考察、乡村口述历史研究的名义到三德范村进行教学实践或参访活动。在经济联合社主要领导不在村里或认为笔者的参与能带来更好效果的时候，笔者也能以“村里人”的身份给参访者做导游。

综合这一阶段的田野调查，在获得有关村落的各种信息资料的同时，

---

①　为20世纪60年代初期美国“直接电影”学派推崇，代表人物是艾尔伯特·梅索斯和弟弟大卫·梅索斯。所谓“墙上的苍蝇”（fly on the wall）的风格，顾名思义，拍摄者要像墙上的苍蝇一样，静静地观察事件的发生、发展，切忌去影响事件，要让场景里的人物维持自己的生活，双方尽量做到互不影响。

笔者深刻地感受到了民俗学界“石榴（施爱东、刘宗迪）之争”① 曾激烈讨论过的田野调查伦理问题的症结所在。以笔者的感受来看，只要研究者参与的程度足够深，田野实践不存在理想意义上所谓的绝对理性或冷静客观，你越是融入乡民们的生活，彼此在互动过程中的干扰也就越大。当然，大部分情况下，这种彼此干扰是温和有益的，只有极少数情况会让彼此拘谨乃至引发冲突。但是无论如何，施爱东等人强调的“田野研究者最好是一个事不关己的、冷静的旁观者，最好不要融入对方的生活，不要掺和地方事务”② 的做法恐怕很难实现。毕竟，“田野”不是一个物理世界，它不仅包括感受系统和反应系统，还包括一套符号系统，田野资料的获得往往是理解这个符号系统的情感过程。笔者就深入地体验、观察了村干部和乡民们的日常生活，在很多地方也以一个知识人的身份引起村干部、群众对笔者所掌握的资源、话语权的议论、关心和借用。

第四阶段是从 2017 年 1 月至今。这一阶段笔者以乡民们的“主体状态”为中心进行田野调查、资料整理和论文的补充、修订。但在三德范这本厚厚的“百科全书”面前，笔者仅仅是个刚刚掌握了检索方法的小学生。虽有累计一年零两个月的驻村时间，但笔者至今还不敢自称对它有了充分而彻底的认识和理解——这是笔者必须忐忑声明并承认的。

最后需要指出的是，在本书的写作过程中，笔者在人物、地点等方面基本采取了实名制的方式，且尽可能准确地呈现了访谈者、访谈地点和其他应该说明的情景。涉及可能给村庄或个人带来影响而又无法回避的事件或故事时，本书仍然采用了化名或其他技术处理的方式。这是笔者作为一名三德范“荣誉村民”十分自觉的书写选择，请读者切勿对号入座。

---

① 刘宗迪本人对这场网络论争被冠以“石榴之争”之名十分反感，认为这既不严肃又极其“肉麻”。站在读者批评的角度，本书仍旧采用了这种表述，谨此说明。

② 吕微、刘宗迪、施爱东：《两种文化：田野是“实验场”还是“我们的生活本身”（续）》，载《民间文化论坛》2006 年第 1 期。另参巴莫曲布嫫：《民俗学伦理与非物质文化遗产保护》，载《民族文学研究》2016 年第 4 期；刁统菊：《民俗学学术伦理追问：谁给了我们窥探的权利？——从个人田野研究的困惑谈起》，载《民俗研究》2013 年第 6 期。

第一章　流变的村落生活

文祖街道地处鲁中丘陵地区，西北部是鲁北平原的边缘，地势南高北低。位于文祖街道南端的三德范村处在山地、丘陵与平原交错的过渡地带。因是山地丘陵地貌，文祖街道境内的大部分地区水资源十分匮乏，地下水平均深度达 200 米。全街道二三十个自然村，普遍存在缺水问题。只有少数村庄，如东张村、朱公泉村、大寨村等，因山坡堆积和植被繁茂，多山泉水，生活饮水基本能得到保障。不过有一利则有一弊，山泉水富裕的村落，往往可耕地面积少且土质更加贫瘠。

从文祖街道往东越过九顶山、胡山是章丘区官庄街道，往西南越过锦屏山是垛庄镇，西北部连接着曾经同样以煤炭产业发达著称的埠村街道，往北 30 公里则是自 20 世纪 50 年代开始成为章丘县政府所在地的明水街道办事处，其被乡民们俗称为“明水”或“县城”，它是三德范和周边村庄的乡民在日常生活中置办大件生产、生活用品以及春节扮玩活动中最容易打交道的地方。文祖、官庄、埠村、明水这些乡镇级别的基层行政设置，从 20 世纪 90 年代末开始，随着城镇化进程，先后更名为“街道办事处”。不过老百姓因循旧例，一般在日常生活中不会称呼它们啰唆的后缀，大多以“文祖”“明水”简称之。

在今天，如果需要远行，三德范人就在村北最近的公交站——废弃的村办企业“机械厂”等候约半小时一个班次的公交车。如果顺利的话，转乘一次或两次公交车，在两个小时左右的时间里就可以到达省会济南。不过，比起济南，三德范的村民更愿意乘车到村落正北方的老县城所在地明水去办事。根据大部分村民的生活经验，公共交通的明显改善和消费水平的普遍提高不过才十几年的时间，所以 20 世纪 90 年代以前所谓的进城“办事”也主要是“看大病”或“买大件”。有趣的是，无论是集市、超市、饭店，还是诊所、药店、信用社、银行，甚至幼儿园、小学、初中，在三德范村几乎一应俱全。因此，这个镶嵌在山谷和田野之间、远望并不出奇的村落多少带着些自给自足的“大户人家”的气派。

如果必须远行，村民们一般选择往正北方向，因为村落的东、西两侧都是山地，而往南穿过青野、黑峪、大寨等村，随着地势渐高，就会进入一片更为陡峭崎岖的地区——济南市莱芜区雪野镇。雪野和三德范所在的文祖虽然相隔不远，但是分属莱芜和章丘两个不同的区。两地的村民隔山而望，水土、物产、方言、习俗等都有明显的差异。因此，虽然三德范村域内的“老章莱路”和建成于 1990 年的省级干线公路 S242 线先后成为章丘通往莱芜的必经之路，但除了必要的商贸活动，一岭之隔的两地群众很少往来。

在章丘地区，20 世纪 30 年代以来，由于不断增长的人口数量和广袤的村域面积，三德范村一直是公认的“第一大村”。20 世纪 90 年代末，在附近的大寨、青野等村分别以运输业、建筑业崛起之前，三德范村还是章丘南部首屈一指的“富裕村”“文化村”。时至今日，三德范人的村落生活在大部分时间里其实是一种波澜不惊的宁静状态。2000 年前后，曾经喧嚣一时围绕煤矿开采兴起的十几家村办企业陆续破产、倒闭、清理。附近以建筑、运输等行业为主的青野、大寨等村异军突起，并在很短的时间内代替了三德范村曾长期占有的富裕身份。从此，以下井挖煤为“祖业”的三德范人不得不走出村落：五六十岁的村民大部分选择在本地找一份在建筑工地做“小工”的工作，因为这样不耽误管理地里的庄稼；小部分习惯了“祖业”又无一技之长的中年人则选择到山西、内蒙古，甚至东北三省、云南等矿区继续从事井下作业；村内的青壮年妇女则大多选择在附近的电子厂、缝纫厂或者其他劳动强度不高的私营企业上班。

因为计划生育政策和外迁因素，村内的孩子变得越来越少，但是清晨和傍晚仍能看到背着书包从玄帝阁一侧的齐家巷往返学校的学生身影。因此，清晨和傍晚就成了三德范一天比较热闹的时刻。每当此时，电瓶车、摩托车和小汽车络绎不绝地穿梭在道路上，它们载着各自的主人游走在城乡之间，在让白天的村落显得异常宁静的同时，也把傍晚后坚持跳广场舞的人群映衬得更有动感和活力。除了为生活奔波的青壮年，构成村落日常生活主体的是那些不能再“下大力气”的七八十岁的老人。田间地头以外，他们习惯三三两两地聚集在街头巷尾“拉呱”。巷道交叉口和村落中央的玄帝阁是老人们最爱凑一堆“拉呱”的地方。除了“拉呱”，每逢农历三、八“去赶集”就成了乡民们主要的能见面交流的机会。相较而言，迟暮之年的老人是全村拥有闲暇时间最多的人。他们除了要承担起照看孙辈起居生活的任务，每条巷道居民的生老病死也要由以部分老人为骨干组成的红白理事会来主持、操办各类仪礼。每条巷道有威望的老人还是村庄公共事务的参与者和执行者——以他们为核心，由各条巷道代表组成的20多位老人不定期地被召集起来在管理区开会，并对本村的文化建设、工程建设、殡葬改革和土地流动等公共事务发表看法。作为固定工作，他们中的骨干成员每周还要拿着“计分表”检查村内的环境卫生。就这样，流动的青壮年、孩子和守在村内的老人构成了这个山村日常生活的全部。平心而论，这个外人看起来波澜不惊、平淡无奇的鲁中村落并非一个默默无闻的普通山村。除前述经济和人口优势，三德范村扮玩活动的代表性表演形式“芯子”更是被评为国家级非物质文化遗产。近年来，这个村落更是先后被评为省级和国家级“传统村落”等。总之，用老百姓的话来总结，就是“我们村是上过中央电视台的古村”。

社会光环之外，三德范村在20世纪90年代以来的短短几十年间也逐渐被一种“陌生化”效应包裹起来。如乡民之间人际关系的纽带随着生活节奏的加快变得松弛，家族内部也常因外出务工而使彼此的关联性大大降低，乡民们普遍存在着日常生活的冷寂感和孤独感。在家庭财富不断增长和物质生活逐年改善的同时，乡民的幸福感却在逐渐降低。身体疾病、意外事故，以及为儿孙在“撤市划区”的老县城买一套“一天一个价”的商品房成为压在大部分人胸口的石头。换言之，作为一个从人口和庄域都可以算得上是大庄的村落，所有可能引发人心涣散、生活无趣和文化乏味的问题都会是引爆村落内部多种矛盾和激烈冲突的定时炸弹。但是，集体感和凝聚力弱化状态下的三德范村并没有走向社会矛盾丛生、上访户不断、刑事民事案件频发的局面。恰恰相反，在一定层面上，作为整体的三德范村仍旧保持着较强的向心力和"社会向心空间"——这种判断和认识在田野调查中可以从大部分村民流露出的心态和语气里得到证实。如在其他村庄可能寸步难行的"拆违拆建"，在这个涉及面较广的村落执行得却尤其顺畅。

当然，作为泉城济南城边村的三德范，在很大程度上也面临着"村落终结"的危险，城市化和城边村所导致的问题在这里同样存在。是什么力量始终延续并维持着这样一个"地域中心"的文化个性？是什么因素让这样一个在日常生活里看起来离散的村庄始终保持着良好的公共秩序？又是什么原因让这样一个偏居大山深处的乡村延续着集体行动的机制？无论得出何种答案，我们的讨论都应当从三德范人所处的生活世界开始。

第一节　村落空间的历史变迁

无论是源于历史印象还是媒介宣传，三德范村现在是区域内部公认的有"名气"、有"特色"的村庄。这种村落文化个性当然是各方面原因促成的，但作为由时间、空间复合而成的社区单元，对村落的文化解读首先离不开对其地理条件和人文传统的理解、把握。这是因为地理、气候、生态以及它们所生成的土地、矿产、水系，都在历时性的演进中直接干预并形塑了村落的生活模式和文化创造。换言之，是自然环境塑造了农民的劳作和生计，农民的劳作和生计又深刻影响了农民的生存状态，农民的生存状态则进一步成为理解地域性知识的总体框架。在三德范村，水源、土地和矿产是直接影响和干预村民生产生活的地理因素。在特殊自然条件的基础上才诞生了可以影响村落内部成员生活交流、生产协作，以及有关礼俗传统的社会网络。马克·布洛赫曾说："一个探险者在钻入茂密的丛林之前，总要简略地环顾四周，一旦钻入密林后，他的视野再也不会开阔了。”① 有鉴于此，让我们先从对三德范人生活世界的“深描”开始了解三德范村落。

一、缺水与治水

三德范村是一个总面积达 14.3 平方千米，辖管一座大山（锦屏山），主要姓氏有王、张、冯、单、赵、姜、刘等 20 多个，常住人口超过 6000 多人的大村。村域内海拔 563.5 米的锦屏山也是章丘南部最高的山体。

章丘地区属于暖温带季风区中的大陆性气候，四季分明，冬季少雨雪，夏季雨量集中，秋季温和凉爽，整体上呈“春季旱、夏季涝、晚秋又旱”的特点。由于季风在整个鲁中地区发生的时间、强度不同，致使降水量不仅年际变化悬殊，丰枯期交替出现，且常常发生连续丰水、枯水的现象——地处丘陵地带的三德范村旱涝相继的自然灾害体现得最为明显。因为村落所在的山体多属石灰岩层，从村内穿流而过的巴漏河渗水严重，河道几乎全部用来排泄山洪，不能蓄水，因此出现了“没有长流水”的现象。同时，介于砂岩、页岩之间的沉积岩主要分布在三德范、文祖、三元、长水、西窑头、东王黑、西王黑、水河庄等交汇地带，砂岩、页岩夹煤数层，总厚度可达 170 余米。② 丰厚的煤层使得三德范及其周边村落的乡民们最迟从晚清时期就形成了“下井为业，半工半农”的劳作模式和生计传统。直到 2005 年前后，随着煤炭资源枯竭和环境污染等问题的出现，所有煤井才被彻底关停。但是，煤炭不仅影响了三德范人传统的劳作模式和经济生活，更直接影响了三德范人的生活用水。

受地质构造及煤层影响，三德范村可供饮用的浅表地下水在《济南水利志》里被界定为“碎屑岩类碳酸盐岩孔隙裂隙水”——这是真正的“矿泉水”，但因矿化度太高，水质和口感极差。三德范村的东道巷西侧就有

---

① ［法］马克·布洛赫著，余中先、张朋浩、车耳译：《法国农村史》，商务印书馆 1991 年版，第 1 页。

② 赵兴林主编：《守望文祖》，黄河出版社 2013 年版，第 3 页。

这样一口深约 40 米的水井，虽然其水量较为充沛，但是水质很差，水味苦涩，被村民们称为漤水井。即使这样，在很长一段历史时期，这口漤水井都是三德范人最主要的饮用水源。每逢旱季，村民们日夜排队取水。井上辘轳转动不停，为了尽快取水，除了井绳上要绑着一次可以挂七八个水桶的“偏钩”，着急的村民还见缝插针地用大绳拔取水桶。天长日久，铁铸的井口被磨出十几道牙口，至今还清晰可辨。这种现象一直持续到 20 世纪 70 年代末三德范生产大队打出几口“深水井”。村内的西道巷，村外的马道、西翅子、小青山等处也有几口水井，但这些水井也都由废弃煤井改造而成，水质同样苦涩不堪。饮水是人类每天都要面对的现实问题，因此，关于饮水、节水的故事、传说、经验和“侃子”也就成为三德范人反复言说的历史记忆和闲聊话题。

因为山脉、河流的走向决定了地形的缓陡，三德范便与周边村落保持着错落相间、若即若离的分布态势。除了与村北呈犄角状的长水村遥相呼应，离村庄最近、联系最多的是文祖街道办事处驻地文祖村。文祖村分为文祖东、文祖南、文祖北三个行政村，其人口和规模仅次于三德范，二者之间有不到 10 千米的路程。往南离三德范最近的则是青野、黑峪两村，彼此有 6 千米的距离。

三德范村的地表水属于济南小清河水系。每逢雨季，地表水从村庄四周注入纵贯村庄中央位置的河道，然后迎合村北“夜战沟”的水流，再从长水村南侧交汇，向北流入巴漏河，最终注入小清河。由东南至西北穿三德范村而过的这条河道，在地理学意义上的准确名称是“西巴漏河东支”，其全长 22.5 千米，其中村庄境内有 3.2 千米。因为这条河道，三德范村被分割为东、西两大区域，民宅则多顺势建在河道两侧的高地。

很多老人回忆说，历史上对三德范村的生产、生活产生影响最大的是横贯村庄的这条巴漏河。在 20 世纪 80 年代以前，村内的河道蜿蜒曲折，宽处可达 120 米，窄处则仅 30 米。河床高低不平，砾石遍地。一旦山洪暴发，河水就会汇集上游的朱公泉、郭家庄、东张、水龙洞、东田广、西田广、青野、大寨、三槐树、石子口等村庄的水流，挟着碎石猛冲下来，不但河道瞬间“满槽”，浊浪还会冲毁两侧的民宅。因此，“发大水”带来的灾难也就成了老人们最深刻的历史记忆。年近七旬的村民冯业荣祖宅毗邻巴漏河岸，在三德范村，冯家祖上以擅长做花轿知名，旧时附近村子有人结婚，都会到冯家租赁花轿。鲜为人知的是，冯家这门手艺与巴漏河的洪水肆虐有直接关系。冯业荣说：

> 我爷爷年轻的时候也下窑挖煤，我奶奶用今天的话说就是家庭妇女。那年发大水，巴漏河的水都灌到了大街上。我奶奶在家里烙饼，她刚和好面，就听着哗啦啦的水淌到当院（庭院）里来了，很快就灌进了屋里。我奶奶不想出去，她心疼屋里的家什，又心疼和好的那块面。河水越涨越快，她就（把面）从盆里捞出来裹到了腰上。想走的时候已经走不了了，她就站在桌子上。后来洪水漫了上来，她把面盆放在桌子上，（自己）站到了面盆里。结果土坯墙很快被水泡得稀松，"哗啦"一下都倒了，我奶奶就被压死在了屋里头。那时候我父亲年龄小，我爷爷没办法，下窑挖煤的活儿不能干了，就狠命学了一门手艺——做花轿。从那个时候开始，我们冯家靠做花轿养家糊口，一直到我这代人年轻的时候。①

据许多老人回忆，1935 年 7 月 30 日（农历七月初一），巴漏河山洪暴发，水浪高达七八米，冲击了沿河的大寨、黑峪口、三德范、长水、东窑头、西窑头和月宫 7 个村庄，冲毁沿岸诸村房屋 1000 余间。在三德范，洪水漫过两岸黄土围堰，倒灌中心大街，水深至少 1.5 米，河道东侧与中心大街之间的民房，以及玄帝阁一侧的"老祠堂"全被冲毁，房屋倒塌致死一人。冯业荣的奶奶就是在这次山洪暴发时不幸罹难的。

关于这次灾难，据地方文献记载，受灾最严重的是黑峪口村。该村有 20 余户人家被洪水卷走，剩余几户人家心有余悸，随后搬迁到了临近的黑

---

① 讲述人：冯业荣，69 岁，陈家巷村民；讲述时间：2016 年 7 月 25 日。

峪村居住，从此“黑峪口”这一地名彻底消失。① 洪水暴发时，在三德范村南10千米处的大寨村受灾也比较严重。河道旁边的神庙“镇武阁”的西墙被洪水冲走一片石壁，灾后镶嵌重补的一块基石上至今仍留有署名“竹天居士”的铭文：

民国二十四年七月一日晨，山洪涨发冲没此石，并冲房舍千余间，几为一平。彼时惨不忍目，此诚千古未有之奇灾也。竹天居士志。

这场惨烈的洪涝还为附近几个村庄留下了“大雨三场瑶月飘”的传说：山洪暴发期间，河里浮出一条大蛇，它摇着尾巴画出了“大雨三场瑶月飘”的字样。村民们十分紧张，认为这样的洪水总共要发生三次。后来当地的一些文化人解读说，这七个字是代指巴漏河沿岸要受灾的大寨、黑峪、三德范、长水、窑头、月宫等几个村庄。

在很多老人的记忆中，巴漏河没有为村庄带来什么福祉。因为长期没有大型库塘，雨季降水无法储存，同时“漏河漏河，大水过后剩下的就漏没了”，所以河道不会带来灌溉之利。到了20世纪中叶，三德范的人口增长速度一直维持在每年出生100人左右；到了1970年，三德范的常住人口总数已经超过6000人。随着生齿日繁，“山石多，水泉无，田苦旱，人苦渴”，地瓜种植面积不断扩大，玉米播种需要“点种”抗旱等，村民们吃水、用水问题更加突出。直到今天，从乡民们与水有关的生活实践来看，水源问题仍旧深刻影响着三德范人的思想观念和行动逻辑。在三德范村，关于水的“侃子”② 内容十分丰富。从较为常见的“大水冲了龙王庙”“山水河里洗豆芽”到带有村落文化个性的“三德范的湾水——抢了”“三德范人打水——按轮来”等有关三德范人吃水、用水的“侃子”在周边村落仍不时被人提起。

---

① 赵兴林主编：《守望文祖》，黄河出版社2013年版，第245页。

② “侃子”或“坎子”，歇后语的异文，属于地域性民俗词汇概念。在文祖地区，群众公认“三德范的侃子下火车——拉也拉不完”。据说，西窑头附近有某位村民搜集了200多条关于描写三德范的侃子。

三德范村没有山泉水，而地下水埋藏太深，村民们常常掘地尽石，凿井无泉。如从20世纪60年代起，三德范大队先后在村域内的北石门、单家圈、南河东北角等处凿了四眼井。除了南河这一处有水，其余三眼井虽然深达几十米，终因没有探到水源而被废弃。村外的几眼俗称“马道”“西翅子”“小青山”等古煤井虽曾一度被作为饮用水源利用，但因其水质差、口感涩、水量小，终浅尝辄止。

直到1980年前后，窖储雨水仍是三德范人生活用水的主要来源。在长期求水、治水的生活实践中，三德范人发明了用“旱池”蓄水的办法。旱池是人工修砌在庭院或临街墙壁下方的圆形水囤，每个旱池容量在几十立方米到上百立方米不等。一般说来，以30～50立方米容量的旱池居多，“最大的可以招待八席客”。据说，村民刘绪贵家的旱池最大，可以容水250立方米。每逢雨天，大街小巷、房顶、庭院的雨水就会顺着坡道流进旱池，地面上的土块、树叶、瓦砾也会流进去，谁也无法保证旱池中水的清洁、卫生。因为修砌旱池需要耗费大量的人力和物力，所以旱池从来不是家家皆有。20世纪50年代，全村有旱池的农户不足1/4，且大多是比较富裕的人家，他们或一户独占，或几户共有。因此，“能不能修得起旱池”，“家里修了多大的旱池”，不但是家庭经济实力的象征，而且会“直接影响孩子找对象”。许多家庭纠纷的产生更是跟旱池的使用、管理有关。陈家巷冯兆海至今珍藏有多份晚清至20世纪初期本家族的契约文书。通过它们，我们能窥探当时因吃水问题导致的生活窘状。如：

立字据人冯汝训：

因冯汝昌宅子卖于王存其，内有水池一个，原许冯汝训吃水。现折作国币八百元整，以后不许冯汝训吃水。两家情愿，并无反悔。立字据存证。

街谊陈学军 中人冯汝秋 族人冯汝全 代字冯兰芝

民国二十三年二月初二日立

据老人回忆，这份契约描述的是冯汝昌、冯汝训两兄弟在分家时，约定共同享有宅院内旱池的使用权，但后来房主冯汝昌将宅院卖于王存其。王存其因对冯汝训吃水的问题不满，与之发生争执。最终，以冯汝昌折价赔偿兄弟冯汝训，终止旱池两家共享而告终。

在当时，这类因吃水问题而产生各种生活矛盾的现象是很常见的。到了 20 世纪六七十年代，三德范生产大队无偿提供修砌旱池的重要原材料白石灰，鼓励各个生产队在田间地头修砌旱池，以解决抗旱点种和牲畜等与人争水的问题。很快在三德范村的田间地头新增旱池 130 眼。至此，全村旱池总量有 500 多眼，蓄水量达两三万立方米。加上 1956 年 2 月，“三德范新华高级农业生产合作社”成立后，集体重修的三德范“北头湾”和随后扩建的“北方塘”（1965）、“新井方塘”（1971）（这三处方塘蓄水总量达 18300 立方米），基本解决了三德范村当时春季农作物点种和牲畜用水的问题。

直到 20 世纪 70 年代，虽然没有明文规定，村民们对作为生活水源的旱池的使用和管理却非常严格，每个旱池都加盖上锁、掩石培土。不是知己亲友，跟别人借水就得“看面子大小了”。大旱之年蓄水用尽，全村百姓只好到村北头东道巷的漤水井取水。可以想象，任何一个拥有一千多户家庭、五六千口人的大村，集中到一口装有辘轳头、深达 40 多米的水井取水，将会是一番多么拥挤、嘈杂、喧闹的景象。在人们的生活记忆里，水比油都珍贵。

一直到 1970 年，吃水都还是一个大问题。劳动了一天的人们为了能挑上一担水，不得不在漤水井边排队挨号等上一个通宵。有的干脆出庄去打水，北到长水、文祖，南到莱芜上游村，肩挑、驴驮，（取水的队伍）经常排成长龙。即便是外出赶集，（村里人）也不会放弃捎水回家的机会。有壮劳力的家庭还好，年老体弱的就没办法了，为了能借半瓢水，挨家串门形同要饭。一瓢水先洗菜后刷锅，沉淀后再洗脸，最后还是舍不得泼掉。因为用了这一瓢，下一瓢不知道在哪里。遇到大旱的年景最怕草屋失火，因为大火起来干着急，没有那么多水救火。①

就这样，在一段漫长的历史时期，旱涝并发的自然环境始终是困扰三德范村的现实问题。在老村南端的巴漏河入村处，河东建有“禹王庙”，隔河相望的高处则建有“龙王庙”。两座庙一座治水，一座祈水，这种对冲的分工和空间设置实是三德范村水文地理的真实写照。

三德范塘坝修筑一览表（1734—1978 年）

塘坝	名称	长（m）	宽（m）	深（m）	容积（m^3）	建设年限
方塘	南大方塘	93	85	7	55335	1977 年清基备料，1978 年春浆砌
	北方塘	31	52	7	11284	1965 年建成
	对湾（北头湾）	39	21	6	4914	1956 年重修
	新井方塘	20	20	6	2400	1971 年建成
	月牙池	17	10	5	850	1734 年建成
	赵家湾	20	13	2	520	不可考
	郑家湾	10	10	2	200	不可考
	齐家湾	10	15	3	450	不可考
	南长湾	35	10	3	1050	不可考
	北长湾	30	10	3	900	不可考
	漫滩湾	10	10	2	200	不可考
坝	野猫子崖（东坝）	14	2.5	7	245	1956 年建成
	野猫子崖（西坝）	21	2.2	8	369.6	1956 年建成
	卡臼沟	20	2.2	4.5	198	1956 年建成
	柳树沟（拦河坝）	117	4.5	8	4212	1976 年建成

资料来源，张福经主编：《三德范庄志》，中国文化出版社 2006 年版，第 129 页。

① 讲述人：张福经，75 岁，张家巷村民，长期任三德范村主要领导，主持了 20 世纪 60 年代末以来至 1998 年末村庄的全面工作，退休后主编《三德范庄志》；讲述时间：2016 年 7 月 20 日。

在中国现代化进程中，由于乡村工业化的程度较低，社会整体生产规模不大，面向农业产业结构的基础设施建设大多以农田水利设施的兴建为主。薄弱的民间力量无法承担“战天斗地”的艰巨使命，因而国家对社会生产过程进行直接管理既有必要也有实效。一方面，新中国成立后，社会主义国家充分发挥了立足长远的规划设计、“集中力量办大事”的体制性优势。据统计，截至1980年，“全国灌溉面积已由一九五二年的三亿亩扩大到现在的六亿七千多万亩，长江、黄河、淮河、海河、珠江、辽河、松花江等大江河的一般洪水灾害得到初步控制。解放前我国农村几乎没有农业机械、化肥和电力，现在农用拖拉机、排灌机械和化肥施用量都大大增加，用电量等于解放初全国发电量的七点五倍。一九八〇年同一九五二年相比，全国粮食增长近一倍，棉花增长一倍多。尽管人口增长过快……我们仍然依靠自己的力量基本上保证了人民吃饭穿衣的需要”①。三德范村的农田水利、道路整修等农业生产条件能够得到翻天覆地的根本性改善，无疑与社会主义制度的确立密不可分。

“水利是农业的命脉。”从20世纪50年代开始至20世纪70年代末，“农业学大寨”运动和“以治水改土为中心的山水田林综合治理的农田基本建设”② 先后成为以三德范村为代表的广大农村农田基本建设的劳动主题。仅就三德范村的水利建设而言，农民义务出工，自带干粮、工具，为生产生活用水而筑旱池、修塘坝、凿新井，为取水而引矿水、拓沟渠、建水厂，为浚水而造谷坊、修河坝、整河道、修桥……即使以现代机械化作业的工程量来看，这种劳动强度也十分惊人。村民张福经回忆说：

> 20世纪六七十年代的建设，政策实行起来，还是三德范人自己组织自己，自己管理自己。劳动时自带干粮，吃在工地上，除了工分，

---

① 中共中央党史研究室第一研究部、中共中央党史研究室第二研究部、中共中央党史研究室第三研究部编：《两个历史问题的决议及十一届三中全会以来党对历史的回顾（简明注释本）》，中共党史出版社2013年版，第93页。

② 王瑞芳：《成就与教训：学大寨运动中的农田水利建设高潮》，载《中共党史研究》2011年第8期。

> 也没有工资。1975 年，因为三德范人的农田水利建设搞得有声有色，文祖公社党委、政府就要在三德范现场搞一个“搬山填河造平原农田基本建设工程大会战”，上级领导干部就全部住在村里。1975 年 11 月 30 号，扩大到全公社的一万多名民工齐上阵，红旗招展，炮声隆隆，经过前后 3 个月的会战，搬动土石方 160 万方。但是因为仓促上马，不切实际，到了 1976 年汛期，几场洪水就将其冲得乱七八糟。结果这个烂摊子最后还是我们村自己收拾。经过我们重新规划，1976 年、1977 年连续两年，组织了全大队 2000 名劳力齐上阵，才使河道改造真正完善。在这个过程中，我这个土生土长的大队书记，（如果）没有坚定的意识和铁的手腕去推行是不可能完成的。①

在三德范村，从水患到水利，村落面貌为之一新，这是在国家意志和民众意志达成根本一致，有使命感的村落领头人勇于担当，充分调动民间自治资源和自治传统的努力下达成的。无数的历史细节证明，国家政策施行的具体效果，离不开村落自身的公共精神和自治传统的影响。反观之，自 20 世纪 80 年代中后期，我国开始对水利体制进行市场化改革，过度信任市场配置资源的有效性，这种自上而下、急速、剧烈的市场化改革，忽视了乡村社会的内在特质，过分重视对大型水利设施的建设和维护，在中小型农田水利设施建设、修缮层面出现缺位，造成农村基层水利建设呈现出小型化、分散化、无序化和薄弱化的现象，甚至造成了兴水、用水、管水等几个主体之间的冲突，最终制约了农业现代化和产业化的进程。这种多元主体之间存有共在、共情的联系，却又容易忽略“礼俗互动”关系导致社会症结的现象，今天仍是值得我们深思的问题。

到 20 世纪 90 年代末，三德范人经过几代人的“蓄水、引水、浚水”，解决了绝大部分村民生活用水缺乏的难题。尽管大部分家庭都用

---

① 讲述人：张福经，75 岁，张家巷村民，长期担任三德范村主要领导，全面主持了 20 世纪 60 年代末至 1998 年末村庄的工作，退休后主编《三德范庄志》；讲述时间：2017 年 3 月 26 日。

上了自来水，但囿于各种主客观条件，如自来水的“定时供水”，以及受地形限制高处的居民无法引水上坡等，直到现在，村内大街小巷的墙壁上仍随处可见“拉水”的广告，载着大水桶和铁皮罐经营送水生意的拖拉机更不时地在村内进进出出。根深蒂固的节水习惯和深入骨髓的缺水意识，使家家户户在自来水普及的今天仍坚持保留老旱池，或以简便的办法修旱池。在村民们看来，“该修池还得修池，可不能大意，万一哪天停了水怎么办！”

如何合理分配和利用水源，如何节水、治水，如何防洪抗汛，如何抗旱防灾，自古以来都是关乎社会稳定的大事。缺水与治水，不仅反映出人口繁衍与水源管理的紧张关系，而且关乎不同历史时期国家礼制、族群社会、政权建设与民众生活等层面的关系。因此，“如果我们把以水利为中心的区域性社会关系再扩展开来，它与区域社会政治、经济、军事、文化、法律、宗教、社会生活、社会习俗、社会惯习等等都有直接或间接的关联”①。这种判断从卡尔·A. 魏特夫的“治水社会”理论引入中国学界起就不断引发讨论。② 虽然国内学者对魏特夫所宣称的“水的控制是社会控制的关键手段”的观点多有批评，但近年来的研究从侧面证实，水资源的集体利用对于某些地区的共同体构成所起的作用，是学者不应忽视的。从三德范村现存的碑刻、分水记录、关于旱涝灾害的记载等民间文献看，在这层人与自然之间的相处关系上，三德范村同样是一个“以水利为中心延伸出来的区域性社会关系体系”。这是我们在讨论它所勾连的民间自治传统时，不能忽视的一个语境和问题。

---

① 行龙：《走向田野与社会》，生活·读书·新知三联书店 2007 年版，第 96 页。

② ［美］卡尔·A. 魏特夫著，徐式谷、奚瑞森、邹如山等译，邹如山校订：《东方专制主义——对于极权力量的比较研究》，中国社会科学出版社 1989 年版。在过去 30 年间，围绕“治水社会”“水利社会”的话题，学界的讨论颇多，如董晓萍、［法］蓝克利：《不灌而治——山西四社五村水利文献与民俗》，中华书局 2003 年版；李祖德、陈啟能主编：《评魏特夫的〈东方专制主义〉》，中国社会科学出版社 1997 年版；行龙：《从“治水社会”到“水利社会”》，载《读书》2005 年第 8 期；张俊峰：《超越村庄：“泉域社会”在中国研究中的意义》，载《学术研究》2013 年第 7 期等。兹不一一赘述。

二、山地和煤井

水是万物之源。三德范村的水资源条件严重影响了村落社会的生产生活结构与文化传统。遗憾的是，三德范村的土质也很不理想。三德范村的土壤共分褐土与棕壤两个土类，其中褐土约占全村土地面积的94.6%，棕壤类约占全村土地面积的5.4%。① 被华北农民俗称“黄土地”的普通褐土，土层深厚，质地适中，适合种植粮食作物，但这种类型的土壤在三德范村占的比例很小。村内相当数量的褐土属于“褐土性土”，这种土俗称石渣子土或青石皮土，虽然有些地块的褐土土体深厚，熟化程度较高，表层质地适中，容易保肥保水，适宜农作物生长，但更常见的情况是，因为山地、丘陵地貌的原因，土层在60厘米左右的部位出现黏土层或砾石层，阻止了植物根系的下扎。此外，还有分布在山丘中部、土层厚度小于30厘米的“棕壤性土”，该土质发育不完全，含有大量的砾石，有机质少，土层浅薄，结构性差，水土流失严重，难以养护。由这些土质构成的荒草坡或岭坡梯田，不但耕种困难，而且农作物的管理耗时耗力。

此外，三德范村的土地分布状况比较复杂。村北以平原地居多，东、西、南三面环山，山地与平原混杂，林地和耕地交错。这种沟壑纵横、岭谷相间的状况形成了两个现象：一是平原地带的乡民日常生活中习称的“好地”，在三德范村有可能只是山沟里较为平坦的一块洼地。因为山谷洼处的土地相对平整，日照较为充足，土层深厚肥沃，是丘陵地带最受群众青睐的优质耕地。二是村内可耕地分散，户均耕地少。因为土地贫瘠和人口的持续增长，除了“在土地里刨食”，三德范人在饲养畜禽方面并不十分积极。传说，在清代中叶，因为地处齐鲁古道，村民们常饲养大牲畜以供长途货物贩运，一户人家饲养3~5头大牲畜的现象十分常见，村内至今有“七百骡子八百驴，还有三百闲赶集”的俗语。1949年前后，村内饲养的牲畜就主要用于田间耕作和农作物运输，种类以牛、驴、骡、马等大牲畜为主。1956年，村内有大牲畜519头，其中牛79头，驴430头，骡7头，马3匹。随着农业

① 张福经主编:《三德范庄志》，中国文化出版社2006年版，第43页。

初级社、高级社和人民公社等集体化政策的推进，到1962年，村内大牲畜仅存264头，比1956年减少了255头，死亡率近50%。自20世纪60年代末开始，由于生产大队统一购买了部分农机具，农业机械化水平不断提高，大牲畜的役用价值降低，从1969年开始，村内大牲畜的饲养数量不断下降。1981年，村内大牲畜剩下235头，其中牛113头，驴51头，骡17头，马54匹。1982年，三德范村实行家庭联产承包责任制，将大牲畜作价卖给村民自养自用。到2010年，除了新兴的肉牛、奶牛专业养殖户，传统农耕生产工具意义上的大牲畜在村内基本绝迹了。与之相反，原先仅仅用作攒粪、积肥的猪、羊、鸡、兔等畜禽（尤其是适合圈养的猪、鸡），却因可观的经济效益，从农户散养转向了在村落周边兴办养殖场的规模化专业饲养。

猪、鸡等畜禽饲养业的发展变化是三德范村耕地面积变迁的“晴雨表”。新中国成立前，三德范境内的土地总面积为21000亩，其中荒山10000亩，牧场、河滩、村落道路等1900亩，耕地9100亩。随着退耕还林政策的施行，山地在农田中所占的比例才逐渐下降。据统计，1949年全村共有耕地633.3公顷（9500亩），人均占地2.45亩。1958年，三德范的耕地面积有609.48公顷（9142.2亩），人均占地2.09亩。此后，全村由于工副业生产、道路改造、林业建设，特别是20世纪80年代以来的宅基地占用等原因，在30年间村落所属的耕地面积减少了3700余亩，人均耕地缩减了2/3。① 这种现象一直到20世纪90年代末，国家实行严格的耕地保护制度，并确立了以集中统一管理为主的土地行政管理体制才告一段落。

三德范村耕地面积明显缩减的现象，从侧面反映了这个鲁中山村在改革开放前后物质空间和生产结构的急剧变化。在传统农业社会，土地意味着财富，农民们无比珍惜地利用每一寸可以开垦的土地以养家糊口。对于面朝黄土背朝天，习惯了在土地里刨食的农民来说，改革开放前后，农村经济的增长是以牺牲土地，尤其是离村庄较近的优质耕地做工厂、养殖区、宅基地为代价的。在一定意义上，正是以20世纪80年代掀起的农村

① 张福经主编：《三德范庄志》，中国文化出版社2006年版，第139页。

政治经济体制改革为起始，以农村土地的使用为标志，三德范的村民们迎来了一个“千年未有之大变局”。随着家庭联产承包责任制的实行和国家撤社建乡政策的落实，原来的准行政组织生产大队、生产队被取消，经济建设和劳动致富的观念成为全社会的导向，乡土生活中的政治色彩开始淡化。城乡之间多种经济成分的萌芽与发展，创造了许多以“赚钱”为目的的就业岗位，一种新的、具有灵活性的角色群体和身份冲击了“农民”的标签。在三德范村，农业生产转向分散经营，农村经济活动的专门化和社会阶层的不断分化，要求整个村落社会在新的机制下重新整合。其现实必要性在于，这样一个拥有广阔的村域面积和丰富的矿产资源、人口资源、社会资源的大村，如果社会整合的过程持续滞后于社会分化的过程，必将导致社会生活出现紊乱和各种矛盾。事实证明，集体化时代那种行政性社会整合机制远去之后，村落社会无法像城市或企业那样实现以契约性社会整合为主导的转型模式。反之，在村落“能人”的带领下，立足村落社会具有先赋性的地缘、业缘和亲缘结构，在 20 世纪 80 年代初，恢复以扮玩为集体记忆和社会整合机制的文化传统，是三德范人实现与国家层面的政治转型接轨的乡土智慧。

因为缺水，三德范人没有大规模种植蔬菜的习惯。人们擅长种植的粮食作物主要是小麦、玉米、谷子和地瓜。小麦是村内的第一大粮食作物，但因缺乏灌溉条件，旱作种植的单产不高，20 世纪 80 年代以前，亩产不足 100 公斤。① 实施家庭联产承包责任制以后，小麦亩产才稳定在 200 公斤左右。经济作物目前只有花椒还在种植，因为它“野生野长，可以简单管理，经济效益高还不耽误打工时间”。由于田间管理十分复杂，经济效益比麦子高许多的谷子没有农民愿意大面积种植。村民冯昭宝解释说②：

---

① 据记载，1954 年，在村内人口比较稳定的情况下，全村粮食总产量 76 万公斤，每亩单产只有 83.5 公斤。张福经主编：《三德范庄志》，中国文化出版社 2006 年版，第 135 页。

② 讲述人：冯昭宝，57 岁，西道巷村民，长期担任大队和联社干部；讲述时间：2016 年 6 月 20 日。

一棵大花椒树能产10斤干花椒皮，每斤（能卖）30元左右。最多的一家能打带皮花椒800斤左右，一年能卖两万多元。但是它野生野长，没法保证家家都种。谷子的价格比较高，但是也会优先种麦子。谷子的管理比较麻烦。麦子耕地、播种，最多打打药，（就可以）收割入仓。玉米的种植同样也很简单。但谷子要播种、剜苗、铰穗、防虫，忒耽误时间。谷子的颗粒比较小，出苗比较密集，株数要求比较严格，因此播种后要剜苗，而且是个技术活，年轻人都不会。我都不会。比方说剜苗，理想的剜苗叫“三株两株前后扒窝”，年轻的现在都听不明白啥意思。

据老人们推测，元末明初，正是因为三德范村“地广人稀”的优势，才逐渐吸引了华北各地的移民前来定居。“好地不出庄”“好骡子好马不出庄”“好姑娘不出庄”的俗语说明了三德范人在传统上多么重视土地的所有权及其附加值。但是，今天人们对土地的态度颇为复杂，冯昭宝的观点代表了大部分村民对土地态度的变化：

（我们）现在对土地没感情。很想有人赶紧来承包土地，以前靠土地吃饭，现在谁还稀罕。说白了就是经济价值越来越低。种地不光不挣钱，而且赔钱。打工和种地之间的差距太大。丰收年种一亩地，好地，全部操作下来，刨除大部分开支，一亩地的利润在600元左右。这还不算在地里花的工夫钱，算上耽误打工的时间就得赔钱。之所以还种，是因为村庄在城市周边，很多群众早出晚归，利用“业余时间”去种地，基本没有耽误打工。起得早，睡得晚，打工是主业，种地是副业。老百姓有多少地，也想承包出去。有人来建设和规划也想赶紧把土地承包出去。成天累死累活，丰收年景才收入900多元，可高速公路或者规划建设占地就能（每亩）每年赔偿986元。一口气全部承包出去最好。①

① 平心而论，因为多数村民的耕地或散于山顶、山腰，或在川洼沟谷，如村民张烈才的5亩土地就分散于42个地段。因此，冯昭宝一口气将土地全部承包出去的愿望在实际操作中几乎没有实现的可能。讲述人：冯昭宝，57岁，西道巷村民，长期担任大队和经济联合社干部；讲述时间：2016年6月20日。

如前所述，20世纪80年代，全村人口激增至6000余人，人均占有土地面积也从20世纪40年代的2.45亩，下降到目前的0.7亩左右。[①] 少量的土地养活不了稠密的人口，但是，即使是在集体化时代，三德范人也从没有将土地收入作为家庭收入的唯一来源。这是因为鲁中地区自古以来盛产煤炭，特别是淄博博山、淄川和济南章丘等地素以煤炭储量大、品质优著称。从地质构造上看，章丘"地处泰山断块凸起的西北缘，在总体上是一个以古生代地层为主体的北倾斜构造，构造形迹以断裂构造为主"[②]。"主要断裂有禹王山断裂、文祖断裂等，禹王山断裂以西官庄、文祖、埠村一带构造较简单，含煤岩系保存较好。"[③] 俗话说靠山吃山，靠水吃水，三德范处于文祖、西官庄和埠村三地的交叉地带，自然也就成了章丘煤炭产业的核心区。

章丘已知最早开采煤炭的记载出现在明洪武初年。在明嘉靖章丘方志中，有关炭、石炭的字样已出现。清中后期，人口的激增加剧了民众生存与自然资源之间的紧张关系。"乾隆四年（1739年），山东巡抚朱定元奏请开采煤矿：'东省生齿日繁，山林所产樵苏价值倍于往昔，必须煤炭接济。'……同年，清廷允准鲁抚朱定元所请，开章丘、淄川等各州县煤矿。此后，章丘民间一度出现采煤热潮，埠村、文祖庄附近小煤窑遍地皆是，大都采用以人力为主的土法生产。"[④] 因此，处于采煤核心区的三德范村，

---

① 据2006年张福经根据村史档案主编的《三德范庄志》的统计，1949年，全村人口已有970户，3870人；至1956年，全村有994户，4257人；20世纪60年代中期，全村人口始突破5000人；20世纪70年代至1991年，人口猛增至6528人，为1949年以来的生育和人口高峰。随着计划生育国策的严格执行，三德范村的人数从20世纪90年代初开始下降，人口自然增长率从1991年的12‰降至2005年的-3‰，常住人口稳定在6500人左右并延续至今。村庄人口王姓最多，张姓次之。

② 煤炭是章丘地区最主要的矿产，地质储量1.67亿吨，可开采储量0.43亿吨，年生产能力在2007年前后维持在200万吨左右，且开采方式是地下开采。从分布范围看，采煤区主要分布在章丘的中、西部地区。刘小平、赵有美：《章丘市采煤区地质环境问题及恢复治理》，载《山东国土资源》2011年第6期。

③ 刘小平、赵有美：《章丘市采煤区地质环境问题及恢复治理》，载《山东国土资源》2011年第6期。

④ 李光伟、韩帅：《地方环境与民众经济行为的双重变奏——以明清至民国时期的山东章丘县为例》，载《古今农业》2010年第3期。

除了靠天吃饭且收获甚微的田间劳作，“挖煤”就成了古已有之的家庭经济的重要来源。大部分村民关于生活问题的集体记忆也基本与煤炭有关。至迟从晚清起①，在村子北方、东北方的不远处就有零星开采的煤矿，相邻的文祖、三元、长水、王黑一带的煤井更是星罗棋布。不知从何时起，男人们农忙时种田、农闲时“下煤窑”或者部分村民以采煤为主业，成了三德范人习以为常的劳作模式。

与丰富的煤炭资源相呼应的一个古老的行当是“打铁”，这也是春节扮玩标志性事项“芯子”能够在道具制作技艺层面得以传承的重要因素。孙机先生指出，中国铁器随着冶铁技术的出现而产生，到了汉代已经形成了成熟的技术。“近年学术界注意到淄博附近品位既高又易于开采的露天铁矿和古代的冶铁遗址，认为研究我国早期冶铁，淄博是一个不可忽视的地方。”② 在地域文化意义上，与淄博、济南一脉相连的章丘自古就是全国闻名的“铁匠之乡”。当地俗语说：“穷人打铁翻土块，富人经商做买卖。”“叮当叮，去打铁，挣了钱，腰里掖，回家交给爹和娘，买衣籴米不冻饿。”还有如“锤头一响，黄金万两”之类，意思是铁匠营生本小利大，很受当地乡民青睐。传说在元朝末年，有以打铁为业的袁氏父子逃荒到章丘，定居在相公庄，随后师傅传徒弟，徒弟带徒弟，亲连亲，友接友，从明朝初年直到20世纪80年代末，章丘县普集镇的万山、三山峪，埠村镇的徘徊、苏家滩，枣园镇的大站村和南皋埠，圣井镇的王家坞、北张官，明水镇的绣水村，旭升乡的东沟头和西鸠坞等地，都是远近闻名的铁匠村。旧时，章丘铁匠的生产工具比较简单：一个风箱、两把锤子、一台砧子、三把钳子，再加一辆木轮推车，三四个人就可以操作。工具简单并不代表技艺低劣，恰恰相反，小到锄头、铁锨、镰刀、炒勺，大到土枪、火铳、洋枪、洋炮都能锻造。扮玩标志性事项“芯子”，实际上是人的身体

① 德国地理学家李希霍芬1868—1872年在中国进行了地矿资源考察。在其1877年写作发表的《中国——亲身旅行和据此所作研究的成果》中对当时章丘地区的煤炭生产情况给予了统计和描述。彭泽益编：《中国近代手工业史资料（1840—1949）（第二卷）》，生活·读书·新知三联书店1957年版，第159页。

② 孙机：《中国古代物质文化》，中华书局2014年版，第223页。

和铁艺技术相结合的民间舞蹈，其装扮在戏曲服饰下的铁艺制品要经过锻打、弯花、冲压、铆焊、打磨、油漆等多道工序，无论是选材、设计、造型，还是艺术性与安全性，都需要精致、老到的铁艺技术做支撑。历史上，丰富的煤炭资源为章丘铁匠的创造力和铁艺技术的传承、发展提供了重要的物质基础，这也是三德范扮玩活动继承的历史文化遗产之一。

三德范村虽然也有极少数技艺高超的铁匠，但更多的村民还是坚守“下井”挖煤的传统。当然，挖煤不是一份轻松的差事。从现存的文史、口述史资料来看，三德范及其周边村落乡民们的“下窑”记忆都格外沉重。

> 旧章丘的小煤井，多系民间土法开采，所用矿工也大都是当地少吃没穿的农民。民国以前，文祖、曹范一带煤井最多，因之，那里的矿工也就多。听老工人说，当时两地有小煤井一百多眼，平均每眼井按30人（指井下矿工）计，当是3000之众。①
>
> 我今年81岁，离休在家。21岁时，因生活所迫，到三德范村北（本人家在三德范村）的袁家洼炭井去下窑……此时埠村、文祖一带，煤井遍地，炭堆一个挨一个……这年，家乡大旱，庄稼几乎是颗粒不收。为了一家人不被饿死，我只好再去袁家洼下窑。一班挣二斤高粱，糠菜掺得再多也是填不饱肚子，日子实在难熬。②
>
> 在炭洞里，爬出爬进，一干就是24个钟头，看不到阳光和蓝天，望不见星星和月亮，唯一照明的是每人手中端着的那盏昏惨惨半明不灭的豆油灯，你来我往，灯影婆娑，像鬼火在晃动，似流萤在曼舞，好一幅冥曹地府情景。大伙常说，咱们吃的是阳间饭，干的是阴间活。③

---

① 叶本正:《旧章丘的煤炭工》，见政协章丘县文史资料研究委员会编《章丘煤矿史料（文史资料第六辑）》（内部发行），1989年，第156页。

② 冯汝泰:《我亲历的袁家洼煤矿》，见政协章丘县文史资料研究委员会编《章丘煤矿史料（文史资料第六辑）》（内部发行），1989年，第134~135页。

③ 叶本正:《旧章丘的煤炭工》，见政协章丘县文史资料研究委员会编《章丘煤矿史料（文史资料第六辑）》（内部发行），1989年，第154页。

有学者指出[①]，恐惧、压抑、疑病和自卑等负面情绪是今天依然还在困扰矿工群体人格特质的心理问题。现代生活里的人们也常以一种异样的眼光看待下井作业的工人。当时这种情况在章丘地区更为严重，“煤黑子”“炭鬼子”“窑花子”“地老鼠”是常见的对煤矿工人的蔑称。[②] 此外，无论是劳动强度、工作时间，还是生死攸关的劳动风险，种种因素都容易使煤矿工人产生“抱团”心理。相较农耕劳作较高的工资收入、有限的煤炭产量和足够的人力资源等因素又促成了三德范的煤矿企业“本村人本庄干”的历史传统。因此，这种建立在紧密的地缘、业缘乃至血缘关系上的劳作模式，也在一定程度上导致了村民的人际交往在主体上具有半封闭性乃至封闭性的特点。同时，“抱团”心理也对三德范村民的社区意识和集体观念的养成产生了巨大影响，最终也会从劳动协作延伸至文化分工的范畴。因为就任何群体和阶层而言，“社交圈子一旦形成之后，其准入标准就不再那么讲究经济地位，在有些事情上甚至更加类似于一个生物群。成员之间由于恋爱、婚姻和儿女的关系，或者更确切地说，由于共同的态度和愿望而联系得非常紧密。因此，在这种社交圈子中，外部舆论就会与家族传统、体面、礼仪、尊严、趣味和惯例发生冲突，这些东西组合成了社交圈子的自身形象，而这种形象则会绵绵不绝地嵌入子孙后代的意识”[③]。

新中国成立前，三德范人以务农为主、煤矿雇工为辅。1960 年，随着集体化政策的促进，煤炭与建筑业得到快速发展。1961 年，全村 17 个生产队，劳动力有 1123 人，煤炭、建筑从业人员有 155 人，占总劳动力人口的 13. 8% 。进入 20 世纪 70 年代，工、副业生产进一步发展，农业劳动力大规模向工、副业转移。1978 年底，全村从事社、队企业生产的劳动力有

---

① 段西凯、郭立志:《基于矿工群体人格特质的煤矿安全管理研究》，载《煤矿安全》2011 年第 8 期。

② 笔者在相邻的大寨、青野等村落的田野调查中也发现，在以追忆的方式对三德范村曾经的煤炭经济取得的家庭财富表示肯定和艳羡时，对这份工作流露出“只要糊住嘴，不当挖炭鬼”“埋了没死”“四块石头夹着一块肉”等不认可态度的乡民还大有人在。这在很大程度上反映了煤炭开采工作的危险性和艰巨性。

③ ［美］沃尔特·李普曼著，阎克文、江红译:《公众舆论》，上海人民出版社 2006 年版，第 39 页。

1050人，占总劳动力人口的57.7%。尽管三德范村在1964年就按国家政策启动了“计划生育”工作，但47年间，人口自然变动仍然呈现出持续增长—降低—波动—缓慢下降的态势。人口自然增长率从1980年开始，基本稳定在10‰以内。

人口的增长使得人们对食物供给、与之相应的工作机会的需求随之增加。改革开放后，以经济建设为中心，在开放、搞活政策的引导下，三德范大队党支部制订了“以地下养地上”的方针。以集体经营的煤矿为龙头，村里相继办起了制袋厂、淀粉厂、机械厂、洗煤厂等十几家集体企业和私营企业。至此，虽然迈入新时期，但随着劳动技术和生产条件、工作环境的改善，三德范人非但没有放弃旧社会下窑挖煤的“祖业”，而且凭着自己的勤劳、踏实，围绕着庄域内的这一块块“黑金”，乡民们又继续勤奋劳作着。至1992年，村办企业发放的工资总额超过全村农业总收入，这使得三德范一度成为远近闻名、富甲一方的经济强村。

> 那个时代，18岁下了学你不去煤矿上班就是不务正业。全庄80%以上的青壮年都在镇办、村办煤矿或其他企业上班。20世纪80年代，下窑（井下）每月能挣200多块，地面工60多块，当村干部才40多块。到了（20世纪）90年代各自翻了一番，还是下窑挣得最多。现在村南面离得最近、富得流油的号称“建筑之乡”的青野村，那个年代不挣钱，他们的工作累、工程小、工钱低，都是小打小闹的。①
>
> 因为1960年以后逐渐是深井作业，井下的活动范围没有想象的那么狭窄，但是工人在下面干活时噪音比较大，所以忙碌起来大家也不会有什么交流。一年当中，工人们盼着过年，开个奖金，发个福利，在家里走亲访友喝个小酒。腊月二十三以前就能放假，过了正月十五才开工——可好好歇歇啦！②

① 讲述人：冯兰贵，81岁，金家巷村民，曾长期下井作业；讲述时间：2016年6月20日。

② 讲述人：冯昭宝，57岁，西道巷村民，长期担任大队和经济联合社干部；讲述时间：2016年6月25日。

在枯燥、单调但又衣食无忧、小富即安的劳作模式和生活节奏里，三德范人迎来了改革开放。1982 年春，三德范村实行家庭联产承包责任制；1984 年 5 月，三德范大队正式撤销，全村被划分为东、西、南、北 4 个行政村；随后，乡镇企业、村办企业先后建立并自主经营。个人、家庭、集体逐渐走向了更加独立、自由，以个体化、市场化为特征的现代化道路。同整个中国社会一样，在 20 世纪 70 年代末 80 年代初，三德范村的乡土社会也经历了由“总体性社会”向“分化性社会”的转变。此时，无论是旧社会传统的乡绅—地主、乡规民约等自治机制，还是新中国成立后的行政化管理体制，都已不能独立发挥主导作用。面对愈来愈快的社会分化局面，三德范人找寻到了用村落传统凝聚人心的途径——扮玩。

就这样，1983 年 2 月 27 日（农历正月十五，元宵节），大扮玩在三德范村全面复兴了。

三、官道与集市

古往今来，便捷的交通是地方社会释放活力的先决条件。晚清以来，煤炭经济促使章丘产煤区具备了相对较好的交通运输和邮电条件。20 世纪初期的《山东政俗视察记》描述当时的章丘县：“接近省垣，为鲁东赴省之要道。胶济铁路横贯东西，黄河、小清河经流县境。西北可通舟楫，汽车路沿黄河南岸通行。济武汽车路自胶济铁路枣园站、辛家寨纵行。南北所有县镇道路均已修筑完竣，省有道路均已修筑完竣，省有电话及县有电话均已架设成功。”① 便利的铁路交通和靠近省会的区位优势，自然会增加地方社会发展的竞争优势。19 世纪 60 年代，李希霍芬在比较济南章丘县与近邻淄博博山县时发现了这个特点，他指出，博山县的煤炭质优价高，（章丘县）煤炭“每斤 2.5 文（合 3.12 元一吨），成本较高，但因地位较为有利（西距济南较近），故尚能与博山煤竞争”②。

---

① 张育曾、刘敬之编：《山东政俗视察记》（上），山东印刷局 1934 年版，第 10 页。

② 彭泽益编：《中国近代手工业史资料（1840—1949）（第二卷）》，生活 · 读书 · 新知三联书店 1957 年版，第 159 页。

事实上，区位优势在很大程度上建构了三德范村的人口流动和社会关系网络。无论是有关春节扮玩“真县令盘问假县官”“扮玩大闹博山县”的故事传说，还是直到今天乡民们以省城为半径打工、结婚和落户等，都能从文化地理学意义上帮助我们发现区域社会内部共享、共情的地方传统。

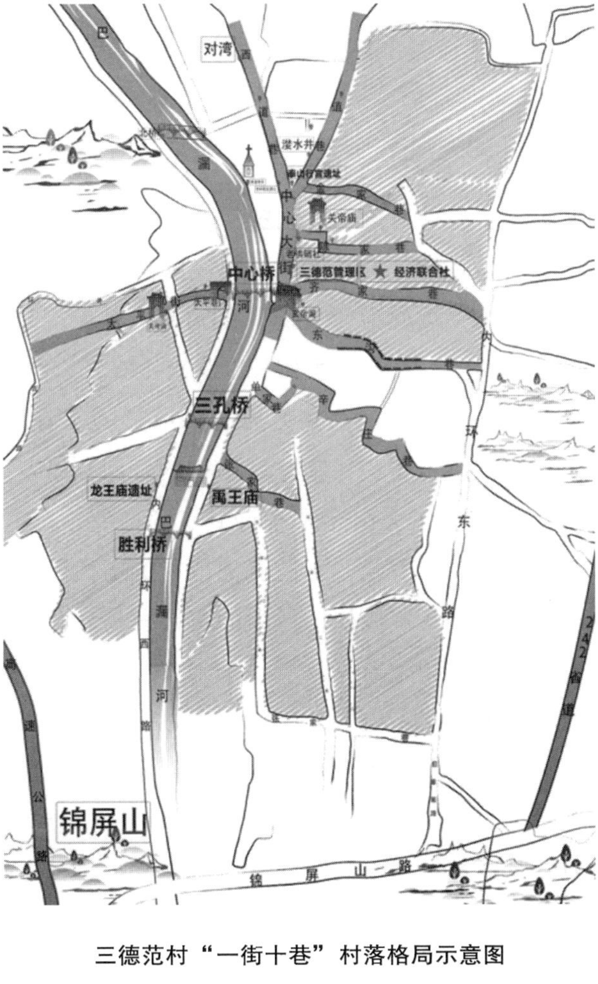

三德范村“一街十巷”村落格局示意图

具体到村落的微观世界，道路的变迁始终调节着三德范人的文化选择和生活半径。20 世纪 50 年代之前，三德范村人口在 970 户左右，人口总数为 3870 人。当时，整个村庄还包围在清同治年间为抵抗捻军而修建的圩墙之内。村内的大街是联结外部世界的主要道路，居民之间则以“一街十巷”和支脉小路为彼此联通的廊道。因为大部分时间处于缺水状态，村中央的巴漏河也是土坡、土崖交杂，河床裸露，村民们随时可以沿着缓坡攀爬，穿河而过。由于空间开阔，圩寨式建筑玄帝阁下的河床，便成了群众活动的公共空间。很多老人留下了在巴漏河河道听戏、看电影、开会的历史记忆。自玄帝阁东南方起，按照顺时针方向，村内依次排列着东沟巷、辛庄巷、单家巷、张家巷、太平巷、大街、西道巷、东道巷、金家巷、陈家巷、齐家巷，它们构成了三德范村具有建筑格局和实际文化功能乃至行政区划意义的“一街十巷”。

“七百骡子八百驴，还有三百闲赶集。”这是至今在三德范村流传的一句民谚。据说它描绘了位处村落中心位置、长期作为“官道”和“齐鲁古道”、被雅称为“中心大街”的村落干道曾经熙熙攘攘、商贸往来的热闹场景。这是三德范村唯一被称为“大街”的道路，其南端起自玄帝阁，北端则是西道巷、东道巷的分叉口。虽然长度只有 140 米，宽不过 8～10 米，但作为旧时由章丘县（齐地）通往莱芜县（鲁地）的“齐鲁古道”，其两侧聚集了一座祠堂、两座神庙、一座瓮城结构的圩门，以及附带着的标志性建筑玄帝阁。不仅如此，大街还是东沟巷、西道巷、东道巷、金家巷、陈家巷、齐家巷等的起点。因此，不但三德范村的历代管理机构都设在这条街上，一直到 20 世纪 80 年代初，村内的集市贸易和私塾学堂也设在这条街上。三德范人这样介绍大街：

> 大街是三德范村穿越玄帝阁、贯串南北的千年古道。这条古道南穿齐长城锦阳关到达泰安府、兖州府，北越文祖镇直通章丘县衙。至明清时期，联结莱芜、曲阜以及历城、淄博的枢纽仍是这条道路。旧时，大街还是文祖地区的政治、经济、文化中心，道路两侧酒肆、药铺、钱庄、当铺、车马店林立，是齐长城沿线的重要驿站和咽喉要道。历代行政机构多曾设此街内，部分延续至今。今天，从庄内太平门到东道巷、西道巷分野，仍可看出它曾指向济南府、青州府以及章丘县城的古道气象。①

① 三德范管理区：《国家级传统村落“三德范”乡村自助游手册》，宣传印刷品。

以夸张、神奇和故事传说来演绎地理空间特殊性的口头文学，通常是民众为了彰显社区地位而建构出的生活叙事和“层累的历史”。对比清康熙年间的《章丘县志》，虽然我们不能完全还原这条“官道”是否存在，或者有多少繁华的街景，但“大街”处于鲁中地区南北通行要道的历史地位可以基本确认。清光绪年间的《章丘县乡土志》曾描述明清时期章丘县向南出行的唯一通道“南路：自县城二十里至孙官店，八里至大跕庄，又八里至鹅庄，十里至埠村镇，十二里至文祖庄，再由此十里至大寨，十五里至锦阳关，接莱芜界”①。对比现代地图和电子测量数据，上述两部地方志对道路里程、方位的描述十分准确。由此，也从侧面佐证了三德范村处于章丘、莱芜这两个不同文化区交汇地带的历史事实。

一直到20世纪70年代左右，联结章丘和莱芜两地的道路仍然是这条“官道”：从南面的莱芜方向一路翻山越岭，在越过齐长城上的重要关隘锦阳关后才到达章丘县文祖镇境内。再陆续穿过大寨、青野就可到达三德范村界。沿着巴漏河两岸的田埂，从玄帝阁前的土坡爬上来，才能进入阁门，走进铺满青石的大街。从大街北行200米到达北头庙后东、西分岔，行人就可分别转向章丘、淄博或济南等两个方向。不过，虽然是章丘南部交通的主要通道，但这条古道在很长一段时间内都保持着乡土道路的样貌，就像中国所有的乡间小道带给人的印象一样：“从村庄通向村庄，依据它们最初占用田地的位置而弯弯曲曲，蜿蜒前行。有时候，如果这块地荒芜贫瘠、无法耕种，路就好几码宽。但是，当它穿过肥沃富饶、庄稼容易种植的土地时，它就会变得狭窄，只有一尺来宽。”②

道路的改变对村落生活的影响是革命性的。从20世纪70年代开始，三德范生产大队投入巨大的财力、物力和人力整修巴漏河河道，先后在巴漏河上架设了胜利桥、三孔桥、中心桥、北大桥4座桥梁。村内的交通干道也从原先的章莱古路扩展为中心路、内环路、外环东路、外环西路、南

---

① 〔清〕杨学渊总编：《章丘县乡土志》，清光绪三十三年刻本。

② 〔英〕麦嘉湖著，秦传安译：《中国人的生活方式》，电子工业出版社2015年版，第254页。

外环和北外环等五纵三横的双环路框架，村内新辟和改造的旧道达 12700 余米。① 村内道路的改变直接影响了村庄面积和居民区的布局。1984 年，生产大队解散，三德范东、三德范南、三德范西、三德范北 4 个行政村先后“划胡同而治”。此时国家的土地管理政策正好处在空窗期，各行政村自己划了一大批宅基地。20 世纪六七十年代由于政策原因，村内人口增加，住宅面积拥挤的村庄像吹了气的气球一样膨胀开来。新街巷不断出现，工矿企业、学校、商品房等大量占地，三德范村的村域面积从清代晚期的 1000 亩左右赫然跃增到 2400 多亩。村民们纷纷按照道路延伸的方向，在村落周围的空阔地带占用自家的耕地重新修建住宅。同时，虽然老宅区多有维修改造，但由于旧街巷不能适应新式交通工具如汽车、摩托车、电瓶车的出入要求，加上产权、分家等多种因素，村内大量住宅开始闲置、荒废、倒塌，从而使三德范村远远望去呈现出内虚外实或曰“中心塌陷型”的喷泉式景观。

几乎与村内道路建设同步，1965 年明莱公路修建，逐渐取代了章莱古道的作用。1989 年，在远离村庄的东侧修建了省道 242 线后，又逐渐代替了明莱公路的位置。就这样，截至 20 世纪 80 年代末，处于章丘、莱芜两个城市联结地带交通要道上的三德范，在改善内部道路和交通环境的同时，逐渐丧失了区域社会内部传统意义上的“交通枢纽”的地理优势。

道路以及道路所承载的交通是村落与外部产生关联的前提条件，集市则是建立在交通基础上的商贸网络。一般情况下，道路和集市共同建构起村落具有社会属性的空间物质实体。据老人们讲，三德范村的集市“大约有 80 年的历史”。集市最初设在大街与陈家巷的交界地带，五日一集，集日是每月的二、七。20 世纪 50 年代之前的集市设有粮食市、蔬菜市、油盐市、山果市、牲口市、木货市等。买粮食和油盐是村民赶集的主要目的。芹菜、香菜等蔬菜属于“细菜”，在很长一段时间，它们和鸡、鸭、鱼、肉等农副产品同列，不是逢年过节或婚丧嫁娶等大事儿村民们一般都不舍得购买。20 世纪 50 年代，章丘的工商部门撤换了区域社会内部的多

---

① 张福经主编：《三德范庄志》，中国文化出版社 2006 年版，第 110 页。

处小集，三德范村的集市得以保留，但集日从二、七改为三、八。自 1950 年起，国家实行粮、棉、油统购统销，后来强调“行动集体化”。那时对集市的管理非常严格，集市自然冷冷清清。到了“文革”时期，除了个别人偷偷地进行以物易物的经济活动，集市彻底解散了。1981 年，随着村内巴漏河河道的整修和几座桥梁的修建竣工，集市也恢复起来。集市的地点从玄帝阁内搬到了阁外两侧的河岸，赶集的村民可以通过中心桥和胜利桥在两岸挑选商品。春节前，尤其是临近年底的“年集”是一年中最热闹的时候。河道东侧从南到北大致排列着肉类、海产品、酱菜、禽蛋、烟茶、水果、糕点和蔬菜等农副产品；河道西侧从南到北依次排列着粮食、花卉、杂货、服装、布匹、书籍和鞋类等百货用品。农副产品和百货用品在集市上的排列已经形成了相对固定的顺序。小商、小贩的位置和售卖的主要物品也大致稳定。在三德范“出摊”村子不额外收费，但每个商贩需要向工商管理人员缴纳 5 毛或 1 块钱的管理费，缴纳钱数的多少主要跟摊位的占地面积有关。在日常生活中，集市一般在早上六点半左右开市，下午一点半前闭市。

村庄道路和交通工具的改善以及人们消费水平的提高，使得全村已经有 7 家规模不等的小商品零售店。这些商店也陆续从早年的“代销点”“小卖部”更名换姓，且大部分都有“姓名 + 超市”的大广告牌，平时主要出售除了蔬菜、水果的几乎所有的日常生活用品。大概跟村内超市的冲击和人口流失有关，笔者田野调查时发现，近十年来三德范村的集市有逐渐萎缩然后相对稳定的现象。① 但村民们还是喜欢赶集，他们认为集上卖的蔬菜和肉比较新鲜，其他东西的价格也比超市便宜。不买不卖或者看多买少的行为被称为“赶闲集”。赶闲集的村民以老年人居多，男女各占一半。因为存在“空心化”现象，所以即使在周末，出现在集市上的青年男性的身影也极其稀少。平时，集市上的摊位有 150 个左右，主要集中在河

---

① 根据张福经老人的统计，2003 年 10 月 23 日（农历九月二十八，周四）集市上的摊位有 334 个，日成交额估测有 8 万余元。2016 年的大部分时间则只有当时的 1/2 左右的摊位。据村民们反映，现在只有年节前后的巅峰时段才能达到以上规模。

道东面的农副产品区一侧。西侧的日用百货区只有寥寥几个摊位，两者相加的摊位总长度约 500 米。集上的小商、小贩有 2/3 是本村村民，其余则是大寨、青野和文祖等附近村落的村民。除了极其偶然的因素，赶集的几乎全部是三德范村的村民。据说因为这个原因，与街道办事处所在地文祖村相比，三德范村的集市几乎没有出现过小偷。很多村民认为，赶集是自己在日常生活中跟邻居、家人增进感情并联结家庭、巷道以外更多熟人的主要方式和平台。

> 赶集之前就得跟“家里”商量买什么不买什么。妇女一般还要跟邻居约伙好一起去赶集。在路上和集上经常能碰到熟人。平时都见不着面。“你也赶集啊。”“你也来赶集啊！”很不错的互相之间还得问问（问候）最近家里老人、孩子怎么样。赶完集一起提着篮子回家，东西多就互相帮衬着点，路上也能拉拉呱。除了赶集，稍远点的熟人平时也见不着面啊。①

道路和集市的历史变迁给三德范村的乡民艺术和组织机制带来了许多直接的改变。如道路改变造成的聚落形态的改变使得 20 世纪 80 年代扮玩复兴之后很快就放弃了传统的“走街串巷”的拜年方式，转换成今天以玄帝阁外侧巴漏河两岸的水泥路面为场地、以桥梁为纽带的路线。一般而言，空间的改变意味着意义的改变，传统的扮玩游行路线实质上也是“礼物”流动的路线。不过，在道路、交通工具改变造成聚落环境改变并能形成实质性的阻碍以后，原本各条巷道之间具有“竞争性”意味的扮玩表演经由物理空间的转换，最终凝固在“象征空间”内。这种转换得以完成的基础是扮玩延续并保持了在仪式性情境里展开游艺、竞争和表演的功能内核。在核心元素不变的情况下，乡民艺术活动将观众从私人空间（家门口）拉回到了公共空间（岸堤），其文化功能并没有本质的改变。换言之，道路的改变在很大程度上影响了村落私人生活和公共生活的方式，但对村

① 讲述人：张烈才，47 岁，张家巷村民；讲述时间：2016 年 11 月 25 日。

落传统和组织机制的干预并不起决定作用。此外，如某些村民自己所总结的，聚餐、赶集、扮玩是村落内部实现公共交流的主要途径。如果说家族亲友聚餐、节日扮玩等活动更多是以非常时段的家人交流建构起作为整体意义的生活世界的话，那么赶集就成为乡民们在共享生活空间的同时，在日常交流里周期性地编织着超越地理空间的生活意义的集体活动。

第二节　村落生活与文化变迁

一、村名的源流

空间建构能力不仅体现在聚落形态，也反映在精神和人文世界。村落文化的形成既是物质空间的拓展，也是精神空间的建构。如同亲属称谓可以反映家族内部的远近亲疏和生活态度，乡民的生活感受是村名诞生的心理基础。不同历史阶段的意识形态和文化理念都会让村民对自己居住的物理空间充满想象，并经官方或民间能人之手赋予其指称。在文祖街道，自然村的命名大多与地形、水文或姓氏有关，如青野、黑峪、黄露泉和西王黑。也有少数几个自然村的命名与动植物有关，如石斑鸠、鹁鸽崖、三槐树。实际上，地名不仅是人们赋予居住空间的符号或代码，还是不同时代社会意识的对应体现。作为村落形象最为直观的表达和展示，“三德范”村名的变化就随着社会变迁，经历了一个由俗变雅的构建过程，并且至今仍具有丰富的解读空间，还时常制造出新闻话题。2013 年，由文祖镇政府组织地方学者编修的《守望文祖》如此解释三德范村名的由来：

> 战国时期，文祖地带便是交通要道。齐国为防鲁国等进攻，修筑了齐长城，在三槐树村南设锦阳关。关北三里处，有重兵把守，安扎大营寨，人们称大寨。大寨兵营的军械、粮草、医疗等则设立在锦屏山脚下，与兵营大寨相比，人们称此为“小寨”。小寨就是三德范的前身。每日三餐的饭菜由小寨做完后，用小车往大寨推送，时间一长，人们称小寨为“三推饭”。

因送饭曾遭强人的抢劫，所以，大寨兵营便先派探马侦察，在确无敌情的情况下，由快马送信追催送饭。因而，小寨又被称“三追饭”。现三德范张家林明朝碑文记载“三坠反”村名，便由“三追饭”谐音而来。那么后来为何又得“三德范”之名呢?①

这段解说的后文是一则故事，大概内容是：村内张老汉早年丧妻，好不容易把儿子拉扯大，又给儿子张郎娶妻姜氏。因齐、鲁两国发生战争，张郎随军出征，姜氏在家伺候公爹。后村内传出公爹与儿媳的谣言，姜氏不堪受辱，投崖自尽。村民们将姜氏尸体抬回后，却发现姜氏安然在家，杂草遮盖的尸身变幻成了一块光滑的石碑，上刻有“三从四德之楷范”的大字，从此，村名更改为“三德范”。

事实上，《三德范庄志》主编张福经经过对村内族谱、碑铭的爬梳考证，认为：“三德范的古称先后有‘三嵚坂’‘三队反’‘三坠反’‘三推饭’，清道光二十三年（1843），村内重修禹王庙碑记，首见‘三德范’之名，距今仅有160余年。”② 村内现存的古碑碣也大致符合这样一个村名变迁的脉络。其中，落款为明万历四年（1576）的《重修玄帝阁前石桥碑》有：“大明国山东省济南府章丘县城南六十里有三队反镇……齐鲁燕冀通衢，又一方之重镇。”在三德范村的太平街，署清雍正十一年（1733）的《通路契约碑》也记载了“三队反”的说法：

三队反□□新立太平庄。合庄乡党公兑价银肆两肆钱，□仝中买得地基一□，以为南北通路□。自石坐后石为西界，东至□□为东界。其契赵方升保存，□恐年远无凭，今将乡党姓名详列于后。

邱来思　张贵祥　赵方升　张清景□□

雍正十一年□月拾伍日勒制

① 赵兴林主编：《守望文祖》，黄河出版社2013年版，第321页。

② 张福经主编：《三德范庄志》，中国文化出版社2006年版，第1页。

清乾隆四十五年（1780）《重修玄帝阁碑》则有“章南明四里三推饭庄，旧有南北通衢”的字样。旧村南端的禹王庙留存清乾隆五十七年（1792）《重修禹王庙碑》，称“章邑城南明四里三推饭庄，旧有禹王庙，世远年湮，殿宇无色，神像蒙尘”，其显然延续了“三推饭”的村名。碑铭记载如下：

闻之，庙者貌也，所以栖神也。其栖神者何？曰有功德于民而崇祀之也。为其有功德而民莫之能名，则若何？曰功在一时，德及万世。编氓虽见浅，而一经缙绅先生言之，鲜不竦然起敬也。夫然则功德照照愈久而弥彰者，其维夏后氏禹王也哉！

章邑城南明四里三推饭庄，旧有禹王庙，世远年湮，殿宇无色，神像蒙尘。村之善士张学孟等，目击心悲，爰集父老而议之曰：“大禹德配二帝，功迈三王，今暗淡无华，漂摇几苦，行路皆为浩叹，吾侪辈曾概不一顾可乎？矧水土平而粒食奏，非禹，民其馁矣！巢窟弃而栋宇真，非禹，民其鱼矣！事非协力重修，将何以入庙思敬，以崇厥德，以报厥功？”众父老曰唯唯。于是数人倡之，众人和之，鸠工庀材，贫者不私筋力，富者乐输囊资，不旬日而厥成功焉。猗欤休哉，殿宇辉煌，偕文明而并著；神像闪烁，兴盖赞而俱新。虽曰人力，奚啻神功！然则斯举也，其非徒饰观瞻之谓，其谓释昏垫于四载，消洚洞于八年，而昭平成于万世也。其功其德，巍巍荡荡，蒸民曷敢言报也，聊将借以抒愚诚耳。不然，夫岂不知踵事增华之非易也。昔狄仁杰毁淫祠，遍天下所存者，独推禹王功德，为都城里党元祀焉，其亦此志也。夫是为记。

邑庠生靳方山拜手撰书

领袖卅二人（略）塑画匠泥水匠木匠（略）

主持德行道人赵本魁

徒儿仁禄、仁镜

徒孙义行

大清乾隆五十七年岁在壬子榴月吉旦立

到清道光二十三年（1843）《重修禹王庙碑》，则正式出现了“环村皆山也。三德范旧有禹庙”的记载，说明从此时开始，“三德范”这个称谓成为村落上下广泛接受并规范统一的正式名号。碑铭上说：

环村皆山也。三德范旧有禹庙，南插屏，北映流。其左右之列而居者咸神而祀之，以为功之大莫夏后若也。兹因年远貌晦，诸父老乃为重新，而请记于予。予曰：“禹之明德远矣。”凡刘子之叹兔鱼，《尚书》之纪命龟，以及七旬格阶之舞，一中传心之执，前人之述备矣。吾皆置而不录，惧亵也。

虽然，而庙之存讵徒然矣！想昔父老贯有见昏垫以去，巢窟尽更，非禹之门三过、载四乘，焉能使我播百谷，苏兆姓，以享厚生之利于无穷哉。以故庙之留于古者，又必汲汲新于今也。不然，唐以后庙之所毁者岂少哉？而禹之庙独延于世，吾于是盖有以见禹德之至入人之深，而流泽之远且久也。宜孔圣心为契，而穆然有怀曰：“吾与禹何间。”不敏亦愿移文正范公之词以赞曰：“云山苍苍，江水泱泱。神禹之德，山高水长。”

邑庠生张桂馨薰沐叩撰

后学张兰馨沐手书丹

董事善人（廿八人名单略）

石工木工绘工泥工（柒人名单略）

主持道衲赵仁同、赵义兴

徒儿礼和、礼江

大清道光二十三年岁次癸卯小春梅月吉旦立

那么，“三德范”这个称谓在不同历史时期出现字面差别的内在逻辑是什么呢？从现有资料来看，“三甗坂”“三队反”“三坠反”等早期名号显然反映了村落地理形貌的特征。“队”“坠”等字的古义相通，都有从高处下坠的含义，“反”则通“坂”，有山坡、斜坡的意思。从“三队反”到“三德范”的变化，反映了村名命名的取向从自然环境逐渐靠拢到文化表述的过程。只不过，老百姓并不一定非要买“文化人”的账。今天在三德范周边的青野、大寨、文祖和旭升等村落，不止一位乡民将“三德范”称为“三顿饭”，这种称呼如同“侃子”的文化生产机制，有一种邻里调侃的意味。但无论是“三推饭”还是“三顿饭”，本村村民总能给予一种生活化的解释：

> 俺这个村往南走八里地是大寨村，往南走十里地就是齐长城的锦阳关，易守难攻的地方。大寨是前线的大军营，我们这里就是指挥所和大后方。老辈人说当年前方打起仗来，我们这里就负责做饭。一天送饭三回，所以叫“三推饭”。①

虽然讲述者本人也承认这种解释叠加了口耳相传和个人理解，但从有据可查的山东近现代史资料和建筑遗迹来看，地名和民间传说所反映出来的历史记忆，确实在一定程度上符合齐长城一带的军事地理形势。

“三德范”这个名称显然是富有儒学色彩的文化表达。这种符合国家礼制的解释大概因其符合山东农民一贯对“耕读持家”“尊师重道”的精神追求，所以最终延续至今。直至今天，“三德范”这个名字在村落社会内外仍然具有不同的文化表达和意义释读。作为基层政府派驻机构的三德范管理区，曾聘请山东大学儒学高等研究院的颜炳罡教授做过专门释读。颜教授认为，“三德范”应该是“《周礼》《论语》推崇的‘至德、敏德、孝德’，或者‘君子三德，仁、智、勇’之表率的意思”。这种解释大概符合清道光二十三年《重修禹王庙碑》里“生员”“邑庠生”“郡庠生”命名和落款的本意。对此村民们也有自己的理解，居住在辛庄巷的退休教师赵介平认为，“三德范”这个名称的重点是“三”字，代表的是立村之初于家庄、小寨、辛庄这三块聚居点。还有村民则愿意从“德”的内容及指称对象上去做解读，如辛庄巷村民宋广艺就认为：

---

① 讲述人：张万蕴，68 岁，张家巷村民；讲述时间：2015 年 12 月 5 日。

> 三德范的“三德”有我们宋家一德。李家是孝顺老祖（父母），张家是行好铺路，宋家是仁义道德。李家祖上有孝子，父母去世了守孝三年，打雷下雨的时候就到父母坟头上趴着，怕吓着父母。我们宋家讲一个仁义道德，我的老爷爷（曾祖父）宋文斗武艺高强，但是从不欺负人。我们宋家也是从来不坑人、不骗人。①

随着时光的流逝，现实世界里的绝大多数村民早已不关心这类“名实问题”，所谓村落的历史文化、地名变迁成了“文化人”考据和咀嚼的字眼。时至今日，村名在由纯粹的表示地理方位的符号上升为富有文化象征意义的标志之后，“官方—本村村民—外村村民—学者—媒体”构成了一个充满差异的村落空间认同的等级结构。管理区和学者构成的解释者处于层级结构的顶端，他们更多的是赋予村落一种合乎国家礼制的“文化的解释”。这实质上是清末以来的村落“能人”们主导的将“地方国家化”的建构行为的某种延续，在文化意义上具备内在的合理性。同时，基于这种带有儒学色彩的解释能够联结起地方和国家之间的关系，并且获得这个“文化村”的认同，从而具有了长久的生命力——这在某种意义上与我们后文重点分析的扮玩活动的“报官”仪式有共通的意义。就村民而言，家族之间在官方表述“大一统”的前提下，也没有被动地接受官方对村落空间的符号设定，而是以姓氏家族为核心，强烈地表达并赋予村落空间“唯我独尊”的家族逻辑。因为各自所处的立场不同，外村村民对三德范村名带有调侃式的“文化误读”，更多地属于一种“想象性的建构”，这既属于文化圈内部的一种评价和传播机制，同时造就了三德范村在区域社会内部的文化个性和身份符号。

二、生活的趣味

中国传统时间观具有“漠视精确、缺乏发达测度时间概念、以循环时间观为主、注重历史和过去以及个体时间观念至上等特点。这一系列特点

---

① 讲述人：宋广艺，68 岁，辛庄巷村民；讲述时间：2016 年 11 月 25 日。

的形成，与农业生产的重要性及民众以农为本的年度时间生活节律态势具有直接关系”①。作为城市居民，对鲁中山区的想象或印象可能是这样一幅画面——群山蜿蜒，满目莽苍，羊肠山道，曲径通幽，绿林深处偶有鸟鸣。石圩门、石屋、石板路、老农具、老水井触目可见。这还不算，花椒树、核桃树、柿子树，树下间或还拴着几头牛、几匹马。夕阳西下，几处炊烟袅袅，两声鸟雀啼鸣，外来人便似置身桃花源，恍然忘却世间凡事了……在乡村旅游如火如荼的当下，鲁中地区知名的民俗旅游村如沂南县竹泉村、博山区中郝峪村，甚至以“闯关东”文化蜚声南北的章丘区朱家峪村莫不如此。

2014 年底，当笔者第一次走进三德范村，眼前的景象颇让人惊讶：村落三五里外，横亘着一座苍翠的大山，后来才知这是三德范村辖属的锦屏山。但近在眼前的村落与上述印象关系不大，除了玄帝阁、人和门、太平街稍带点古意，一幅现代化的场景展现在笔者面前：村内的柏油马路干净挺直，“锁皮屋”“二起楼”鳞次栉比，电瓶车、摩托车、小汽车从大街小巷呼啸而过。除了河道两侧高处的道路有些蜿蜒，田地与田地、道路与道路、房屋与房屋之间落差稍大，很难想象这个被国家认定的“传统村落”会过什么“传统”生活。事实上，三德范村早已不是传统意义上的农村，而且和周围几个富裕的村子——大寨、青野、文祖一样，除了四周的山峰和高低起伏的田地、民居，这种富有小城镇气息的乡土生活才是当前鲁中农村的日常模式。② 但问题是，谁又敢说这种现代化的村落景观没有叠加具有历史感的“文化传统”呢？

与其他鲁中村落的不同之处在于，除了庄大姓多，三德范村还被人们认为是“各方面能人都很多的文化村”，连一向善于调侃三德范村的文祖、大寨等周边村落的乡民也承认这是事实。在某次访谈中，笔者对此表示怀

---

① 王加华：《被结构的时间：农事节律与传统中国乡村民众年度时间生活——以江南地区为中心的研究》，上海古籍出版社 2015 年版，第 22 页。

② 当然也有差别，以三德范村所在的文祖街道为例，马家峪、黄露泉因为偏居大山深处，村落环境基本没变，黄露泉甚至在 2016 年年初才通生活用电。但从整个鲁中山区的普遍情况来看，这只是个别现象。

疑后，张家巷的农民张烈才举了一个例子来证明“文化村”的实力：

那年中央电视台来拍我们村，临时安排了一个节目叫“斗春联”。电视台的那个导演说，你们能不能组织十几个老人现场写写书法，咱们营造个春节气氛。后来那个导演看着我们村干部显得有点为难，说如果不好找，让学校推荐些小孩来凑凑人数也行——其实不是难找，是我们村会书法的人太多了，一条巷道就十几个。你说联社找谁不找谁？能叫这个不叫那个吗？这是要上中央电视台的！该找的不找全了，不得罪人嘛！导演一听，说：“那太好了，能找来多少算多少，我怕你们村里会书法的不多，我才没敢多开口的。”结果呢，光 50 岁以上，在家、会书法的，而且还得敢露脸，就是说写得不错的就来了 60 多个。加上一些老人带着孩子过来，这么临时一找就有将近一百口子人。①

其实，三德范令笔者由衷产生“文化村”印象的还是在真正走进其村落日常生活之后。三德范管理区自 2013 年起发起了给村内 60 岁及其以上老人送生日蛋糕的活动。“送礼人”是管理区和所在村委的村干部。起初制订的方案是为管理区 60 岁及其以上老人送蛋糕，但经各村委会逐一统计、上报，管理区汇总后发现：截至 2014 年，三德范东、西、南、北 4 个行政村 60～80 岁的老人有 1375 位，80 岁以上的老人有 179 位，90 岁以上的老人有 21 位。经过仔细核算，村干部们发现，无论是财力、物力还是人力，管理区都不可能完成为所有 60 岁及其以上老人送生日蛋糕的计划。最后，管理区不得不将活动群体的年龄段调整为 80 岁及其以上。

自 2015 年底起，笔者以一个“大学生”的身份陆陆续续参加了 38 次（46 户）“送生日蛋糕”的活动。参加活动的好处在于，笔者能够以一个“局内人”的身份名正言顺地进入家庭生活的私人领域，同时又因为生日

① 访谈人：朱振华；访谈对象：张烈才，46 岁；访谈时间：2015 年 9 月 27 日；访谈地点：三德范。

是村落整体的偶发事件，因此笔者可以很随机地在一个陌生家庭管窥村民的日常生活及其居住环境的全景。当然，在很多时候，笔者所邂逅的也不全是老人祝寿活动时的脉脉温情。如在笔者曾随同拜访过的 46 户家庭中，就有 14 户老人处于独居状态。这种“独居”并非完全出于伴侣的去世，或老屋破损造成的空巢。年迈的村民们所表现出的那种热情、淳朴，甚至在接待我们时的某种局促不安乃至声声感谢——这种糅合了馈赠与接受、给予与感恩的文化心态，令笔者感慨万千。就这样，通过一个生日蛋糕，笔者走进了三德范村乡土生活的日常和家庭生活的内部。①

笔者注意到，除了部分留居老宅祖屋的老人，大部分村民已住进 20 世纪 70 年代末期陆续新建的住宅。在当时，划定宅基地的标准是每家 225 平方米，所以每家住宅面积都比较开阔。宅院一般由大门、主房、耳房、厢房、配房、栏圈等构成。因为地处山地、丘陵，房屋的朝向并不完全一致，大部分宅院坐北朝南，大门设在东南角，主房是居中的三开间厅堂，主房的屋脊与根基均高于其他房屋，多做客厅或者户主起居之用。主房的两侧是耳房，宅院东西两侧通常各建三间厢房。一般东侧有一间厢房做厨房，西侧住晚辈，西南角做茅房（厕所）。这些房屋开间一般在 2. 5 米左右，进深 3. 5 米左右。那种 20 世纪 90 年代以后在鲁中地区普遍兴建的二层小楼，除了主干道两侧有少数几家，在三德范村反而修建得很少。

在三德范村，对中国俗语所说的“门面”最生动的展示就是“大门”。大门是一户人家的脸面，也是家庭经济状况和社会地位的标志。大门的类型有很多种，尤其以俗称的“一封书”“挑门楼”“八层墙”等样式居多。如“八层墙”，意思是大门从台基开始特别是檐头位置，要累计铺设八种以砖石为材质的构件，不但要装砌“门枕”“腰枕”“悬枕”，而且显眼位置的砖石要有精雕细琢的美感，或雕刻喜鹊、牡丹、芍药等鸟禽花草，或雕刻花瓶、花篮、葫芦等“暗八仙”式样的吉祥图案。大门根基一侧下设俗称“阳沟”的排水沟，雨水天时积水由此排出。

---

①　因为有相当数量的老人跟儿孙住在一起，所以这种随机性的入户与观察也基本能代表全村家庭内部的生活趣味和审美风格。

三德范人不管房屋新旧，院落和屋内都会打扫得特别干净。老人单独居住的房屋多保持着老屋的样貌，新建住宅从宅门、地面到影壁、屋瓦、墙皮，以及内部的装饰都尽量向现代化靠拢，许多20世纪90年代以后修建的住宅，内部装修往往还十分考究。此外，大部分家庭会在院落或客厅里养三五种花草，文竹、常春藤、豆瓣绿、散尾葵、吊兰、滴水观音和兰草是常见的品种——在这个缺水的村庄更加凸显了三德范人温暖的生活态度。在三德范人的堂屋，最引人瞩目的往往是客厅中堂悬挂的书法作品：与许多北方农村乐于悬挂或张贴艳丽的工业印刷画不同，在三德范，房屋的主人，或本村村民，或本家族的青少年书写的各类书法作品常常占据了客厅迎面最重要的位置。张烈贵、张福琛等农民书法家的作品在村内就十分流行。

除了书法，根雕、奇石、葫芦雕刻、泥塑、木雕、石雕，从制作到赏玩、交流，每个门类都不乏爱好者，并且年龄段从30岁至75岁正向分布，可见这种爱好的广泛。这种艺术能人群体在三德范村的涌现也不是偶然现象，在编纂《三德范庄志》时，主编张福经花了很多精力，将自己和老人们记忆中的“能人”做了记录、整理，如机智幽默的“故事家”张传淇（俗名“张呆子”），“板话天才”姜福九（俗名“姜梦子”），“曲艺魁首”赵荣朝（乳名成活子），“戏曲能人”王起业（乳名义和子）等。根据《三德范庄志》① 提供的线索和田野调查搜集的访谈资料，笔者整理了几位“民间文艺家”的逸事：

［张传淇］三德范村张家巷人，生于1877年，殁于1957年。因为不谙世事，俗名“张呆子”。他幼年就读私塾，熟读“四书五经”，爱看趣味小说。在劳动之余，“讲故事”成了他的标签。虽然张传淇有点口吃，声音嘶哑，但讲起故事来反而别有一番趣味。有关张传淇的故事，以表现他遇事反应快、机智灵敏为最多。

---

① 张福经主编：《三德范庄志》，中国文化出版社2006年版，第495～500页。三德范村民单象厚、张烈民、李景兴、宋广艺等在田野访谈中给予笔者许多故事细节的补充或印证。

据说，20 世纪 30 年代的一天，当时三德范村的村长张传瀛、金玉儒、赵国庭三人在酒馆吃酒，他们从远处看到张传淇逶迤而至，佯作不见。张传淇二话不说，回家就写了个纸条，贴在了玄帝阁下："三德范庄两头平，当家主事的张传瀛。陪吃陪喝的金玉儒，随随和和的赵国庭。"这几句话，像诗词更像民谣，但用方言读起来朗朗上口，很容易口耳相传。三个人哭笑不得，以后吃酒再也不敢故意背着张传淇了。

还有一个故事常被村里识文断字的老人们提起。新中国成立初期，张传淇编了个字谜，谜底是一个人名。他说："反手提笔点天文，四幸常在水边存。栋梁去了通天木，五湖四海第一人。"听众百思不得其解。这时候，张传淇才得意洋洋地说："这不就是咱们的领袖毛泽东嘛！"原来谜底是毛泽东同志的繁体字姓名。

［姜福九］三德范村张家巷人，生于 1898 年，病故于 1971 年，俗名"姜梦子"。许多三德范人说，以前在章丘南部可能有人不知道姜福九，但没人不知道姜梦子。他既不认字，也不识数，大半辈子以挑卖苇席为生。虽然没念过一天书，但他能出口成章，每句或三字或五字，或七字或九字，长短相间，合辙押韵。因为在章丘到处赶集，随着售卖苇席的路线他渐渐广为人知，他走到哪儿都会被要求来一段，简直是那个时代免费"走穴"的明星。据说有一天，他从章丘白云湖挑席回家，在文祖镇的分水岭村与胡同里的邻居恰好迎面相遇。邻居问候说："梦哥今日可好啊？"姜应声说："好啊！上北走刮北风，上南走刮南风，站住不蛄蛹（方言，指身体不动），还刮了个大旋风。"这还不算完，他接着说："大清早没吃饭，弄了您哥哥一身汗。买了三十五个席，一头捆上各一半。剩下一个送人了，你说合算不合算？"话说完，两人大笑而去。

1947 年，三德范恰逢"土改"时期。这天，姜福九去村公所办事，路上遇到了站岗放哨的民兵，毫无例外地被要求"来一段"。他人没走到话先到，开口说："弟兄们当民兵，不是去站岗，就是去放风。一支大盖枪，子弹也稀松，见了还乡团，就用棍子扔。"民兵们一听不满意，要求他必须按“土改”这件事重新说，说不好不让走。姜梦子赶紧改口说：“共产党八路军，专和穷人一条心。斗了地主王庆良（指当地大地主），又分土地又分房。老王家分了一头驴，老李家分了两只羊。年老年少搞生产，年轻的拿枪上战场。上战场打老蒋，土匪汉奸不漏网。姜梦子说的是实话，有半句瞎话你骂娘。弟兄们千万别生气，我有事赶紧去找村长。”站岗的民兵被这具有三德范味道的“山东快书”逗得哈哈大笑，这才放开姜梦子让他走人。

20世纪60年代，或许跟集体劳动有关，关于姜梦子说顺口溜的逸事尤多。1964年整修老章莱公路，劳动间歇时，几个人拉住姜福九，让他说一段。他张口道：“修公路民工多，洋镐铁锨随意摸。一直修到头，赶快跑汽车，不是拉他娘，就是拉他爹，呜！呜！呜！”说完就一溜烟跑了。原来，“不是拉他娘，就是拉他爹”一语双关，据说从此再也没人敢生拉硬拽地逼他表演了。

［赵荣朝］三德范村辛庄巷人，生于1920年，病故于1992年，乳名成活子。赵荣朝上过几年私塾，但因家境贫困，读了两三年就辍学了。他务过农，干过小买卖，下过煤窑，去东北垦过荒，还做过伐木工人。虽然生活艰辛，但一生不爱财，更不善理财，随挣随花，没有勤俭节约的习惯，算是当年的“月光族”。赵荣朝天生爱唱戏，喜欢模仿各种曲艺门类。据说逢年节扮玩，赵荣朝登高台一开口，几千人的戏场顿时鸦雀无声。山东大鼓、山东快书、京剧、吕剧、黄梅戏，各种吹拉弹唱，甚至口技，他都样样精通。20世纪50年代，他自学拼音字母，随后在1954年的扫盲运动中成了授课教师。20世纪60年代，他去东北垦荒，劳动之余跟着当地人学“二人转”。带艺返乡后，年节期间唱起二人转，开阔了三德范人的眼界。

［王起业］三德范北村人，生于1929年，病故于1979年，乳名义和子。王起业少时不爱读书，学无所成。但是唱歌、曲艺一听就会，一听就迷。十来岁就自己仿制笛子、箫、陶笛等乐器。因为沉迷京胡、二胡，对种田耕地不放在心上，年轻时在家，常被父母亲友骂作“傻子”。他1948年参军，1952年复员还乡，几年的戎装生涯，既

历练了他的筋骨，又跟来自天南海北的战友学了一身曲艺本领：粤剧、昆曲、黄梅戏、京剧、吕剧，大段小段都能自弹自唱。因为 20 世纪 60 年代前后，三德范村日常生活中的文艺活动很少，在长达 20 年的时间里，作为庄户剧团的演员，王起业给三德范人留下了关于戏曲、曲艺艺术的许多回忆。1979 年他被长水村聘为琴师，但随后不久逝世，享年 51 岁。

令人感慨和疑惑的是三德范村为什么有这么多在土里刨食的庄稼人喜欢这些“不务正业”的艺术活动？仅仅是庄大姓多吗？或者，仅仅是一种特殊历史时期的偶然现象吗？

现在既是“养猪大户”还耕种着五亩地的农民张烈才是他们中的一员。作为世代以务农为业的庄稼人，张烈才还是一位根雕、石雕、葫芦雕刻等艺术爱好者和创作者。他不但能勾勒出以牡丹为题材的花鸟画，而且能写出浑圆有力、形神兼备的书法作品“舒同体”。他自己这样回答笔者的疑问：

问：为什么村里这么多人喜欢书法、国画，还有葫芦雕刻、根雕这些活动呢？

张：爱好书法是因为有历史传统，老一辈会写字爱写字的就比较多。后来我们村在 1949 年前后有了自己的小学、初中，学校的老师大部分是本村人，自己书法写得好，教学生也就严格，这样就教育出了一批现在五六十岁写字还很好的人。玩根雕是因为住在山边啊，你刨地的时候不小心就会刨出树根来，琢磨琢磨像什么样子就自己慢慢动手做。

问：那这么多类型的东西，总不能每一样的原材料咱们村里都出产吧？

张：这可能跟我们村原来比较富裕有关系吧。有两个闲钱，又不会干买卖，也不用出远门，老一辈喜欢的多，自己就慢慢学会了。

问：你们这些爱好者平时有什么交流吗？

张：我们春节的时候会在“郭子”（玄帝阁）旁边的老祠堂搞展览，联社还组织大家写字、免费送春联。这可都是给村里人自己看的，水平好的就都拿出来，大家积极性很高。在平时，都是自己玩，自己巷道爱玩的互相切磋一下，没有集体交流。规模最大的是搞书法的张烈贵，他前年退休后在村里办了个书法培训班，每个孩子收200块钱，附近文祖、大寨的孩子也都来学习，一次能有100多人，算是唯一一个（将书法）职业化的。①

在今天，三德范村这种集群式的“艺术能人”已经不是完全无组织的状态。从2013年起，章丘地区小有名气的“书画艺术协会”在三德范村成立了分会，三德范村成为章丘南部唯一的村级分会。此外，2013年，部分退休教师又在管理区的支持下成立了“三德范传统文化研究会”。虽然这些社群组织开展的活动不多，但是入会人员大多很珍惜这个“会员”身份。有意思的是，村民之间同样有“文人相轻”的心态。全村除了张烈贵等少数几个人的技艺得到公认，大部分人的“水平”并不能得到广泛认同。尽管如此，若让他们谈谈周边村落的那些“民间艺术家”，无论是门类、人数还是水平，在他们眼里那就更是等而下之，不值一哂了。不光此类“艺术活动”，从某些技艺或技能的角度观察，三德范的“能人”现象也比较突出。如全村可以在红白喜事上独当一面的“大厨”超过60多位，甚至会下象棋的村民都能够在街道办事处组织的全街道象棋比赛中“包揽前三名”。会玩、能玩、爱玩，同会吃、能吃、爱吃一样流行。这种在当下处于活态的，能够通过“趣缘”将日常生活、节日生活紧密联结在一起的群体活动，就成为三德范村的一种艺术氛围和非正式组织。同时，具有广泛意义的技艺或“雅趣”，作为村民“日常生活”的一部分，其创造、交流、评价和传承都在村落语境和区域社会内部实现了代际传承。

需要强调的是，民间艺术能人的代际涌现是年节扮玩在技艺传承和艺

① 访谈人：朱振华；访谈对象：张烈才，46岁；访谈时间：2015年9月27日；访谈地点：三德范。

术水准层面的保障。田野调查发现，“能人”之间互相瞧不上的文化心态，每年都会通过不断投入到自己所在巷道的扮玩节目的花样创新上，并以全村检阅、评价的形式分出胜负。“你行，我比你还要好”的文化心理是村落“能人”们通过自己的手艺促成扮玩在服饰、布景、化装、体裁等各类表演文本方面追求高难度、唯美化目标的技术动力。因此，年节扮玩在巷道作为整体与部分关系意义上的“夸富宴”，与三德范人多才多艺的文化个性具有直接联系。另一方面，虽然这种爱好和创作的倾向并不具备现实功利色彩，但乡民们也绝没有抱持“为艺术而艺术”的追求，在满足碎碎念、小心思的同时，服务社区公共性的文化需要及收获其肯定，依然是集体表演的最终目标。年节期间，在扮玩活动制造的观众人群和节日气氛里，农民艺术家们把积攒了一年的作品和技艺呈现到公共空间供乡民们欣赏，实际上，从另一个侧面构建了村落公共领域的边界，扩大了扮玩表演的空间场域。也正是具备各种“艺术技能”的乡民在扮玩活动的组织、创意、交流、磋商中，无数次地诠释、更新和传承着三德范村的民俗传统和文化根性，从而确保了村落传统及乡民艺术在现实生活持续调整、创新、变革的文化活力。

针对三德范人多少还有些封闭的生活状态，在文化哲学领域有种观点十分流行。如代表性的观点认为：“中国的农本社会是以血缘为纽带的宗法社会，本质上是一个自在的日常生活世界，绝大多数人口是传统农民，他们终生被封闭在家庭与天然共同体之中，凭借着自发地溶进血脉之中的传统、风俗、习惯、经验、天然情感、血缘等自在的文化基因而自在地、周而复始地展开衣食住行、饮食男女、婚丧嫁娶、生儿育女等日常生计。这种沉重的日常生活结构至今在文化层面上阻碍着中国的现代化。”在此基础上，该学者进一步提出：“应当积极认可与鼓励以追求利益的理性、目的性、竞争、参与为特征的现代生活方式对传统农业文明封闭的日常生活方式的改造，运用各种手段把越来越多的人（尤其是农民）赶出他们世代熟悉的封闭的日常生活世界，使之进入充满竞争和富于创造性的现代非日常生活，让他们在现代工业文明和商品经济大潮的冲击中拥抱一种新的生存方式和文明价值，确立理性的、科学的文化模式，主体性的、创造性的文化模式，法治型的、契约型的文化模式。”① 从三德范人所处的区域社会的经济发展和社会转型的趋势看，抱持此类观点的学者们的期许，无疑在某种程度上伴随着市场经济的大潮稳步实现了。

例如，根据当地政府公开发布的有关信息，据不完全统计，在三德范村所在的济南市章丘区，因棚改、旧改项目，商业地产或公共基础设施建设等原因，仅2017年，章丘区已经提前实施和正在实施的工程，就包括白泉村、横沟村、分水岭村、枣园街道大义田村和后枣园村、埠村街道长青村、原钢联周边、原电瓷厂片区、浅井、湛汪村、东沟头村、西沟头村、南凤村、特殊教育学校周边14个项目。拆迁人口约5377户，拆迁面积约118万平方米，政府投入拆迁资金约6亿元。2018年，新实施的项目则涉及明水、双山、圣井、埠村、枣园5个街镇30个村庄，拆迁约17149户，拆迁面积约375万平方米，政府投入拆迁资金约18亿元（不含安置建设资金约163亿元）。那么，这些失地农民的“日常生活”如何安排呢？当他们不得不或者迫不及待地进入了“充满竞争和富于创造性的现代非日常生活”，他们有没有在现代工业文明和商品经济大潮的冲击中“拥抱一种新的生存方式和文明价值，确立理性的、科学的文化模式，主体性的、创造性的文化模式，法治型的、契约型的文化模式”② 呢？遗憾的是，从真正能走进田野与社会的那些社会学家、人类学家的研究成果看，至今还没有一个令学者和民众都满意的回答。

三、民间信仰仪式

乡民艺术的表演文本、组织机制与群众参与性，在很大程度上受到民间信仰的直接影响，这种判断在华北地区的田野研究中不断被检验。引人关注的是，虽然本地民间信仰的历史传统极其丰厚，但三德范村的年节扮玩在中国近现代社会的转型变迁中将这些元素淘汰了。

① 衣俊卿：《现代化与日常生活批判——人自身现代化的文化透视·总序》，人民出版社2005年版，第5～6页。

② 衣俊卿：《现代化与日常生活批判——人自身现代化的文化透视·总序》，人民出版社2005年版，第5～6页。

在 20 世纪 50 年代之前，除了锦屏山上的道教建筑群，村内还完整保留着泰山行宫（俗称北头庙，前身为姑子庵）、禹王庙（俗称南头庙，内有石大夫庙）、龙王庙、关帝庙、玄帝阁、文昌阁以及基督教堂等 12 座建筑。当时，这些寺庙不但有专人看守香火，而且参与村内的公共生活。老人们说，当年这种寺庙林立的情况在周边地区也很特别，与三德范庄大姓多、有官道、土地多、较富裕有直接关系——锦屏山这座碑铭上记载着“十二村共有”的大山，最终归属三德范并隶属至今，也被归结为是上述这些原因造成的。

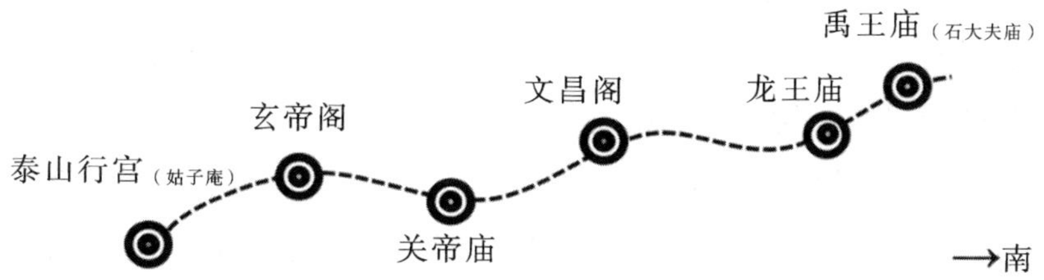

注：1. 泰山行宫俗称北头庙；禹王庙俗称南头庙。

2. 玄帝阁下临老祠堂，旧时道士居住在祠堂厢房。

3. 关帝庙现存陈家巷、辛庄巷等三处，为街角处小庙。

4. 锦屏山道教建筑群不包含在此示意图内。

三德范村内庙宇布局示意图

禹王庙、泰山行宫曾是三德范村落信仰体系里最重要的两处庙宇。虽然周边村落也多有龙王庙，但矗立在三德范中央地带巴漏河东岸高处的禹王庙，一直是章丘南部“唯独一个能够祭拜禹王爷”的大庙。通过今天庙内尚存的清中叶的两统功德碑来看，几次重修庙宇的“施财善人”遍及方圆 30 里内的莱邑（济南市莱芜区）、黑峪村、甘泉村等市镇或村落。

老人们说，除了三德范村，周边地区从没听说过还有其他禹王庙。20 世纪 40 年代以前，每逢大旱，方圆几十里内的祈雨、求雨活动都得来三德范祭拜禹王后才举行。据老人们回忆，这些禹王庙住持是外地云游至此并定居的道士，他们念诵《道德经》，平时不吃斋，不出家，还可以娶妻生子，是所谓的正一派，其家庭生活靠村内占有的土地庙产来维持。当时，禹王庙住持赵姓道士早年从外乡云游至此，庙内住着 4 户 15 口人，有 20 余亩“官地”。

有村民解释说：“从宋朝起，皇帝姓赵。所以皇帝规定赵姓负责管理庙宇寺观，不能饿着。所以自古是赵家人管理南头庙（禹王庙）。”1949 年前，北头庙曾有住庙道士两户，有“官地”数亩。但年代久远，具体人名和人数都记不清了。处于三德范村中央位置的玄帝阁也是一座道教建筑。据说，道观的住持是出家住观、严守戒律的全真派。阁内供奉真武大帝，道人念诵《南华真经》。玄帝阁最后一任道长是东营广饶人王宗盛，有 24 亩“官地”。这几座庙宇的土地多租给佃户，以收取佃租维持生活。

据说，道士们除了管理道观、传经布道，平时还会以演奏“笙管笛、钹鼓乐”的形式参与村民们的婚丧嫁娶活动。演奏时，须凑齐六或八人。以禹王庙作为南端的基点，在村落中轴线上与之遥遥相对的是村北北头庙（泰山行宫）。这座庙供奉的主神是碧霞元君（俗称泰山老奶奶）和“土地”。农历三月十五，相传是碧霞元君的诞辰，这天善男信女们都会到北头庙祭拜、祈求平安。

或许是因其具备治水、祈雨等功能，在 20 世纪 40 年代以前，禹王庙的香火最兴盛。相传，农历六月二十八是禹王爷生日，全村十巷及村长、社首都要到禹王庙“上供”。当天，禹王神像披红挂彩，主持道士笙管齐鸣、高奏经文，整个活动被称为“打醮”。一直到今天，在各个道观、庙宇的仪式活动中，给很多老人留下历史记忆的是每逢大旱之年，在禹王庙举行的祈雨活动。

祈雨又称取雨。仪式前，道士们先将禹王爷的神像从正殿请出，放置在用竹篾扎成的、高约 1 米、宽约 0.5 米的“小庙”中，再以抬轿子的形式将“小庙”抬到大街小巷。整个仪式由道观中的道士主持，他们清一色的道袍、皂靴。此时，道士们要么演奏笙、管、锣、钹，要么高举旌、旗、伞、扇。各条巷道则已在路口摆好供品，插好香烛，专等着禹王爷“驾临”和“赐雨”。禹王爷起驾时，要有被“神灵附身”的大汉（俗称神杩）舞刀开路。这个被“神灵附身”后，手舞足蹈沿路表演的过程被称为“架杩子”或“抓杩子”。

在20世纪40年代之前，不但禹王庙（南头庙）在三德范村发挥着斋醮、祈雨等职能，俗称北头庙的泰山行宫，因为与土地庙的“神格”重叠，也在本村村民的丧葬仪式中发挥着重要功能。村内至今有句侃子人尽皆知：“三德范人送浆水——睁着眼。”这是因为，在山东农村特别是鲁中、鲁北和鲁西南一带，老人去世后，丧葬仪式的两个重要环节为“报庙”和“送浆水”。据说，人逝世后灵魂会被阎王爷羁押三天，孝子需要到土地庙以“报庙”的形式代老人向土地爷报到，同时再先后几次以“送浆水”的形式为逝者的远去“送饭、饯行”。因此，一般说来，“报庙”和“送浆水”都需要孝子掩面痛哭，是一个十分庄重悲怆的场景。但是，三德范村的这座泰山行宫地势高，建庙的台基就高达七八米，进庙的台阶则有32级，上下陡峭，坡大难攀，孝子家属“送浆水”时就不能光顾着哀哭，还得小心翼翼地注视台阶，以防滑倒。长此以往，就在周边村落落得了带有调侃意味的“三德范人送浆水——睁着眼”的侃子。

最迟到20世纪40年代，三德范村大小道观的道士们就被国民党军队全部驱散了：玄帝阁内的道士王宗盛被轰到庙旁老祠堂的两间小草房内，祠堂也被先后征用为区公所和小学堂；北头庙被国民党章丘县大队第十五中队康子健部占领并用作指挥所，神像被毁，道士遣散。1956年修建村北的储水池“对湾”时，庙门的台阶石料被分解筑堰，剩余的庙宇台基则被人们建房取土、零切碎割。到20世纪60年代初，整个巍峨的庙宇被抹为一片空地。有很长一段时间，这块空地被称作“庙园子”，它成为“文革”期间集体活动的场所，白天开会，晚上放电影、唱样板戏。到20世纪80年代，庙园子开始被村民们作为宅基地建房，并发展成了现在鳞次栉比的住宅区。其他几座庙宇也较为集中地在20世纪50年代初被拆除、推倒。现今，在三德范村内，除了玄帝阁、禹王庙、关帝庙还保存了清末重修的主体建筑和一些残迹，其他庙宇都湮没在历史的尘埃中。

相较村内建筑的毁散倾圮，锦屏山上的道观、碑林等建筑因为山高路远却保存得十分完整。2003年1月2日，三德范经济联合社做主，与地方企业签订了《合作开发锦屏山旅游风景区协议书》。企业承包山体，并自主开展经营活动50年，村民入山游览则一律收取门票。至此，除了农历三月十五的碧霞元君诞辰，少数虔诚的中老年妇女会去给“泰山奶奶”进香，锦屏山上的神灵几乎与三德范人的信仰生活失去了联系。

四、丧葬与人生仪礼

在今天，鲁中地区的大部分农村，乡民们在日常生活中最为重视的民俗仪礼是婚礼和葬礼。尽管二者的情感氛围不同，但它们蕴涵的传统礼俗、象征体系和组织机制始终是乡土社会变迁过程中最为顽强的存在。在婚礼和葬礼举办的过程中，传统民间仪式，特别是生命仪式，往往构成了族群及其个体所掌握的人情、面子、社会资源，乃至乡村权力生产与再生产的场域。如果说乡土社会自身就涵化着一套“日常政治”的体系，那么婚丧嫁娶等需要通过民俗传统实现的集体行动则是各种力量表演的舞台。若从礼仪制度变迁的角度看，这种力量不但来自国家政治所代表的上层建筑，更来自作为生活主体的乡民以及社区内部充满弹性与变量的礼俗传统和自治机制。有学者指出：“在民间仪式的实践场中，国家与社会发生互动，共同推演着仪式的变迁；仪式的存在与发展并不是某一权力单一作用的结果，其中包含着不同权力主体相互博弈，是村庄主体——乡民——在经济、社会与文化场域中基于生存而做出的选择；在此过程中，仪式变迁不是一种权力征服另一种权力，而是不同权力相互博弈的结果。”① 三德范村的俗礼革新所体现出的文化变迁轨迹就比较集中地说明了国家政治与民众生活的互动，以及礼俗互动的历史性、流动性和多主体的特点。

历史上，章丘地区的葬礼就以礼节烦琐著称。在当地，人们甚至有“生在杭州，活在苏州，死在莱芜，葬在章丘”的说法。1949 年后，虽然在各方合力之下基本破除了群众“入土为安”“棺椁必重”“葬埋必厚”的传统观念，但“礼多人不怪”“阴宅吉地”的思想和操办一整套复杂的丧葬仪式的习俗至今仍很常见。其中，火化、土葬、葬礼问题的反复拉锯是直到今天还不断引起热议和选择的社会问题。

---

① 狄金华：《民间仪式与权力意志——华北米村丧葬仪式的变迁研究》，载《南通大学学报（社会科学版）》2013 年第 3 期。

1949年前，三德范村重厚葬。一般来说，父母在儿女婚姻大事完成后，便会在合适的时间安排“后事”——做寿器（棺材）、制寿衣。讲究的家庭还要修“寿坟”，寿坟设有并列的两个墓室，中间留一道“神路”供夫妇合葬。寿器多用柏木制成，漆黑色或者枣红色的棺材要按质地的不同区分出三六九等。棺头镌刻着“福”字。寿衣讲究“五条领”或“七条领”，有单衣、棉衣，其他如帽子、鞋袜、被褥等死后陪葬的衣物更是一应俱全。

20世纪五六十年代，村里为了建卫生院，在齐家巷上头挖出了王家林地的“益善堂”祖坟，轰动一时，周边村庄来看的老百姓不计其数。西窑头的“算命先生”宋安经跑来下坟查看，还不小心被石壁碰破了头。这座坟是由“金井”和“发碹”两种结构组合成的。金井是墓道，发碹是墓室。金井的两壁刻着二十四孝图的浮雕，发碹墙上用石头刻着松、竹、梅、兰和富贵牡丹，影壁上是一池石雕的荷花。两扇墓门上配着铁门环，石雕着小青瓦门楼顶，两边柱子上还刻着对联。这个墓占地面积很大，是我有生以来印象最深刻的豪华墓。据说当时王家人为了修建这个寿坟，雇佣的石匠们在修坟期间，光吃豆芽这道菜，前后就吃了500多斤。你可以想象这个工程有多大，工期有多长。①

对章丘地区普遍存在的厚葬之风和丧葬礼俗，近年有学者曾撰写过翔实的田野调查报告。② 对比三德范村的丧葬礼俗，虽然在仪式过程中与周边村落，甚至村落内部的巷道之间也存在细微差异，但其繁缛、铺张的礼仪程序仍在区域社会具有典型性。本书更多是从民间自治传统的视角出发，因此对丧葬仪式的“深描”及其文本意义上的变迁不是本书重点讨论的内容，有兴趣的读者可以阅读引文，兹不赘述。从本书的主题出发，国

① 访谈人：朱振华；访谈对象：王延训、刘成杰；访谈时间：2015年9月18日；访谈地点：三德范。

② 高晓虹、万丽华：《山东章丘的丧葬风俗及其对先秦丧葬风俗的保留》，载《中国文化研究》2010年第2期。

家政治与村落、地方民众的互动，尤其是20世纪50年代以来的殡葬改革运动及其引发的社会反应，将是本节探讨的重点。

在20世纪50年代国家倡导、强制推行以火化、简化为导向的殡葬改革以来，三德范村的丧葬改革大致经过了以下三个阶段①：

（1）以政府主导、运动式治理为标志的全民动员时期（1956—1978）。这一阶段的丧葬改革是以行政命令、通知、文件要求为载体，以精神引导和思想改造为实现途径的集中管制时期。1956年，国家陆续推行农业生产合作化。针对农村地区仍旧保持传统丧葬方式、仪式的现象，山东省先是以济南、青岛等大城市殡葬改革为试点，在大、中、小城市陆续取得成功后，随即在农村地区倡议建立公墓，破除祖林，将死后火化、迁坟上山、平地深埋等工作的达成度作为丧葬改革的主要考核指标。与此同时，要求各地清理“请阴阳、看风水、择墓穴”等迷信思想及社会活动。事实上，所谓的丧葬改革，关键是殡葬改革，即集中处理以传统的土葬形式持续占用可耕地资源的问题。换言之，丧葬改革本质上要解决的是急剧增长的人口和愈发紧张的土地资源之间的关系。围绕这个“死人向活人争地”的矛盾，至今在全国各地还不时有相关新闻见诸媒体。在这一阶段，丧葬改革最大的成效是土葬现象大为减少，死后将尸体火化在城市居民中最先达成广泛共识。但在鲁中、鲁北和鲁西南的广大农村地区，丧葬改革的步伐仍相对滞后。具体到三德范村所在的文祖街道，“平坟开荒，向鬼要粮”是20世纪70年代以前丧葬改革最主要的成绩。② 实际上，任何新事物的产生和发展都不是一帆风顺的。在丧葬改革进入攻坚阶段时，一件意外事件的发生，就十分考验这项正在三德范推行的政策。

1974年10月，三德范第24生产小队按照生产计划正在挖用来烧造陶

---

① 除口述资料，本节还参考了《山东省志·民政志》、《山东省志·民俗志》、《大寨村志》（章丘区文祖街道）、《分水岭村志》（章丘区文祖街道）、《龙山镇志》（章丘区）、《三德范庄志》等地方志。

② 到1978年底，山东省共建火化场127处，当年共化尸319283具，火化率达到69%。山东省地方史志编纂委员会编：《山东省志·民政志》，山东人民出版社1992年版，第324页。

盆的窑洞。施工期间，窑洞塌方，当场砸死四位村民。这属于因公死亡，死者家属强烈要求按传统仪式土葬，拒绝火化。三德范生产大队最终决定坚持原则，宁肯在生活、补偿方面给家属更多照顾，也没有答应家属将死者土葬的要求。就这样，三德范村和周边的几个村落一样，最迟到 1975 年，就较为彻底地推行火葬制度了。从三德范村档案馆里发现的一份历史档案资料也证实了这一点。这份题为《中共三德范大队支部关于继续推行移风易俗的意见》做了这样的要求：

一、不论任何情况，死亡者一律实行火葬。

二、禁止戴孝帽，提倡戴青袖章，禁止打祭、打路典，提倡开追悼会。

三、提倡节约，反对浪费。对死者不要穿过多过好的衣服，用过好的骨灰盒。致使花钱太多，造成经济上的困难。

上述几条望认真执行。

中共三德范大队支部

一九七五年二月五日

虽然这份《意见》强调要继续推行，听起来貌似生产大队对殡葬改革有层层推进的姿态，实则不然。据村民们回忆，1957 年至 1974 年初，虽然生产大队以“响应政府号召”的名义做过丧葬改革的思想动员，但有些干部仍悄悄按传统葬俗给老人出丧、送殡。所以除了因修大寨田平掉的部分坟头，村内火葬和繁杂的丧葬仪式并没有实质性的改变，符合国家期待的火葬行为也并未在村内和周边地区发生，这也是当时因公死亡的几位家属对土葬抱有幻想的直接原因。不过，自 1975 年这份文件颁布之日起，在熟悉村落礼俗传统同时也比较懂政策的新任领导张福经（1975 年 3 月就任大队党支部书记）的指挥下，短短一两年内，三德范村就结合“农田基本建设”平掉了村周围田地里的坟头，并依靠各种综合手段（如前十名的火化者，报销运尸费、火化费和骨灰盒费），迅速地实现了以火葬为标志的丧俗改革。

1976年，三德范村南还建了骨灰堂。当时要求所有亡者的家属将亡者的骨灰放入骨灰堂，火化后不再埋入地下。

> 1975年以前（丧葬改革）推不动，“上头”要求得不严，老百姓的积极性不高，村干部们也怕挨骂。这是“老传统”，你不是说谁想动就能动的，村干部不想干，群众不想干，那就没用。我记得很清楚，那时候在坡里干活，要是老远地听到谁站在屋顶上喊“爹（娘）啊，来家吧，来家吧”，就知道坏了，有人没了，这是在“叫魂”呢。那个时代就是穿完寿衣后放在棺材里埋了。1975年，政策要求得严了，文祖镇的村都得变。我记得是从一户姓赵的开始，以后就得火化，实行土葬了。叫魂啊，打祭啊，这一阵开始也就慢慢不兴了。①

（2）国家强力整合和干预政策退场，火葬方式逐步达成共识，民间仪式逐渐抬头和开始复兴的时期（1978—1990）。1978年，已经在或长或短的时间里取得政府高度评价的丧葬改革迎来了传统习俗的反弹和冲击。在鲁中、鲁东和鲁西南等有些地区，人们认为推行火化是“冒进”的产物，大办丧事是“丧葬自由”，不应被干涉。在很多地市，尤其是农村地区，出现了火化量普遍下降，“出大殡”及各种迷信活动抬头，已经基本废除的旧葬风俗复兴的现象。此时，政府不得不再次出面并进行直接干预。例如，1981年12月，中共山东省委下发了第66号文件，主题是“要坚持殡葬改革，提倡火葬，破除旧葬习俗，反对封建迷信”，山东电视台和《大众日报》等主流媒体，也分别播发了民政部门主要负责人的讲话，刊发了题为“把丧葬改革坚持下去”的评论员文章。在接下来的很长一段时间，省委、省政府的主要负责人多次对丧葬改革工作提出具体任务和明确要求。在市场经济改革节奏加快，都市化、工业化以及经济财富增长的情况下，除了死后“必须火化”达成广泛共识，传统的丧葬习俗及其仪式反而

---

① 访谈人：朱振华；访谈对象：张烈民，65岁；访谈时间：2016年12月6日；访谈地点：三德范。

在20世纪80年代末开始出现了复兴的现象。村民张烈民、冯昭宝的观察很好地说明了这个鲁中村落丧俗仪礼在前后两个阶段的转折过程：

1975年，大队第一回正式要求火化，以前除了修大寨田的地方不能土葬，其他地方该打棺材还是打棺材。1974年，村里在南边建了骨灰堂，从1975年开始这几年，国家要求人死了必须火化，骨灰堂专门打了一口铁棺材，哪个巷道有人去世，就得用拖拉机和铁棺材拉着去枣园东面的火葬场去火化。这样从报丧、发送（出殡）到进骨灰堂，谁火化，谁没火化，清清楚楚，不存在隐瞒不报的情况。这段时间就是不能打祭、打路典了，一律带黑袖章，胸口戴个小白花。①

1975年要求丧葬改革，那是因为国家这次更严格了，以前都不重视。你不想办也不行啊，大队一个通知下来，从干部到群众必须执行。巷道的"领头的"都统一了思想，个别户家你不干没人敢给你"忙丧"了。大队也不给你开死亡证明。再说还有治安股、民兵连，那个时代不像现在，老百姓没有敢不听话的。

我记得清楚是因为俺奶奶就是那个时候（1974年或1975年）去世的，直接去火化，骨灰也不埋，放到骨灰堂里。骨灰堂有大队专门的人看管，有工资。第二年到了清明，就去村南头的骨灰堂把骨灰盒从橱子里"请"出来，简单地摆上点东西"供享供享"。又过了两年，就有人偷偷地去把骨灰盒拿出来埋了，管得也是越来越松。后来生产大队解散，成立了四个行政村（1984年），骨灰堂也没有专门的人看管了。有一天晚上，我父亲和我大哥悄悄把奶奶的骨灰"请"出来埋了。差不多这时候，群众除了认火化，其他的形式（丧葬仪式）就恢复得差不多了。②

（3）丧葬仪式全面恢复，铺张浪费现象日益严重，最终以群众意愿为

---

① 访谈人：朱振华；访谈对象：张烈民，65岁；访谈时间：2016年12月6日；访谈地点：三德范。

② 讲述人：冯昭宝，57岁，西道巷村民，长期担任大队和经济联合社干部；讲述时间：2016年6月25日。

内在驱动力，国家力量结合乡民意愿，着手对丧葬仪式进行管控的反复期（1990 年至今）。在国家层面，随着改革开放带来的经济财富的增长和社会管理氛围的宽松，传统的丧葬仪式出现了全面复兴的趋势。据山东省民政厅 1981 年的统计数据发现，当年“全省化尸量仅 212806 具，火化率下降到 45.2%；已经基本废除的旧葬习俗，如埋坟头、出殡发丧、摆供祭灵、烧香烧纸、扎制祭品等在一些地方又风行起来”①。实际上，鲁中地区广大农村有关丧葬仪式的各种现象要比官方统计所显示的数字复杂得多。在民间仪式层面，三德范及其周边村落如同章丘地区“生在杭州，死在章丘”的俗语一样，丧葬仪式向来也以繁杂著称。从死亡到埋葬，整个葬礼主要由“停灵、封门、变服、入殓、送浆水、打神食、家祭、出丧、摔老盆、圆坟、烧三七、烧五七”等仪式组成，在核心仪式以外，还有无数个由村落内部十条巷道之间自由把握且略有差异的仪式环节。这种建立在“不隆重就不孝顺”和“礼多人不怪”等心理基础上的繁文缛节，除了在“文革”期间有所弱化，以及 20 世纪 80 年代初期有所简化，迈入 1990 年，随着村民家庭收入的增加和攀比风气的流行，除了火化得到坚持，传统丧葬的繁文缛节在三德范村的一街十巷几乎全面恢复了。其中最令人头疼的仪式环节就是“打神食”。

从 20 世纪 90 年代开始，虽然整个丧葬仪式由七天或五天进一步简化成了“三日丧”，也就是从报丧之日起，三天之内完成报丧、吊唁与下葬的过程，在三德范村，“打神食”（又称打祭）仪式却有愈演愈烈的趋势。所谓的“打神食”大致是这样一个景象：

> 出殡这天上午开丧以后，灵棚内要摆上“家祭”，孝子要一起跪在灵棚的左侧痛哭。亲朋好友要到灵棚前面“打神食”，一般的街坊邻居前来，烧“一刀纸”就行。但稍微重要点的亲戚，特别是死者的娘家或丈人家、闺女的婆家、儿媳妇的娘家是群众特别注意的对象，他们不但

---

① 山东省地方史志编纂委员会编：《山东省志·民政志》，山东人民出版社 1992 年版，第 324 页。

要“打祭”，而且打祭的规格也得表现得花样最多、质量最高。“神食”就是抬着装有祭品的食盒到灵前摆供，一般是四干、四鲜、四碟、四个中碗、两个或者四个“大件”。食盒抬到家门口，特别近的亲戚必须哭着进来，“忙丧的”就接过食盒，“主事的”就在灵棚前喊“哪个庄哪里的客”，然后这些亲戚按仪式鞠躬或者磕头。孝子一般跪着不动，在灵棚一边痛哭答礼，等这拨打祭的走时，亡者长子有时会哭着送到大门口。谁先进门吊丧谁后进门吊丧都有次序。后一个“打神食”的来了，就由“忙丧的”撤下前一个的祭品。祭品全部留在丧家，等着发丧这天“打路典（路祭）”再用一次。整个过程用现在的话来说就是铺张浪费。比方说，丧事遇到夏天，“打神食”的时候苍蝇、蚊虫满天飞，丧局一完事就得赶紧吃，以前那个时代没冰箱，现在就是有冰箱了，也装不下啊。很多肉菜吃也来不及，最后全都得扔了，败坏了。①

实际上，完整的丧葬仪式除了亲友们要在灵棚前“打神食”，还要在参拜后把“神食”抬往出殡所经之路依次摆开，准备“打路典”。以“打神食”为祭祀过程的核心仪式元素，葬礼中需要准备的内容和付出的经济成本、时间成本远比上述文字描述复杂和沉重得多。

打祭不光有鱼、有肉，这里面的学问大了。比方说有个常见的名堂叫“五福捧寿”。它需要六只鸡，六只鸡你要盘成六个样（注：以鸡的头、脖子和翅膀为轴，扭曲而成的各种造型）。这几只鸡也只顶一个菜。“五福捧寿”嘛，此外还要再加四个菜。比方说“琵琶肘子过桥肉”，就是一根猪腿加上两个（猪）肋扇子，它们合起来才像“琵琶肘子过桥肉”——这个也只能顶一个菜。你说都得这样，这个闺女多了都来打祭那浪不浪费啊？有的闺女过得不好，她就出不起钱，她就没“面子”嫌丢人啊。所以这种情况你找人借钱也得把祭品

① 访谈人：朱振华；访谈对象：赵介平，66 岁；访谈时间：2015 年 12 月 4 日；访谈地点：三德范。

准备上。可是除了这些祭品你还得拿钱，按照现在的水平，每个闺女至少得六百块钱、八百块钱甚至还得更高。①

在这种根深蒂固的文化惯性下，三德范管理区在2015年召集十条巷道各自的红白理事会共同讨论丧葬改革问题。由管理区主持，几乎没有费多少口舌，各条巷道就一致同意简化丧葬仪式和杜绝铺张浪费的现象。随后，从2015年开始，虽然各条巷道在仪式细节、程序和具体组织机制上大同小异，但改变最明显，也是乡民们最拥护的两点是：丧期从“七日丧”“五日丧”或“三日丧”，统一改成了“二日丧”。同时，鉴于传统丧葬仪式那种“让活人和死人都受罪的政策”，各条巷道在红白理事会的主持下，一致取消了“打神食”和“打路典”（路祭）的仪式。

2018年前后，从国家到地方，要求丧葬仪式进一步简化的呼声越来越高。例如，缩短停灵、出殡时间，简化吊唁、出殡流程，舍弃制作、穿戴白衣白帽的习俗，不送花圈、挽幛，不烧纸、燃香、哭丧等。俗话说，死生事大。作为背负着一套礼俗传统和历史传承的中国人，到底应当怎样安顿逝者？不光三德范人，据说外地的乡民现在也没达成共识。

小　结

本章试图呈现三德范村的人文地理空间和生活文化变迁的历时性景观，并以之使读者产生共在、共情的想象。笔者坚信，即使在区域社会，相邻的每一个村落也都有自己独特的乡土特质，这是一种类似人格化、个性化的社区魅力。难能可贵的是，尽管文祖这片土地山穷水涸，在立村之初，三德范村却因较为富余的土地面积和丰富的煤炭资源占有先天优势——这是它长期拥有“大村”“富村”“文化村”等社会评价的物质基础。同时，凭借这些自然条件（包括齐鲁古道的交通优势），三德范人形成了一套相对独立、自足的礼俗逻辑、生活趣味和民间艺术创作氛围，这

① 访谈人：朱振华；访谈对象：张烈民，65岁；访谈时间：2016年12月6日；访谈地点：三德范。

是年节扮玩活动得以传承、发展的文化基础。① 改革开放以来，随着社会快速转型和国家力量的投射，整个村庄在市场经济的激荡中，短暂收获了巨大的财富之后，又迅速地在经济总量和财政收入层面整体衰落，最终又让它蒙上了一层类似“资源诅咒”的悲情色彩。从章丘区煤炭产业的兴衰情况观察，三德范村既是一个案例，又是整个区域社会的缩影。

另一方面，现代社会的重要特点是流动性、交互性和全球化。无论是村落聚居形态还是乡土文化空间、组织形态，村落再也不是一个静态的、稳定的结构系统。因此，如果说“民间自治传统”是以它所处的自然、生态、经济为物质基础，是在国家力量的关注和介入下，经过人们长期实践并为吾土吾民所接受的行为准则或“规范性力量”，那么，进入近现代历史时期的村落社会，更加呈现出“家国一体”的依附关系，甚至可以说是荣辱与共的关系。这是我们在对三德范村进行“深描”之后，进一步理解村落的生活文化，以及乡民们的生存智慧和行动策略的逻辑起点。

此外，对村民及其生活趣味的考察也让我们发现，在地理或物质空间之外，乡民们所构建的生活文化绝不是一套稳定的、固化的观念和实践体系。即使是一种具备普遍特征的村落习俗，在很多情况下也是多元主体在社会变迁过程中在地化建构的结果。具体说来，乡民们的生活文化存在于村落内部不同群体以及个体所自有的头脑及其趣味中，它们受到自然条件、生产条件、舆论导向和家族传承的制约。从村落民间艺术传统衍变的轨迹来看，艺术活动的发生需要大环境的培育和个人禀赋才情的结合。因此，民间能人和民间艺术的传承既有微观基础涵化的必然性，也不能否认个人机缘巧合的偶然性。

① 从更广的视野和范围来比较，同样以位处华北地区山西省的农村地区为例，多煤少水的自然条件塑造了这些乡村的普遍性——它们“人口数量较少，村庄规模也不大，且具有极严重的封闭性和落后性”。尽管同样存在类似的自然条件，这种田野发现就与我们在三德范村的观察截然不同。行龙:《“水利社会史”探源——兼论以水为中心的山西社会》，见张江华、张佩国主编《区域文化与地方社会：“区域社会与文化类型”国际学术研讨会论文集》，学林出版社 2011 年版，第 39 页。

三德范的“侃子”也可以作为理解这种文化生成逻辑的路径。例如，三德范人不避讳灾年“湾水抢了”的可能，但往往更强调和认同“三德范人打水——按轮来”背后所映射的礼仪传统。换言之，乡民普遍强调集体在困难时期取水行为的克制和秩序，实质上也是在暗示“人无我有，有规有矩”的村落传统。在生态资源承载力紧张的形势下，在道义与利益之间，三德范人既有竞争更愿表示逊让，既有对立更愿强调团结，村落的自我意识从而也就具有了实体性和统一性的特征。当然，这种“有底线的竞争”的文化认同跟村落内部的姻亲关系、宗族文化等组织体系有着具体而深刻的联系。所以尽管因庄域面积广大、户口人数众多造成了大部分村民之间仅仅是“脸熟”的状态，但村民们在地缘、血缘、亲缘的普遍联系中，奠定了村落社会内部“微政治”的文化规范和集体意识。就这样，在长期的生活实践中，这个庄大姓多的村落既有对立纷争更强调协调统一。进一步说，这种富有共享价值观的文化心理是任何社区公共精神和自治机制发生的共同基础。在此前提下，人们又逐渐在日常生活实践中将之从生活伦理上升为公共价值，最终生产出了一种复合了乡土社会多种力量的组织机制和自治传统。这是乡民艺术扮玩之所以能够在这个庄大姓多的村落持续运转的文化基础。

通过三德范村民间信仰的兴衰，我们可以想象从晚清、民国开始，国家政治和地方民众在精神生活方面礼俗互动的景观。以禹王庙、泰山行宫为代表的村落庙宇，给我们呈现出一个基于自然流域、水利系统与交通要素、礼俗传统等因素形成的，范围大小不等的信仰圈。这些神庙各有主神，曾经也都拥有庙产和神职人员。但在 20 世纪 30 年代以来的近百年间，三德范村也承受了“新文化运动”和革命文化的深刻洗礼，涉及超村落、家族性的公共空间和祭祀圈基本消失，祠堂、家庙等也毁坏殆尽。因此，今天绝大部分家庭仅能以户为单位，在春节、清明节、中元节等节日，从“孝亲敬祖”的层面保留十分简化的仪式。

此外，以丧葬仪式为代表的生活文化变迁，也说明在根本意义上，国家要真正能够达成改造民间社会的愿景，必须依靠地方民众的由衷认可和自觉践行，否则会陷入一种“上有政策，下有对策”的怪圈。当民间习俗所具备的文化功能仍旧深得人心时，这一文化传统就不会像国家所期待的那样应声消亡。否则，“牛不喝水强按头”，只能换来一种“弱者的反抗”或反应激烈的群体事件。只有被民众的生活实践所信服和时代发展的要求所接纳，关乎人文的国家政策才真正能够落地开花。

第二章 村落社会的社群组织

无论何时何地，只要是人类群居的空间必然会形成一个有组织的社会，个体之间的交往互动率先构成复杂的社会网络，并在此基础上构建起一种“生活世界”。那么，承载社会生活的框架、结构和纽带就是“组织”。除了土地、河流、资源和物候搭建的生存环境，村落就是由各种层级的组织体系及其运作机制复合而成的共同体。如果说生态环境为村落内部的劳作模式、文化心态搭建了现实的基础，那么乡土社会的深层次结构则潜藏在村落日常生活的组织体系及其运作机制中。在此意义上，年节扮玩还要作为一种组织现象和行为去把握。

1945 年，杨懋春以鲁东地区的台头村为田野点，考察了 20 世纪 40 年代左右山东农村的乡土生活和文化生态，他发现当时的村庄组织“大致可以分成三类：遍及全村的组织；限于一个街坊的组织；建立在家庭联合基础上的组织”①。杜赞奇则根据 20 世纪 30 年代左右日本人对包括济南市历城区冷水沟村在内的田野调查资料，判断“华北各组织关系很少是同晶型（isomorphic）的，即很难找出中心及范围完全相同的组织。它们以各种形式相互交叉，其中包括非正式联系中的人际关系等，并在各组织之间起着横向联结的作用。乡村社会中的权力趋向于坐落于较为密集的交叉点上——即文化网络中的中心结”②。

① 杨懋春著，张雄、沈炜、秦美珠译：《一个中国村庄：山东台头》，江苏人民出版社 2012 年版，第 139 页。

② ［美］杜赞奇著，王福明译：《文化、权力与国家——1900—1942 年的华北农村》，江苏人民出版社 1996 年版，第 14 页。

三德范村距离杨懋春笔下的青岛市黄岛区台头村约300公里，距离杜赞奇笔下的济南市历城区冷水沟村则只有50公里。时过境迁，山东农村的组织形态，无论是在社会、文化意义上，还是在组织形式、社会功能上，无不发生了翻天覆地的变化。风云百年，每一次社会转型都对村落社会结构、组织机制、文化功能等造成了极大的冲击和影响。特别是在过去的半个多世纪，国家力量通过制度设计和基层组织机制的调整，在现实意义上已经通过一系列立法措施，实现了对农村社会的法制化、规范化塑造、改造或重构。由此，村落传统组织体系及其运作机制也或存或亡，或隐或退，发生了某种“熵变”现象。在本章，笔者试图从“历史与变迁”的维度出发，通过对时代变迁中的三德范村落内部几种组织形态的梳理，寻绎作为组织行动的扮玩的运作机制，理解和把握乡民艺术与民间自治传统的动态性互动过程。

第一节　传统组织体系的衰落与重塑

从2014年至今，随着田野调查的不断深入，笔者对三德范的村落文化和文化哲学意义上的“乡土性格”，在认识、判断上出现过一个转折的过程。笔者最先接触到的是几位年轻的村干部，他们与身边熟悉的同龄人有很大差别。一方面，他们是国家意志在基层落地的执行者和村落自身形象的代言人，他们对访谈内容十分敏感，对任何可能影响村落形象的话题都避而不谈。另一方面，作为“生于斯，长于斯”的乡民，他们又无不对自己村落，乃至所属家族有一种悠久的历史感和荣誉感，只要不涉及敏感话题，他们又多能讲出许多与年龄不相称的地方性知识。

只要你能打开话匣子，那些步入花甲、古稀之年的老人讲起村落故事来就更是如数家珍。因此，无论是村干部还是老百姓，无论是年老者还是年少者，笔者又时常感到某种“宏大的叙事法则”在强烈地左右着他们，并使他们积极地将国家政治、乡村往事和个体记忆放在一起品评，并每每在追古抚今时发出许多带有时代洞察力的观点。从个人到集体，到各种可能存在的礼俗制度和社会组织，三德范村就是在这种看似印象派或意识流，充满了大量重复性和“想象的真实”的言语、行动，以及不同群体的集体记忆中迎来送往，经历了一次次社会变迁。

一、武术传统的沉浮

站在三德范村周边的高地上，我们会发现村落的地理形势、河道流向、交通位置等天然地为民间武装和军事攻防提供了空间上的可能性。无论是修建于清同治年间，至今巍然屹立的防御性工事圩子墙、玄帝阁，还是人们关于“过捻军”，土匪刘黑七、张鸣九“绑票”的传说，甚至“北伐军（1928 年，国民革命军第二次北伐战争）从庄内行军路过，前后走了半个月”的传说等，都充分说明了三德范村在特殊历史时期，在地缘政治、军事关系上的战略地位和重要角色。同时，这种在特殊历史年代和混乱时期尤其容易导致“合则生，分则死”的地缘劣势，又使得这个庄大姓多、煤炭储量丰富、交通优势突出的村落必须强化集体意识，从而建立起勠力同心、互帮互助的生存策略。这种基于人类社会团结、互助的社会心理机制是与地方社会的现实生活实际分不开的。以此为前提，习武者及其社团活动就成了三德范村传统组织体系中文化特质最鲜明的“小传统”。

一般而言，传统武术具有竞技体育的各种特征。除了攻防格斗、强身健体、演练观赏和修身养性等基本功能，各类武术组织还以保卫身家、防御盗贼和守望相助等“消止侵袭”的理念作为根基，在不同历史时期呈现出一套调动社会资源、促成集体行为的机制。值得注意的是，与区域社会的其他村落的武术传统相比，三德范村的武术特点还较为集中地体现在与乡民艺术年节扮玩的紧密结合上。20 世纪 60 年代以前的年节扮玩中，具有武术传统的单家巷居民最为耀眼。武术表演分拳法与器械两种形式。器械有枪刀、梢子棍、三节棍、七节鞭等，或单练，或对打，主要套路有单刀对花枪、大刀进枪等。除了兵器，单家巷表演的花棍在周边村落也有很大的名气。花棍由 1.6 米长的白蜡杆做成，用红、黄、绿锯齿状纸条缠裹，棍的两端再各自固定一朵彩花，表演者以单手舞动，可根据自己功夫的高低在胸前翻出朵数不等的花。武术表演还承担着开辟、护卫表演场地，弹压人群冲撞的任务。在很长一段历史时期，以单家巷为核心，练武不过是三德范村大街小巷普遍的文化、体育活动。“农闲时节就练武，太平年景过年扮玩，武功好的就演拿手的武术节目，功夫差的就演其他节目或抬芯子。”老人们甚至认为，直到20世纪50年代以前，这都是闻名遐迩的“老传统”。

1927—1947年三德范村主要兵事一览表

时　间	性　质	人　物	事件及危害
1927年2月	土匪绑票	刘黑七	抓走5人，财物赎身
1938年2月	日军“扫荡”	驻枣园日军	焚毁房屋500间；杀死牲口175头；村民赵象文、冯汝才遇害
1939年3月	日军“扫荡”	驻文祖日军	焚毁房屋1900余间；烧死、抢走牲口286头，抢走粮食10余万斤
1944年4月	土匪火并	王连仲、牛祺山	8人殒命
1944年冬	全歼伪军	八路军	全歼伪军
1944年冬	伏击日军	八路军	八路军击毙村北煤矿日军1人
1945年冬	土匪杀人	王连仲所部	怀疑密探，枪杀5位村民
1946年春	伏击明水还乡团	八路军	八路军一部交战，各有伤亡
1946—1947年	反攻倒算	国民党军队、还乡团	飞机轰炸、抓夫；有死伤
1947年	七二六惨案	国民党军队、还乡团	8人殒命

资料来源，根据《三德范庄志》线索及访谈资料整理。

实际上，灾荒之年，盗匪蜂起，20世纪初期的山东很少拥有太平景象。在社会混乱和天灾人祸面前，鲁中地区的农民非但不能得到赈灾救济，各级割据势力的盘剥甚至还加重了灾民的负担，以致尖锐的社会矛盾更加激化，社会整体处于失序的混乱状态。在20世纪二三十年代，“章丘等处的矿山，济南等处的面粉、火柴、纺织等中国产业，多半停顿，失业工人多至数万。农村组织破坏，农民春耕无力，秋收无望，农民成千成万向城市乞食”①。三德范村成为土匪、日伪军、地方割据势力和进步力量争夺的要地。

民国期间三德范村驻军情况一览表

时 间	性 质	人 物	事 件
1928 年	第二次北伐军	部队	俗称“过南军”，经村半月余
1938—1940 年	伪军一股	翟毓蔚	进驻大街商铺，驻军两年
1939 年	伪军一股	高松坡	进驻辛庄巷等民宅，旋即撤离
1940 年	伪军一股	孙子远	驻兵较多，收抚翟毓蔚部
1942—1944 年	伪军十五中队	康子健	进驻北头庙、玄帝阁，设据点
1938—1945 年	日侵略军一股	善芳煤炭公司	进驻村北袁家洼，时常袭扰

资料来源，根据《三德范庄志》线索及访谈资料整理。

土匪刘黑七、张鸣九在 1927 年、1928 年对以三德范村为主要对象的文祖地区有过大的袭扰，因此，村内在 20 世纪 20 年代末就出现了民间政治与武装自卫组织——“红枪会”“自卫团”“贫民会”，其中尤以“红枪会”的活动最为活跃。

路遥教授的研究指出，“红枪会”在 20 世纪初期出现，是一种会门组织。“红枪会”之得名，乃由于该会门所用武器长矛上系着红缨。也有人解释说，“红枪会”的会众手持四尺长的长枪杆，杆头系有红缨，或者以这些会众“手执红枪，参加集会”的形式命名。一般认为，“红枪会”兴盛于 20 世纪 20 年代，初盛行于山东、河南地区，“七七事变”后再度盛行于华北、东北各地。路遥教授认为，从名称上看，“红枪会”貌似一种村民自卫组织（如章丘地区当时流行的“联庄会”“农民联合会”等）。②“红枪会”信仰多神教，真武神也即玄帝是主神。因此，三德范玄帝阁及其毗邻的更加开阔的建筑“老祠堂”就成了“红枪会”的主要活动地点。据乡民们的口述资料

① 山东省档案馆、山东社会科学院历史研究所合编：《山东革命历史档案资料选编（第一辑）1923—1928》，山东人民出版社 1981 年版，第 327 页。

② 路遥：《山东民间秘密教门》，当代中国出版社 2000 年版，第 470 页。

分析，由于军阀和土匪的肆虐，三德范村及其周边地区的底层群众多有加入，“红枪会”的教门色彩并不突出，“通过设场授徒，访友比武，易地活动等方式，传习了红拳、八卦拳、六躺拳、阳阴拳、义和拳、梅花拳、神拳、太子拳、二狼拳、金龙照拳、五祖拳等数十种拳术，以及刀、棒、剑、枪、绳鞭诸器械技能”①。这些活动不仅进一步普及了门类众多的武术功夫，而且开始以民间自治的形式表达政治诉求，体现出将神道、巫术和武术相结合的形态。在三德范村所属的章丘南部地区，人员规模较大的埠村沟西“红枪会”设在三官庙内，会员定时操练武艺。章丘一带的“红枪会”在组织倾向上有封闭性，他们一般只招收本村村民。三德范村“红枪会”的成员大多住在村内一王氏村民的车马店里。1937 年，他们跟住在玄帝阁旁边祠堂里的“自卫团”一起，白天训练武术、枪术，晚上护村，直到 1940 年左右才彻底解散。

“红枪会”作为一种民间会道门组织，虽然早期在兵荒马乱的时代，一定程度上起到了守卫家园和保家防身的积极作用，其组织活动也几乎没有出现扰民现象，但走过 20 世纪二三十年代的繁盛之后，随着国民政府、地方军阀、侵华日伪军，以及地方武装力量的犬牙交错，在新中国成立前后，在不同地域被最终消灭、取缔之前，呈现出了复杂的面相。

1940 年，章丘县的“红枪会”组织被日伪军操纵。1940 年上半年，章丘县抗日武装力量在南部山区将破坏抗日的章丘县“红枪会”总团包围，击毙会首（坛主）李连和，瓦解了“红枪会”分坛。单纯的强身健体、交流技艺的文化功能逐渐消退，以习文练武的村落“能人”为骨干，武术的民间体育、娱乐功能逐渐让渡给时代所赋予的政治性和军事性需要。随着政治、军事力量较量的白热化，以“红枪会”为代表的武术组织开始参与区域社会内外的武装暴力活动，有些还成为反动武装组织。② 新中国成立前后，三德范村的“红枪会”跟其他类似会道门组织一样，被彻底消灭、取缔或解散了。

---

① 林伯原：《清代民间宗教秘密结社与武术的传播》，载《体育文史》1992 年第 3 期。

② 路遥：《山东民间秘密教门》，当代中国出版社 2000 年版，第 532 页。

事实上，20 世纪初华北地区的混乱局面很难让乡民们维持稳定的节日制度。三德范村以正月十五大扮玩为代表的村落艺术，随着国家命运和区域社会的震荡而起伏不定。另一方面，特殊时代的武术活动改变了日常生活中的组织形态，它们不但无损于村落艺术的张扬，反而为艺术表演提供了充足的人力资源，同时也潜藏了村落传统未来的武术基因。无论 20 世纪 30 年代的政治形势如何紧张，武术传统只不过在日常生活中发生了从体育文化到武装组织的转型，而带有武术元素的乡民艺术成为促使这一转型完成的民俗土壤。

如果说清末至民国因为社会动荡，使习武成为一种社会需要，乡村武术呈现出“魔方”一般的景象的话，那么，从 1945 年前后三德范地区走进现代社会的武术传统也迎来了“千年未有之大变局”。新中国成立后不久，各种民间秘密结社性质的信徒陆续接受思想改造，村内的庙宇、寺观也被改为新式学堂或公所、机构，各类民间秘密结社组织被一律取缔。但在很长一段时间，去掉神秘色彩和结社现象的武术活动，假以年节表演或群众演出的方式还是能被民众接受。武术传统真正出现断层是在 1966 年“文革”开始后的十余年。据三德范村的单象厚老人回忆，“文革”开始后不久，武术传承虽没有彻底消失，但已从公开教习转变为家庭或个人传承。到了 20 世纪 60 年代末，所有参加过武术社团、会道门组织的村民都被“革命委员会”一一清算。这种极左时期将参加武术社团活动与“反革命”联系在一起的逻辑极大地影响了一代人的思想。一直到 20 世纪 80 年代中期，以武术活动和年节扮玩为代表的村落公共文化生活才重新复兴，习武和扮玩再次成为人们日常生活和休闲娱乐的文化选择。随着 1982 年武侠电影《少林寺》的公映、金庸小说和电视的普及，曾经被遗忘的武术传统又慢慢走向了舞台的中央。

20 世纪 90 年代中期，以城市化、工业化为导向的市场经济波及三德范村。市场导向深刻改变了村民的生产和生活方式。此外，借助现代农业技术进步、包产到户的土地制度，以及城乡户籍管理制度的弹性改革，使得农村向城市释放了大量劳动力。例如，1993 年因为计划生育政策的稳定和人口流动的增速，三德范村的人口首次出现了负增长，以后这一趋势不断扩大。村民源源不断地走出去，他们涌入城镇，带回财富、信息和观念，传统的农业生产模式和思想观念逐渐解体。到了2000年左右，随着煤矿的停产和倒闭，大部分青壮年不得不去更远的地方打工。同时，村民的娱乐生活被以电视、手机、电脑为代表的现代科技逐渐填充，青年人习练武术和其他传统文化项目的兴趣也向现代化的娱乐方式转移。在一个人口流动、家庭经济财富开始成为衡量和评价社会地位标准的时代，“武林高手”只是光影印象里的一种江湖想象。此时，伴随着人口出生率的降低，独生子女日益增多，社会观念的转变也导致“父母说什么也不想让孩子练武遭罪”了。2005年前后的三德范村，在所有公共空间或私人领域的日常生活里，有关武术的习练活动几乎绝迹。

有的村民将武术传统的衰落、扮玩活动的兴旺归结为市场经济和现代化共同作用的结果。表面上看，现代化的文化消费为三德范人提供了更多的文化选择，年轻人可以根据个人兴趣在文化娱乐方面做出多样化的选择，武术和其他文化活动自然也应该是被选择的对象之一，但事实并非如此。青年人、中年人对以电视、手机、电脑为符号的现代科技普遍存在着严重依赖，借助于口头和肢体进行的集体活动都已大幅减少，“宅”是青年人的常态。以体育搏击和身体技艺为特点的武术活动在村落社会里似乎显得格格不入。由于社会结构转型与生活观念变迁而缺少文化创造的社区生活，必然会使得社区传统趋于流失，这大概才是三德范村武术传统被解构、重塑的根本原因。辛庄巷的村民宋广艺生于1948年，从少年时代起，作为闻名遐迩的“文艺青年”，他不但会说快书、唱小曲，还热衷习练传统武术。宋广艺对村里武术传统的衰落满怀忧伤，对年轻人关乎“传统文化”的冷漠态度更是愤愤不平。因此，每每聊及“如何复兴武术传统”这个话题，他的语气里总是带着一种难以名状的失望：

> 我前年、去年都给胡同里他们几个（扮玩“领头的”）说，我说：“你别老是花钱买那些大鼓，你咚咚地乱敲鼓，你指望着声音大有啥意思！咱得靠节目特色！别老是玩龙灯，都玩龙灯有什么意思呢！以前哪有这样的，以前敲鼓、点灯那是给武术队伍——三节鞭、花棍、

耍大刀的开道的。”我去年就跟他们说，我说：“你组织上一批孩子，我去宋江武校请专业老师给你教（我也能教，但是年纪不行了），凭我的面子，人家不要钱也给你教。”可是人家听不进去哇！①

2014 年末，随着国家领导人“望得见山、看得见水、记得住乡愁”理念的提出，中央电视台制作了大型纪录片《记住乡愁》。在各种社会渠道的推介下，电视栏目组委托山东电视台在三德范村专门拍摄了一集专题片《立规守德》。电视传媒的影响是巨大的。这集专题片播出后，不但有省外观众给三德范村写信寻根问祖，原先对村落文化建设重视不够的地方政府也加大了对三德范村政策、资金方面的扶持力度。随着媒体、官员和学者的陆续涌入，很多久远的村落传统被重新回忆并期待着找回与时俱进的时代价值。三德范村的传统武术则是“消失的老传统”中最被期待恢复的一种。2016 年底，在三德范管理区书记张江与单家巷几位老人进行多次沟通，并保证给予实质性支持的情况下，老人的积极性终于被调动起来了。当年腊月底，单家巷在外读书的大学生和村里的中学生、小学生，开始在几位老人的带领下组织起了武术队伍，并热情高涨地在村南四季广场演练动作套路。到 2017 年年节期间，消失了十几年的“武术”终于在政府、媒体和村落的合力下，重新登上全村联欢的扮玩舞台，并几乎在全场节目比拼中获得最高评价。从盛行、衰落再到复兴，在某种意义上，三德范村武术传统变迁的背后折射出了民间社会历久弥新的文化底色。

二、“乡规民约”的兴衰

众所周知，同任何社会组织一样，村落的形成、发展乃至转型、解体都离不开特定的规则。在村落社会运转过程中，为了保证集体存在发展的安全和有序，围绕“村落内部成员之间”“村落与外部世界”，以及“村落与自然”等各种关系，作为社会制度和社会规范之一，在传统社会时

---

① 访谈人：朱振华；访谈对象：宋广艺，68 岁；访谈时间：2016 年 11 月 28 日；访谈地点：三德范。

期，乡民们会以集体认同的形式制订出符合“礼治”理想，以及将道德与刑罚相结合的一种带有盟约性质的行为规范。规范的执行可以是规劝、调处，也可以是惩罚，总之一般是以地方习俗为主，而不是国法的细则化延伸。这种民间规范体系的主要表现形式就是“乡规民约”，其性质是一种具有民间色彩的习惯法或不成文法。① 从长远看，它们依循的是有着深远历史渊源的中国“礼”的制度体系，它们解决纷争的着眼点主要是辨明正误，平息争讼，调和利益冲突，力求达到“必也使民无讼”的理想境界——一种按照道德原则组织起来的秩序。

如前所述，三德范村所处的区域社会，长期处于一种既共生又冲突的不稳定关系中。除了需要维系与周边村落的关系，村落内部也经常面临特定历史时期因庄大姓多造成的乡土秩序问题。虽然在明清社会及其以前的农业经济阶段，发达的宗族组织和民间自治传统使得“民事关系”的发生不超出血缘与地缘关系的范围，但从民间文献提供的信息来看，即使是在传统社会时期，中央政府及其权力也并非以一种“皇权不下县”的姿态高高在上。田野研究发现，三德范村的“乡规民约”并未在文本、实践及其效应上销声匿迹。恰恰相反，它们以一种充满意识形态、经济属性和阶级斗争的身份出现在村落管理中，其民间自治的性质并未发生根本的改变。20 世纪 80 年代初以来，“乡规民约”作为“村民自治制度”的表现形式广泛出现，但无论是其制订还是执行，都滑向了形式主义的边缘。

庆幸的是，三德范村至今仍以碑铭、档案等形式保存着明清以来的各种与“乡规民约”有关的文献资料。在这里，按照历史分期和社会特征，

① 根据这个原则，笔者接下来以三德范村为核心讨论的“乡规民约”所认同的概念界定是“基层社会组织的社会成员共同制定出来供大家共同遵守的一种社会行为规范”。董建辉：《“乡约”不等于“乡规民约”》，载《厦门大学学报（哲学社会科学版）》2006 年第 2 期。需要强调的是，国内学者对“乡规民约”性质的争论主要在其是不是“民间法”。从人类学或社会学角度入手的学者，为了更好地做出文化“意义”上的解释，一般不对“乡规民约”是不是“民间法”进行争论。但法学界部分学者反对将它所代表的各类民间规范纳入“民间法”的范畴。不过，将“乡规民约”理解为一种习惯法或不成文法是两种观点基本认同的。曾宪义、马小红：《中国传统法的“一统性”与“多层次”之分析——兼论中国传统法研究中应慎重使用“民间法”一词》，载《法学家》2004 年第 1 期。

笔者将其大致分为传统社会时期（清中晚期）、“文革”时期（1975 年前后）和社会快速转型期（20 世纪 80 年代以来）三种不同表现形态。它们在不同社会发展阶段所反映出来的权利与义务、冲突与秩序、地方与国家以及集体与集体、个体与个体之间的互动关系，为我们揭示中国乡土社会从传统时期的儒家伦理道德实践法律化向现代法治观念转型提供了线索。

1. 传统社会时期。以三德范村所管辖的锦屏山在清乾隆六年（1741）、乾隆八年（1743）、光绪二十三年（1897）、宣统元年（1909）等《禁山护林告示碑》和光绪二十八年（1902）的《息讼护庙告示碑》[①] 等碑刻（可参阅本书附录）为文本形态，“乡规民约”借助民间组织和村落“能人”，以“民借官威”“民请官定”“官颁民领”为主要表现形式来构建区域社会内部的公共秩序。

因为悠久的看山、护山意识和陡峭的地形，锦屏山宗教建筑及碑刻群自清雍正十三年（1735）开创至今，除了道观和神像曾偶有微小的破坏，主体建筑和碑群保存完整，至今存有碑群 4 组，各类碑碣 34 块。从碑刻提供的信息看，清中叶以来，锦屏山形成了由开山道长韩阳成及其嫡传弟子护持，山体周围的蒲皇、黑峪、三德范、长水、东窑头、西窑头、月宫、长青、沙湾、石屋、北明和南明 12 个村落共同维护，但各村之间互不统属的局面。

在民国之前的传统社会时期，锦屏山以碑刻的形式保存下来的“乡规民约”颇能说明区域社会内部的社会关系和民间秩序。以《严禁山林庇护圣殿碑》为例，它与其下五块碑碣从内容上大致分为两类：一类是以告示、训诫或命令的语气，明确个体与集体的关系，禁止破坏以山林树木为核心的公私财物、公共资源和公共设施行为，其主要目的是维护庙产、自然与乡民之间的关系。另一类则是以谕民文告的形式息讼罢争，展示案例，以公共设施和资源的“公益性”为立足点，

---

① 除清宣统元年（1909）的《锦屏山主公议禁止山林条约》名称在原碑明确镌刻，本书所述其他碑文通常并无名称。现列碑名由笔者按正文起首所刻文字酌加，且以碑铭正文前几字为命名标准，特此说明。

强调村落之间的公共秩序和生活秩序。在组织形态上，清朝以前，民事关系和规约的制订是以“民请官定”和“官颁民领”为主要形式。清晚期，随着国家力量的衰落，在组织形态上则转向了更为彻底的“十二村公议”制的民间运作机制。两类规约在文字表述上“国家法”介入的“惩戒性”意味很强，但从落脚点和执行的效果来看，又都明显倾向于民间规范力量的监督和约束。

严禁山林庇护圣殿碑

章丘县正堂加三级毛：为严禁山林庇护圣殿，事切城南六十里锦屏山朝阳洞太山行宫，今有生员靳延祉等众领袖，请明示开缘募化建立太山行宫大殿，一概重新。花果树木，自迎仙门为始，南至小龙沟，西至窝峪顶，北至石峭岭，倘有无知乡民伤损树株，深为可恨，自示之后，仰周围士庶军民并领袖众等，看守香火道人，遇有打柴放火者立禀送县，以凭重究，决不宽贷，特示。

（题名从略）乾隆五年拾月拾壹日

严禁山林以护圣殿碑

章丘县正堂加一级席：为严禁山林以护圣殿，事切城南六十里锦屏山朝阳仙洞太山行宫，乾隆五年间蒙前任毛示谕，凡有庙宇、草地、山林、种养、花果、树木，建立太山行宫，养成树木多株。领袖生员靳延祉等，恐有无知乡民进山打柴，烧损树株，殊属神人可恨。为此，示仰周围士庶军民人等知悉，自示之后，遇有打柴放火者立扭送县，重责枷号不恕，特示。

（题名从略）乾隆八年十二月十六日

息讼护庙告示碑

抚院营务处花翎同知衔，调补济南府章丘县正堂，卓异候升加三级记录四次（杨），为出示禁谕事：据石屋庄庄长潘乐宾等禀称：窃闻，庙之所在，神所凭依，有其举之则莫敢废。查身等石屋庄即在锦屏山下，山巅旧有文昌帝君庙一座，非直壮观瞻，亦所以培文教也，前人创造非无谓也。数年前，有乡间无知之徒，谓此庙与彼庄风水有碍，肆行拆毁，当时阻止，未能听信。现在身等惕以怨恫之义，已能尽释前疑，因而纠众捐资，身等重为之倡也。经修复完整，庙貌一新。诚恐无知之徒复有呈其臆见擅行拆毁之事，为此，叩恳出示预禁，以崇祀典而弭事端。上叩等情到县，据此合行出示禁谕。为此事仰该庄及附近乡村人等知悉：须知庙祀正神有举无费，毋得惑于风水肆行拆毁，倘敢故违，定即从严纠办，决不宽容，其各凛遵毋违，特示，右仰知悉。

告示（章丘正县印）

光绪二十八年四月二十九日

重塑老君像制天棚帐子封山碑

锦屏山自十二村封植以来，即有老君圣像碧霞元君殿。迄丙申冬，重塑老君圣像，举不敢废，意也。碧霞元君殿内制天棚帐子，尽物事神，心也。是工倡赀者十二村。以赀未全付，住持杨至绪又募赀数村。暨丁酉春，费资犹绌，不获已。乃剪柏树数株售值完之。此举也不惟一山增辉，即十二村也生色也。恐嗣后轻戕树木，使蔚然而秀者反至童焉，故勒石为记。凡附山树木，一株不许私伐，如违，十二村共殛之。

卓庵赵希颜　撰

化南孙继召　书

伯蓬孙道方　书

住持张元珠（余略）

（题名从略）光绪二十三年岁次丁酉五月吉立

皇　清

锦屏山主公议禁止山林条约

——树木为山之羽翼，住持者加意培植，约毋得枉伐

——凡附山樵木之人，住持者宜严为防伺，约毋得疏忽

——凡摧残树木之人，住持者宜急为捉获，约毋得私纵

——遇有持强不服，住持者宜急声明山主，约毋得徇隐

——凡遇有事故，住持者宜急报山主，山主宜急赴，约毋得推诿不前

十二庄公议勒石

住持道人　张理注

宣统元年十一月下旬吉旦同立

相对而言，锦屏山《禁山护林告示碑》和《息讼护庙告示碑》所反映的国家和民众在集体秩序生成中所抱持的态度和立场是笔者扼要讨论的主要问题。如梁治平所指出的："习惯法本身就是乡民社会中利益冲突的产物，其确定性的获得，也部分地因为与国家制度之间的长期互动。"① 在传统社会时期，国家尚未从社会中真正分离出来，现代语汇中的"国家"与"王朝"的概念不能完全画等号，"乡规民约"在具备公共性和地域性特点的同时，又构成了"天高皇帝远"的乡土世界的秩序基础。

具体说来，在三德范村，由锦屏山的住持道人居中协调，两位"章丘县正县"官员先后以"为严禁山林庇护圣殿""为严禁山林以护圣殿"的名义，在三年内先后以"国家法"认证（但非"授权"）的姿态，表明了地方权利与义务关系的连续性、统一性。这种局面是与"领袖生员靳延祉""羽士韩阳成"以及其他碑文所明确提到的"村翁陈新邦""乡耆张鉴""庄长潘乐宾"等村落"能人"或民间权威在不同历史时期积极动员乡民，"慷慨任以成之""爰集环山居士"的行动分不开的。同时，县正堂毛邑不仅颁发政令，甚至在乾隆八年（1743）离任前不久又同"讯司厅""捕厅"等官员在"邑庠生""郡庠生""住持"的陪同下，远涉城南锦屏山"重阳胜游""立索成文"。② 这种亲民活动既带有儒家制度架构内士人漫游的闲情逸致，更体现了在维护公共秩序问题上国家与地方联动、合作

---

① 梁治平：《习惯法、社会与国家》，载《读书》1996 年第 9 期。

② "在前革命时代的中国，一个普通的农民几乎不与官府打交道，这一点广为人知，并且也是不争的事实。除非卷入诉讼和刑事案件，否则他从不会踏入县衙门半步。而县官是正规官僚系统里最低级的官员，是亲民之官，督临着数百个村庄和平均250，000的人口。"［美］李怀印著，岁有生、王士皓译：《华北村治——晚清和民国时期的国家与乡村》，中华书局 2008 年版，第 1 页。

的机制——这种“官民”互动的场景至今在三德范村的年节扮玩仪式上还不断上演。

尤其值得注意的是，锦屏山的“乡规民约”也在一定意义上说明了传统社会时期的国家力量，并非对乡村抱持着无为主义的消极态度。由县衙所代表的国家法令恰恰在所辖范围内是普遍有效的，而且“官威”在对待不同集体营造的公共秩序问题上更是处于主导和核心的地位。只不过，由于“皇权”在村落并不存在科层化的独立设置，所以政策仍旧需要动员民间社会的自治力量，如采取“仰周围士庶军民并领袖众等”“仰该庄及附近乡村人等知悉”等方式去监督和执行。这在某种意义上也正如马克斯·韦伯所判断的那样，在帝国时代的中国，以城市为中心的行政管理体系的效力十分有限，城墙之外几乎感受不到国家权力的存在。因此，他认为，中国乡村只不过是“一个没有朝廷官员自治的居民点”。

也就是说，所有民间纠纷在理论上均可以提交官断，但在实践上，国家仍然十分认可和依赖民间自主的解决办法。由此，民间法与国家法之间更多的是一种借用、对话和互动的渠道。因此，即使在《息讼护庙告示碑》里出现“有乡间无知之徒，谓此庙与彼庄风水有碍，肆行拆毁，当时阻止，未能听信”等突破底线的严重情况，国家法也没有直接行使其强制性的惩戒功能。在传统社会时期，“国家”自始至终凭借其“合法性”存在及其可以预期的暴力手段给乡土社会展示了一种具有象征意义的惩戒性权威，实际发挥执行效力的仍是建立在儒家伦理道德基础上的“十二村共殛之”的价值规范。

那么，除了“致君尧舜上，再使风俗淳”的儒家力量，从现实逻辑的角度考量，又是什么力量促使国家从官僚政治的层面保持对民间“失范”现象的警惕呢？李怀印通过对晚清及20世纪初期河北省获鹿县乡土制度的研究，指出了国家认同乡土社会“乡规民约”的一种现实逻辑：“获鹿档案显示，当地县衙门在审理此类案件时，无一例外地以当地村规为准绳。衙门对地方乡规的支持，主要是基于两方面的考虑。首先，官方的里甲、保甲制度早已不存在，县衙门唯有依靠这种村社内部土生的乡地协助官府维持地方治安和收税。其次，乡地在一年两度的纳税期（上下忙）为花户事先代垫税款的做法，不仅方便了乡众，也为官府所乐见。因为当村规运转正常时，乡地总能按时垫粮，从而确保官府如期完成税银上缴任务。县官在定期考成时，也能得到好评。”①

换言之，传统社会时期，国家法令更多的还是依赖风俗习惯所能给予的规范力量，希冀得到尊重与执行，“官”和“民”之间更多是“予民权”和“借官威”的互动关系，社会教化是潜藏在规训与惩罚背后的礼俗逻辑。此外，即使在国家力量衰落和隐退之际，乡村的公共性也并没有消解。恰恰相反，此时强调公共性反而更成为村落社会里一种理性的选择。因此，清光绪、宣统年间，“此举也不惟一山增辉，即十二村也生色也”的这类表述就不仅是一种强调集体认同的文化逻辑，更成为村落之间强化公共秩序的现实选择。

2. “文革”时期。三德范村至今保存着“大集体”时期生产大队起草、制订的《护麦公约》《护林公约》等几份带有特殊时代烙印的“乡规民约”类原始资料。在集体化时代，国家对全国的农业、农村和农民进行了强有力的整合。作为一种政社合一的组织形态，“三德范生产大队”起着重要的连接公社和生产队的作用，虽然在理论上它只具有半行政性的角色，但它以“组织军事化、生产集体化、劳动战斗化”的姿态，具体运行着基层的农业管理和生产工作。因此，此时的“乡规民约”既具有浓厚的意识形态气息和阶级斗争色彩，又保留了传统社会时期的地方自治模式和富有“公共性”精神的文化传统。如果说传统社会时期的“乡规民约”是援礼入法、融法于俗，那么在这一时期，则转向了通过共同秩序观念和意识形态体制联结起来，是“历史感”和“革命化”相结合的连续体。

耐人寻味的是，今天能够找到的20世纪50年代后的最早一份“乡规民约”的制订时间是1975年5月25日。这天，生产大队首先在草稿上拟订了《护麦公约》的标题。或许是因为正文里有“要求各生产队和广大社

---

① ［美］李怀印：《晚清及民国时期华北村庄中的乡地制——以河北获鹿县为例》，载《历史研究》2001年第6期。

员结合本队具体情况，制订自己的护麦公约”的表述，在用墨水涂抹了原标题后，书写者重新修改并最终将其订正为《三德范大队革委关于搞好麦收的几点意见》。这份《意见》共500余字，分六条，开篇说明《意见》的实施目的是“麦收将临，确保小麦丰产丰收、颗粒归公”；在适用范围上，除了开头两句表示要“严防一小撮惯偷分子”，具体的处罚措施实质上都是围绕着“个别资本主义思想严重的人”。换言之，在农村经济和农业发展水平整体较低，人们的物质生活仍较为匮乏的情况下，《公约》的约束范围还是由全部社员构成的所有乡民，因此这份《意见》仍然具备“乡规民约”的性质和属性。

1975年5月25日《护麦公约》主要处罚内容一览表

<table>
<tr><th>规约范围</th><th>触约程度</th><th>处罚措施</th><th>执行组织</th><th>相应说明</th></tr>
<tr><td rowspan="3">采麦穗、搓麦粒、拾麦穗等损公肥私的行为</td><td>1斤麦穗以下</td><td>每次赔偿现金1元</td><td>生产队</td><td rowspan="3">赔偿不过夜；对抗者加倍</td></tr>
<tr><td>1斤麦穗以上</td><td>每斤赔偿现金2元</td><td>生产队</td></tr>
<tr><td>1斤麦粒</td><td>每斤麦粒赔偿现金3元</td><td>生产队</td></tr>
</table>

资料来源，根据三德范村档案室藏文件整理。

1970年，随着世界范围内军事斗争日益紧张，章丘“沙湾高射炮靶场”开始启用。锦屏山恰好在靶场弹落点的有效范围内，经过多次思想改造的锦屏山“末代住持”李文熙主动选择携家带口迁入庄大姓多的三德范村第13生产队安家落户。在很多乡民看来，这不仅仅是国家林业部门将锦屏山划拨给了三德范，而是“山主（住持道人）到了哪个村，哪个村就名正言顺地拥有了锦屏山”。1975年，作为三德范村（而不再是某个附近村落，或其他某一生产队）的“公共财产”，三德范生产大队针对“一切破坏林业的行为”，制订了《三德范大队护林公约》。《公约》共设七条，1500余字。其中第四条又细分为11款，其具体拟定了生产生活中触及《公约》的程度及相应的处罚措施。

1975年《护林公约》主要处罚内容一览表

触约程度	处罚措施	特别要求
损坏 1 米以下树 1 棵	赔现金 2 元，自买树苗 10 棵	包栽包活
损坏锨把粗细的树 1 棵	赔现金 5 元，自买树苗 20 棵	包栽包活
砍杀檩条大小的树 1 棵	赔现金 20 元，自买树苗 20 棵	包栽包活
砍杀能做杈的树 1 棵	赔现金 30 元，自买树苗 20 棵	包栽包活
砍杀能做梁的树 1 棵	赔现金 50 元，自买树苗 20 棵	包栽包活
摘苹果 1 个，赔现金 5 角；梨 1 个，赔现金 4 角；大桃 1 个，赔现金 3 角；核桃 1 个，赔现金 3 角；山桃、大枣 1 个，各赔现金 1 角		
摘花椒芽 1 斤，赔现金 10 元；摘花椒 1 斤，赔现金 5 元；摘酸枣子 1 斤，赔现金 5 角；采槐花 1 斤，赔现金 1 元		
割条子 1 斤，赔现金 5 角；割荆棘每斤赔 3 角；岔楂子 1 个，赔现金 1 角		
掀树穴 1 个	赔现金 5 角	并刨树穴 5 个，保质保量
谩骂、殴打护林人员或其他积极护林者，根据情节轻重给予严肃处理		
不准在林场内放牧牛羊，若牛羊损坏树株，同样按以上制度进行处理		
其他	处理款当时兑现，不拿者加倍处理；对于检举、揭发、抓住毁林者的人给予表扬，并以处罚款的 50% 给予奖励	

资料来源，根据三德范村档案室藏文件整理。

有学者认为：“中华人民共和国成立以后的三十年左右时间里……乡规民约在表面上似乎销声匿迹。”① 还有人认为：“它只是在以政治意识形态挂帅的乡村隐伏起来直至改革开放后被重新提起。”② 事实证明，在庄大姓多的三德范村，“乡规民约”因为贯穿着民众的生活智慧和集体意志，兼之它还具备一定的社会功能，从而在特殊历史时期的某些阶段依旧能以“显性”的状态存在。即使是在“文革”时期，它也仍与“治安法则”有

① 张明新:《从乡规民约到村民自治章程——乡规民约的嬗变》，载《江苏社会科学》2006 年第 4 期。

② 周家明、刘祖云:《传统乡规民约何以可能——兼论乡规民约治理的条件》，载《民俗研究》2013 年第 5 期。

着本质区别。与后者作为行政法规、国家法细则化的性质不同，《护林公约》和《护麦公约》仍旧是一种基于地方自治传统的行为规范，其制订主体和实施对象都是乡民。不过与传统社会时期的运作机制有所区别的是，这一时期它们主要是从国家和集体利益出发，完全以禁止或处罚的面孔出现。同时，特殊历史时期的意识形态，使“乡规民约”主要用于保证集体的财产安全，大大削弱了“社会教化”的本意和功能。规范个体和村集体的关系，弥补国家法无法触及的生产生活漏洞成为乡土智慧在特殊历史时期的主动选择。此外，在组织和管理体系方面，因为国家力量在特殊历史时期的强力渗透，作为国家（中央）/地方（公社）和村落“能人”（队长）/普通群众（社员）复合体的生产大队（革委会），在某种意义上充当着国家“代理人”的角色，但往往在地方社会的实际运作中又不可避免地夹带着具有地域色彩的民间自治逻辑。这也从侧面说明“在人民公社体制下，由于乡村聚族而居的基本居住模式没变，地缘关系与血缘关系两相交融，地缘利益与血缘情感的结合总是难以根本消除，村民对家族权威的历史记忆还远未泯灭，村落家族文化若隐若现，所以村庄内生秩序力量始终潜伏着”①。故此，与当时中国很多农村出现的国家法完全覆盖习惯法的表现不同，三德范村的民间自治传统以其礼俗逻辑和组织机制实现了国家政治和民间“微政治”的交错和统一。

3. 社会快速转型期。伴随着改革开放，在乡土社会彻底向现代社会转型的过程中，三德范村的“乡规民约”也继续更新，基本实现了向基层管理制度和文件规定意义上的“村规民约”的过渡和转型。在三德范村，至今还完整保存着改革开放初期的两份“乡规民约”。其中一份是 1982 年 3 月 26 日“大队”的直接上级文祖公社传达的《关于转发宁家埠公社宁三大队〈乡规民约〉的通知》（以下简称《通知》）以及作为学习材料的《通知》附件《宁三大队〈乡规民约〉》。另一份则是三德范大队在接到这份《通知》的 4 个月后，由集体制订、誊写的一份长达 2200 余字的《三

---

① 宋小伟、楚成亚：《村庄内生秩序、国家行政嵌入与乡村秩序重建》，载《中共天津市委党校学报》2004 年第 3 期。

德范民约》。至此，即将被划分为东、西、南、北4个行政村的三德范在中国农村社会面临快速转型期之际，为传统“乡规民约”的实践画上了一个阶段性的句号。

作为三德范生产大队的直接上级，文祖公社下发的这份《通知》，其主要内容是肯定辖区内宁三大队《乡规民约》及其“条款清楚具体，文字通俗易懂、易记、易行”的优点，同时要求各生产大队参考这种做法，一并制订自己的《乡规民约》。这份《通知》还明确提出了具体要求：

> 各单位在制订《乡规民约》的同时，要将积极扶持社员大力发展牛、羊、鸡、鸭、鹅等家庭养殖业，提倡圈养，反对散养损害庭院卫生及青苗；推行火葬禁止土葬，限期平掉所有坟头二件事迅速抓上去，并将其作为《乡规民约》的重要内容提出来。各大队都要认真抓好《乡规民约》的制订，时间要求最迟不得晚于四月五日前全部结束。①

这份公社《通知》隐藏着几个重要的历史信息。首先，在这一年的1月1日，全国农村工作会议召开并确立了家庭联产承包责任制，生产大队及其下属的生产队面临着即将解体的现实问题。加上前一年（1981），县、乡人大代表已经尝试着进行直选，三德范村如同当时的绝大多数中国农村一样，20世纪50年代末逐渐确立的基层组织和权力体系面临着瓦解，乡土社会第一次面临“权力真空”的危险。这是公社及其以上政权组织号召回归以“乡规民约”为手段的民间自治传统的时代背景。从小环境的角度看，就在这份《通知》发布的前几天，山东省政府“在3月召开的全省民政工作会议上……会后，各地迅速

---

① 中共文祖公社委员会：《关于转发宁家埠公社宁三大队〈乡规民约〉的通知》，1982年3月26日。三德范档案馆藏。

组织贯彻落实省委、省府关于平掉坟头、推行火葬的指示”①，《通知》要求的“推行火葬禁止土葬，限期平掉所有坟头二件事”正是这次“移风易俗”行动的直接产物。关于这段历史，曾经主持山东省“移风易俗”具体工作的刘德龙如此回忆：

> 1980年开始，全省开展“移风易俗”活动，到1982年全国开展“文明礼貌月”活动，后来改成“五讲四美三个热爱”活动。当时我在中共山东省委宣传部主管这个工作。在这个过程当中，我见证了那个时期我们国家怎样试图搞“乡规民约”，希望通过它来推动全国文明和秩序建设的情景。这也可以算是一个政治运动，因为我们国家的“文化大革命”结束不久，全国法治秩序也遭逢混乱，所以从中央到地方，都试图通过制订“乡规民约”来恢复社会秩序，来引导民众遵守秩序。当时几乎是村村都要制订“乡规民约”，每个乡镇都要有“乡规民约”，每个企业也制订了自己的文明礼貌守则。但是这次活动有着很大的欠缺——首先，是千篇一律，不接地气。再一个就是只有提倡，没有制约。希望大家讲文明讲礼貌，讲道德讲秩序，但是做不到的怎么办？第三就是“移风易俗”把民间优良传统和落后东西“一刀切”，洗澡水和孩子一块儿泼掉了。所以“移风易俗”基本上也是不成功的。因为主体已经偏离了“乡规民约”，整个运动所起的作用微乎其微，最终是不太成功的。②

正是在这样一个历史背景和环境的影响下，三德范村参照文祖公社的《通知》要求和模板在当年7月10日上交了重新制订的《三德范大队民约》。这份《民约》共有22款条文，格式、文风与不久后全国

---

① 山东省地方史志编纂委员会编：《山东省志·民政志》，山东人民出版社1992年版，第325页。

② 根据国务院参事室国学中心、文化部民族民间文艺发展中心、山东大学文化遗产研究院及山东省民俗学会共同主办的“田野中国·乡规民约与乡土社区建设论坛”现场录音整理资料，内容已经本人审阅。

统一制订的《村规民约》接近。全文前后五章，涵盖了“社会治安”“保护国家、集体、个人财产”“提倡晚婚、晚育、搞好计划生育”①“争创五好家庭、尊老爱幼、搞好环境卫生”“加强领导、保证《民约》实施”等切合时代呼声的具体条款。综观整个《民约》，生产大队一反常态，只对“出现纠纷需要大队调处，无理取闹者罚款3～5元”和“治安人员行使职责时借口阻拦等情况罚金5角”等两种情况做了惩戒表示，其他20条内容全部是以“要”“自觉”等口气表示提倡，再也没有能力像以前那样给予详尽的处罚措施，并予以明确的组织机制来保障其实施。如前所述，1984年2月28日，三德范生产大队正式解体。从此，作为“一个整体”的三德范村分立为东、西、南、北4个行政村。在社会认同度下降、约束力渐失、执行力失效的情况下，逐步转身为国家制度性安排的“乡规民约”也成了“写在纸上，挂在墙上，说在嘴上”的摆设。同时，4个行政村拥有了与县、乡政府和分管村民对接的自主权。至此，政治和经济上的区域分治在某种意义上意味着曾经作为整体的村落面临着解体的风险。

实际上，大风既可起于青蘋之末、乡野之间，也可以扶摇直上九万里。在民间社会引起巨大波澜的“乡规民约”的制订和推行浪潮最终也引起了中央领导的注意和反馈。1983年1月18日，时任中共中央总书记的胡耀邦专门作了一份有关“乡规民约”的批示：“乡规民约定得好，动员教育作用极大。”“乡规民约简短、生动、好记，非常重要。”②

就在这年春节期间，即1983年2月27日（农历正月十五），或许是为了迎接一年之后的分村而治，三德范村后来跻身国家级非物质文化遗产名录、又深刻体现出村落公共精神的年节扮玩，终于走向了全面复兴。

---

① 1982年2月9日，中共中央、国务院发出《关于进一步做好计划生育工作的指示》，要求实行和提倡一对夫妇只生育一个孩子，大力提倡晚婚晚育。

② 高清海主编：《精神文明辞典》，吉林大学出版社1985年版，第54页。

三、“四村一社”的诞生

平心而论，对于20世纪80年代初这种转型、动荡、迷茫时期的宏大社会背景，普通乡民并没有太多清晰的了解和认识，但是“大集体”及其转折时代给人留下了深刻的烙印，这种融入到血液里的记忆影响了当时每一位处在历史现场的乡民。80多岁的冯兰贵是一个在附近煤井“下了一辈子窑”的老农民，几乎没有读过什么书。他对于“大集体”和“后集体”的记忆几乎代表了笔者访谈时了解到的大多数同龄乡民的态度。

问：咱村里“文革”以后什么时候又重新办了扮玩？

冯：32年了。

问：到现在为止32年啊？

冯：嗯，就是分村前后吧。为什么我记着32年呢，我那小孙子今年33岁，他生人那年开始扮玩的，我还大冷天的抱着他出去瞧瞧去。我那孙子今年虚岁33了。

问：咱们分成四个村是什么时候的事？

冯：先是共产党员过来的时候分的村，分了村、入社以后又集中起来成立了高级社。

问：是不是1949年之后先分了村，分了村以后又合起来了。

冯：这个1952年是互助组，1953年是统购统销，1954年初级社，集体种的麦子，俺就是1954年集体种的麦子，1955年秋后就大集体种麦子了，1956年就成公社了，1958年成立人民公社。1958年开始吃食堂，吃了三四年吧，吃到1961年。

问：对，1958年人民公社、“大跃进”。

冯：哎。“大跃进”，大搞钢铁，大搞煤井，俺都干过。我说上井不上井的，就是末了这次1958年出去的，大搞煤井出去的。

问：那咱们这个村什么时候分成现在这个样的。

冯：30多年前吧，“文革”以后分的。1976年毛主席死了以后，邓小平这个时候分的。

问：不分村不行吗？

冯：那就不知道了，反正上级说咋办，咱们老百姓就咋办。上级说咋治，咱就咋治。①

其实，笔者与这位街头偶遇的老人交流的核心话题原本是年节扮玩在20世纪40年代以后的遭遇，但交谈过程中，冯兰贵老人所表现出来的对"大集体"时代各类活动的时间、地点、来龙去脉的印象之深刻令人惊诧。后来笔者比对《三德范庄志》和中国现代史资料，发现这位"识字儿不多"的八旬老人在讲述时提到的所有历史细节几近精确。此外，尽管大部分老人对今天这种疏离、冷清的日常生活和"只有自个顾着自个"的集体氛围有追缅式的感叹，但在物质生活层面，又无不表示"过去那种整天吃地瓜干子的日子没什么想头"。与大部分老人追忆集体时代时所表现出的淡然不同，20世纪80年代初，处于集体权力核心的人物面临村落要分立、解体时的心态却十分复杂。

张福钧是三德范村张家巷人，高小文化，从1955年至1985年担任了三德范村生产大队30多年的主管会计。从20世纪50年代起，整个大队集体时代的生产调配、计划指令和文件收发、档案汇总都由他一丝不苟地完成，并最终在他去世前形成了村落档案馆几千份档案卷宗的主体部分。张福钧有一个习惯，为了避免纷繁芜杂的日常工作出现遗漏和舛误，无论工作再忙，他也要在大队做好正常记录的同时，再单独以日记的形式记下当天的重大事件。从1955年至1984年，在对集体工作30年日复一日的记录后，张福钧厚厚的一摞私人日记最终定格在了自拟的一首现代诗中。

① 访谈人：朱振华；访谈对象：冯兰贵，80岁；访谈时间：2015年3月15日；访谈地点：三德范。

我的回忆

春花开得早，夏蝉枝头闹。
黄叶飘飘秋来了，白雪纷纷春又到。
叹人生，容易老！
时光飞驰似电，转瞬即逝百年。
忆乙未合作集体，念甲子体制改革。①
屈指以计三十载，天翻地覆大改变！
体制改革政策新，大队改为四个村。
成立经济联合社，强国需要先富民。
…………
半年相距，半年分离。
纵然不能常相聚，我却仍是常思忆。
——张福钧《我的回忆》写于1984年10月1日

事实上，这首诗首次作于1984年5月2日下午，从那几天他日记中的笔迹一反坚持了30年的一丝不苟，忽然在闲适的日子里变得凌乱、潦草看，当时张福钧的心绪绝非如文字表述般热烈激昂。前一天，大队召开了支部会议，确立了大集体解散的方案和分村的办法。这年62岁的张福钧早已在两年前交接了主要工作，但鉴于他在集体时代的贡献，以及没有其他收入来源的“农民”身份，大队主要领导决定让他暂时在档案室整理资料以补助生活。此时，大队解散以及分村意味着张福钧也要正式、彻底地告别付出了生命中最美好的30年时光的集体生活。所以这首诗从1984年5月2日起，在半年的时间里由最初即兴感言的四句，又陆陆续续修改了5次，最终形成上文提到的《我的回忆》。这段时间张福钧的心情无疑是极度落寞和孤寂的，1985年元旦这天他更是潦草地写道：“大队人员已分散，橱内

① 作者在笔记本的页脚自注：“乙未年是1955年初级农业合作社，甲子年是1984年体制改革，取消大队。”

资料仍保管。忆往昔昼夜繁忙，看今日工作平安。逾花甲独坐孤室，待何日转交他人。”① 在高调表态的背后，遮挡不住的是这位心思细腻的老人在社会转型时期的迷茫、困惑和无所适从。1984 年 2 月底，“三德范大队”撤销，正式划分为东、西、南、北 4 个行政村。至此，三德范村迎来了 20 世纪 40 年代以来政治组织形式的第十次改革。

据许多老人回忆，三德范村自 20 世纪 30 年代中后期就有会社、政党活动，曾经历过“镇、区、保甲和公所”等各种行政区划。1945 年 10 月，建立了行政村，这是第一个人民政府机构。同年，又划分为“东、西、南、北 4 个行政村，这是三德范在 20 世纪 80 年代分村的滥觞”②。1948 年，设三德范乡，仍以四村形式设置。1953 年，三德范改称镇，镇下仍设 4 村。1956 年，三德范新华高级农业合作社成立，下辖 17 个大队，同年改镇为乡，并增辖附近的鹁鸽崖村，不久又去除鹁鸽崖村，改为增辖临近的长水村。1958 年初，撤区并乡，三德范又重新隶属文祖乡，同年初撤乡建社，治所为文祖，4 个行政村重新合并为一村，称为三德范生产大队。“文革”期间，为便于生产管理，仍有以东、西、南、北 4 村为单元划分，但都在生产大队组织下展开工作。至 1984 年 5 月，三德范生产大队撤销，同时再次明确划分为东、西、南、北 4 个行政村，并建立三德范经济联合社，隶属文祖镇。1986 年，设三德范办事处，代管村内的四村一社，办事处党政领导兼任联社负责人。

三德范村行政区划变迁一览表

（1945 年至今）

时　间	名　称	辖　属
1945 年前	三德范村	大自然村；900 余户
1945 年	南明区	首分东、西、南、北四行政村
1948 年	三德范乡	延续东、西、南、北四行政村

① 张福钧:《工作日记（1956—1985）》，章丘区文祖街道三德范档案馆藏。

② 张福经主编:《三德范庄志》，中国文化出版社 2006 年版，第 12 页。

（续表）

时　间	名　称	辖　属
1953 年	三德范镇	延续东、西、南、北四行政村
1956 年	三德范新华高级农业合作社	延续四村模式，内分 17 个大队①
1956 年 11 月	三德范乡	鹁鸽崖村、长水村先后并入又撤出
1958 年 3 月	三德范村	撤区并乡，隶属文祖乡
1958 年 9 月	三德范大队管理委员会	属文祖公社，村设 15 个生产队
1968 年 9 月	三德范大队革命委员会	属文祖公社，村设 44 个生产队
1975 年 3 月	三德范大队管理委员会	属文祖公社，村设 30 个生产队
1984 年 5 月	三德范经济联合社	文祖公社解体设镇；重分 4 个行政村
1986 年 10 月	三德范办事处	管理经济联社及 4 个行政村
1986 年至今	三德范办事处（管理区） 三德范经济联合社	办事处总支书兼任联社负责人，统管 4 个村（除负责管理全村集体经济，还管理全村水、电、林、道路；负责为村干部发工资）

资料来源，根据《三德范庄志》、档案资料和口述资料整理。

如此不厌其烦地详述这个鲁中村落的制度变迁，是因为作为一个农村组织，它在短时段内的制度更迭和变迁实在稍显复杂、频繁，但就是这样一种建立在历史传统上的村落组织结构及其衍变历程，深刻重构、影响了乡民的政治理念和生活实践。当然，这也从侧面证明了在很长一段历史时期，村落在区域社会中所具有的特殊地位，也佐证了它何以拥有如此特征鲜明、文化自足的组织机制与族群心理。亨廷顿曾指出，一个组织越复杂，其制度化程度就越高。复杂性具有两个含义：其一，一个组织必须具有数量庞大的下属组织，从上到下，隶属明确，职责不同；其二，这个组织不同类型的下属组织各具高度专门化水平。下属机构数量越大，形式越

① 综合《三德范庄志》的统计资料，自 1956 年始到 1983 年止，三德范（社）大队主要以生产队的形式作为村落治理和生产管理的基本单位；1963 年至 1968 年高峰时期划分有 44 个生产队；20 世纪 70 年代初截至 1983 年生产队解散，一直稳定在 30 个或 31 个生产队。生产队的组织结构和村落单元的称谓、划分，深刻影响了村民的生活观念及生产实践并延绵至今。

多，一个组织确保其成员效忠的能力就越强。此外，一个有众多目的的组织，在其失去某一目的时，调整自己从而适应新形势的能力，显然较之仅有一个目的的组织要强。虽然三德范村的基层政治组织还远远谈不上庞大、复杂，但从生产队、生产大队，到村委会、办事处、经济联社及各类下属村级组织，整个村落组织变迁的历史传统显示出的科层化体系和“微政治”循环足以映衬亨氏的论断。

就这样，在 1984 年，像改革开放后的绝大多数中国农村一样，当时拥有 31 个生产小队的三德范生产大队，根据国家政策解散，整个大自然村划分为东、西、南、北 4 个行政村。行政村成立后，各村琐碎的日常性工作和具体事务由村委会负责。同时，鉴于村庄的集体企业众多，包括锦屏山在内的巨大资产难以分割，乡政府在三德范生产大队原班人马的基础上又授权成立了经济联合社，以统筹管理涉及全村公共利益的经济事务。随后，1986 年文祖镇又授权设立了与经济联合社合署办公的办事处①。在 2015 年，因上级机构文祖镇更名为文祖街道办事处，三德范办事处相应更名为管理区，回归了它派驻机构的身份。在我国华北地区，管理区是乡、镇、街道办事处等行政组织在基层政权乡、镇和行政村之间设立的一种准管理组织。从功能上看，作为乡镇政府的派驻机构，基层政权和管理区之间是一种“委托方—代理人”的关系。在实际运作中，管理区领导一般由本地在编干部或经过选拔的优秀村干部担任。管理区的级别高于村委会，但只是发挥一种上传下达的中介性社会组织的功能。管理区“管理”的主要对象是村委会干部，其表现形式则是联系、传达、督导他们对国家政策的执行，联系、协调村委会的中介色彩远大于“管理”的名号。按照派驻原则和实际执行情况，管理区应该既不直接干涉村委会的具体事务，也不对村落及村民的日常生活产生任何直接干预。

---

①　管理区的前身是办事处。除了名称，两者的功能、性质和组成人员在更名前后没有任何变动。三德范村的老百姓在日常生活中习惯称之为联社或办事处，至今尚未习惯称其新名称管理区。

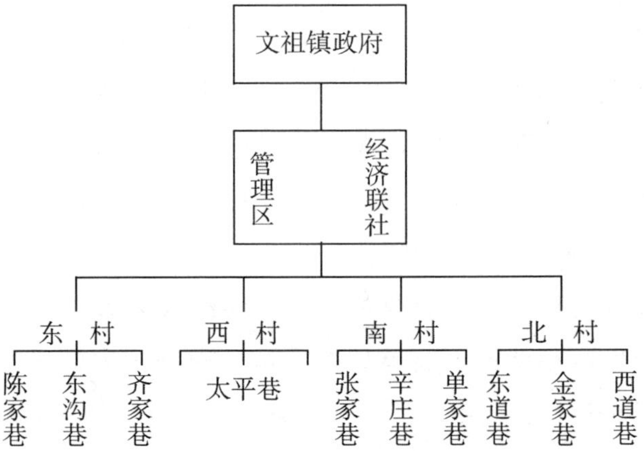

三德范“四村一社”与巷道关系结构图

三德范管理区行政设置的特殊性主要表现在以下两个方面：一方面，截至2017年，章丘地区有100多个作为乡镇派出机构的管理区，它们负责协调联系908个行政村，即一个管理区平均协调6～7个行政村或自然村。章丘地区以管理区的派驻方式只负责协调一个自然村及其内部四个行政村的例子只有三德范。另一方面，从村落日常运作所体现出的权威看，三德范管理区实际拥有的管理权限和对村落的日常参与程度远远高于其他派驻机构。管理区干部老李，出生于附近的文祖村，他曾在东张、大寨两个管理区长期工作，属于责任心很强的基层公务员。尽管如此，他也是这样描述在三德范的工作状态：

> 在这村有时候一天能忙死，几乎天天都有事，星期六、星期天也得来坐班。人家东张、大寨、三元、文祖的管理区哪有这么多事，早晨八九点到办公地点，有事下通知，联系联系几个行政村的干部，没事下午三四点钟就到家了，恣煞（高兴坏了）！没一个像我们管理区似的，不是脚不着地就是一屁股坐到黑天的。①

① 讲述人：李执华，57岁，文祖村村民，三德范管理区派驻干部；讲述时间：2016年9月15日。

作为从乡镇派驻到三德范的普通公务员，老李对三德范管理区频繁参与村落具体工作和日常生活的现象显然是满怀疲惫。问题在于，为什么在村落内外，乡民们公认三德范管理区和联社才是村庄的主要领导者？无论是从乡镇政权的角度还是村内村民的角度，管理区的主要领导为什么要选择本村人而不是从外村委派和选择呢？特别是在20世纪90年代末遭遇了类似“资源诅咒”现象的三德范管理区，为什么没有像当初因为集体经济发达而设立的理由那样，随着集体企业的垮掉“失去存在的理由”而被撤除呢？真正原因当然不只是个别村民解释的“联社承包出去的锦屏山和集体土地每年有一部分收入，没有联社和管理区，几个行政村容易因为分钱不均闹矛盾”，尽管这种解释非常符合“韦伯式组织”的高效率特点。张家巷的张烈民这样解释当年组织调整的原因：

问：为什么不直接把整个村彻底分成四部分，各自为政不就行了？

张：那时候村里有很多企业，但是集中在北村平坦的地方。如果按村分企业，南村怎么办？老百姓不愿意。再说还有一座锦屏山，西村、南村靠着锦屏山最近，把它分给西村、南村吗？北村、东村也不愿意啊！

问：镇政府把企业和山都收过来，或者集中管理不行吗？

张：镇领导五六年换一个，谁敢这样弄，又不是你们镇上建设的。这是老祖宗开的山，老百姓建的企业。工人全是村里的，还不反了天。镇上没有领导这么糊涂。

问：成立联社是不是还有个人原因？比方说原先的本村的大队干部，特别是主要领导怎么安排的问题？

张：当然有！刚分村时，大队书记也调到镇上去过，但是因为不是公务员，在镇上施展不开手脚。再说村里也乱套了，各个行政村之间开始闹矛盾，土地、宅基地、企业、村委会内部谁也不服谁。这种情况下大队书记就回来了，镇上也同意成立经济联合社和办事处，这样全村才又安定下来。

换言之，分村之后又成立经济联社和办事处实际上是在尊重和服从民间自治传统的前提下，政府、村落“领头的”和村民三方博弈的结果。其实早在1948年和1953年，三德范就分别设乡、镇，并且按照国家意志分为四个行政村。再后来，随着国家政策不断因政治环境的改变而调整，村庄又先后经历过生产队、合作社、大队、公社、管理区等不同名目的行政组织变革。但是无论政权及其制度如何变迁，村落内部均以巷道为自治机制。在普通村民那里，各村村委会在日常生活中更多的是作为国家管理三德范东、西、南、北“四片（区）”的符号和工具。他们认为，20世纪80年代生产大队解体以后，真正能够代表村落整体的是自己熟悉的经济联社与办事处。

事实上，因为土地、住宅和人口的相对集中，一切可以调动的资源和力量都是由不同家族及其生活主体，在巷道这个可以满足日常生活实践所需的自足空间里涵养、潜藏、组织和运作的。所以即使在今天，四村村委会的自治范围实质上也仅是各自分管了若干条巷道罢了。因此，完整意义上的“三德范”，必须是可以涵盖村落内部所有姓氏、家族和通婚圈，以巷道为核心单元的共同体和复合体。在此基础上，作为一街十巷村落整体的总代表，管理区的核心人物自然要具备所有巷道认可的职务头衔、知识结构、宗亲关系和领导群伦的能力水平。否则，无论是作为集体的村落还是作为领头羊的“一把手”，都容易出现不可预知的隐患。因此，在综合以上多重因素并理解家族叙事和巷道空间的结构意义后，我们才能真正理解在20世纪80年代集体化生活结束，国家放松了对乡村的直接参与，但乡镇政权还要遵循村落传统的文化惯性，设置一个特殊的具有实际经济和政治功能的“三德范管理区”的根本原因。

此外，在许多矿产资源丰富的村庄，担任村干部可以获得不菲的工资收入，在利益的驱动下，村民往往会对村庄权力表现出更大的积极性，于是围绕村民选举经常会发生“能人”之间激烈角逐的情况。三德范村与之不同，尽管从1984年起，三德范村就从内部分割为东、西、南、北四个行政村，但从20世纪80年代以来到21世纪初，村民自认为没有出现过“争着当村官”的现象。有人解释说，这是因为“一个普通劳力下井的工资就能随便顶四五个村干部的工资，所以谁也不操心这个”。如下文所剖析的那样，原因当然没有这么简单。但在这段时间，随着集体化生活彻底解体，市场经济的优胜劣汰并没有在收入相似的村民中引起急剧的分化，反而更像是实现了共同富裕。鼓起的钱包、昂扬的精神、历史的传统和文化的惯性，多种因素交织在一起促成了1983年扮玩在“文革”后的复兴。

> 1983年后，全村最大的集体活动就是扮玩。眼看着快过年了，大队里就下通知：行了，别干活了，都放假扮玩去吧！由联社发出指令，几号开始，谁在前面，谁在后面……你要是这个胡同的“头”，今天扮玩看着人家比咱好，你晚上还睡觉？一晚上不睡你也得想办法编出个新节目，第二天、第三天咱把那个胡同压下去！①

综上所述，虽然以“乡规民约”为代表的传统自治机制曾以十分积极的姿态延续了民间自治传统，但从1949年以来基层政权设置的变迁来看，在种种具备非正式、松散的传统组织机制外，深刻影响三德范村落生活的是具备各种功能的正式的、理性的组织。费孝通曾指出，中国传统治理模式有“双轨政治”② 的特点，他认为传统中国的政治，一方面是自上而下的官僚治理轨道，另一方面也存在微弱的自下而上的民间自治轨道，两者之间的有效衔接机制是处于国家象征性权力末梢和村落“地方性知识”之间的乡绅。在“双轨政治”的逻辑之下，传统中国的“村落公共事务的治理”，依赖权力的文化网络，在县之下通过礼俗进行乡村能人（士绅）主导的总组织村庄秩序再生产，这种再生产的文化网络在国家权力与村落秩序之间互相配套，具有极强的稳定性和修复能力。有学者将这种村落自治的理想模型表述为：自我提供公共产品，自我生产帮扶体系，自我满足消

---

① 讲述人：李景兴，71岁，张家巷村民，扮玩“领头的”；讲述时间：2016年6月20日。

② 费孝通：《乡土中国 生育制度 乡土重建》，商务印书馆2015年版，第388～397页。

费欲望，自我维持内部秩序。① 近现代社会以来位处现代性语境侵蚀下的村落，表面看上去是走向了村落解体，具体表现为村落内部共同体的组织结构和运作机制日渐衰落，呈现出“陌生化”效应，村落自身对外部世界的依赖性越来越大，自身的组织系统解决其问题的能力趋向弱化等。这一点，确实也被许多田野调查的个案所充分说明。② 但是三德范村传统组织体系的衰弱与重建的历程说明，国家制度与地方传统之间并不是非此即彼的关系，国家制度向乡村落地的过程是尝试、斟酌、置换、嵌入和再造的过程。从根本意义上看，也只有建立在适合民俗传统和生活模式土壤中的“制度”，才可能基于民众生活的惯习得以持续运作，从而超越生活智慧与集体意志之间的鸿沟，实现生活主体的广泛参与。或者说，国家制度的选择、创造、设置与地方社会的理想生活形态和社会现实基础是分不开的。从这个角度出发，我们才能真正理解曾经广泛存在于华北村落的年节扮玩，为何以一种“我花开后百花杀”的姿态在三德范村呈现出一套与民间自治传统关联的组织、运作的内在机制和深层逻辑。

第二节　通婚圈、宗亲与巷道

一般认为，华北平原开垦较早，是齐鲁文化的发源地，三德范村所在的章丘区就曾是后李文化、龙山文化、大汶口文化等史前时代不同区系类

---

① “从理想类型上看，传统村落具有一定程度的自主性：自我提供公共产品，自我生产帮扶体系，自我满足消费欲望，自我维持内部秩序。这是由相应的内外支持结构决定的：从内部看，村落的自然条件与空间分布、熟人社会的特质、交换圈的客观存在、资源总量限制与模糊化利益、民间信仰体系都是至关重要的原因；从外部看，‘编户齐民’的限度、‘皇权不下县’与乡绅的非正式治理、政府的重农导向与休养生息的理念、村落与国家共享一套文化符号，是非常关键的外部因素。”刘伟：《论村落自主性的形成机制与演变逻辑》，载《复旦学报（社会科学版）》2009 年第 3 期。

② 此类田野调查有陈佩华（Anita Chan，1984）的陈村、黄树民的林村（2002）、阎云翔的下岬村（2000）、张乐天的联民村（1998）、毛丹的尖山下村（2000）、于建嵘的岳村（2001）、张士闪的西小章村（2005）等，他们都从不同角度和侧面关注并证明了传统村落治理模式走向衰落的事实。

型的核心区。但由于天灾人祸，村落几经变迁，包括三德范村在内，鲁西、鲁北、鲁中地区的绝大多数村落一般把建村历史追溯到元末明初，且他们的祖先多来自河北枣强县或山西洪洞县。除此，大致以胶莱河为分界线，鲁东地区的部分村落则把自己的祖先和家园记忆追溯到小云南。虽然农垦历史悠久，但因战乱和自然灾害频仍，人口流动较大，三德范村跟绝大多数北方村落相似，缺乏南方那样豪富一方的巨家望族和宗庙祠堂。在村落组织起源和形态演变问题上，从翰香的研究指出："进入清朝之后，虽然仍行里甲和保甲制，但人户增加，村庄扩大。里、社或保渐渐成为乡级组织，特别是到了19世纪后半期围绕着村庙的维修和祭祀，村落内部发展起自治组织，村落渐渐取代明朝的里社成为乡村生活的基本单位。"① 从翰香认为，国家政治与行政管理意义上的乡村组织是在村落发展到一定阶段、一定规模，如原有的官方组织已经不足以维持和调节村落内部的生活秩序后才产生的。因此，尽管华北村落的起源可以追溯到明代，但乡村组织的历史大多只可以追溯到19世纪中期。

时至今日，作为一个普通的华北村落，三德范村在日常生活的大部分时间，在基层群众自治制度的统摄下，以村委会、管理区为代表的制度性组织与以巷道、家族为符号的非正式组织之间很少发生直接或明显的互动联系。相比起家庭和个人，宗族性质的非正式组织几乎在政治意义上发挥不了什么直接作用。在直接参与国家政治生活之外，通婚圈、族家与巷道还是社会生活的毛细血管，在村落组织生活更深刻、微观的意义上，它们对待国家政治、基层政权及其举动、措施的态度，以及它们在乡土生活中的自身融洽程度，却在乡村治理的最终意义上成为乡土社会是否稳定的关键。

一、通婚圈："好闺女不出庄"

在三德范村，因为村落面积广大、人口繁密，所以无论是在交往密切的传统农业社会，还是在当下强调群体性、交互性和传播性的自媒体时代，同村的村民在日常生活中偶遇却叫不出名字是一种常见的现象。只不

---

① 从翰香主编:《近代冀鲁豫乡村》，中国社会科学出版社1995年版，第76页。

过，双方只要谈及父母或家庭成员，百分之九十的情况下彼此会攀上亲戚关系。之所以最终没有逃脱“熟人社会”的乡土法则，是因为三德范村除了有“好骡子好马不出庄”“好地不出庄”的生活叙事，还有“好闺女不出庄”的婚嫁传统。

一直到今天，除了因升学、工作等人口外迁造成的外嫁，全村女性，特别是30岁以上妇女们的娘家几乎都在村内。对此，周边村落的乡民以侃子戏称“三德范送闺女——哪里黑哪里住”，意思是说即使在婚嫁当天，送嫁的亲友因村庄太大和醉酒不归，一样可以在近处已出嫁的女儿家过夜。这种亲属关系，在三德范村被称为“十门九亲戚”。从更深层的角度考察，“好姑娘不出庄”实则有更深刻的原因：一直到20世纪90年代中叶，因土地、矿产资源丰裕，三德范村一直处于区域社会内部经济发展的上游。同时，男人下窑务工占据了大量的劳动时间，农业劳作和生育抚养也需要妻族就近协助。赵旭东、岳永逸等人在中国西北部相对富裕的“梨区”调查时也发现了类似的现象。在当地，围绕梨的生活，由梨所带来的生活状况，嫁妆、彩礼这些不成文的惯习和生存资源紧张的实际情形，使梨区当今年轻人的婚姻圈相对于他们父母辈有了明显的变化，他们一般都在附近产梨的村庄或者本村找对象。岳永逸认为，是“梨区”的生存资源紧张和可婚配资源紧张的现实造成了村落通婚圈“内缩的趋势”。① 当然，三德范村的生活文化与之不同，20世纪90年代以前，三德范人没有将彩礼问题视为像当下“需要给孩子在章丘花几十万买房结婚”这样的经济负担。除了有生理缺陷者，偌大的村庄“没有几个光棍”。此外，从近30年人均占有土地数量的变化可以看出，恰恰是村落在历史时期的土地和矿产等“存量资产”的富余形成了养活众多人口的实力，因此才在村落内部实现了“阶层内婚”的现象。而在当时青野、大寨等可耕地面积紧张、家庭收入来源单一的村落，女性就努力向位于财富上游的三德范村流动，从而在周边村落产生了“哪里黑哪里住”这种不无艳羡的调侃。这种通婚圈内

① 岳永逸：《传统的动力学：娃娃亲的现代化生存》，载《北京师范大学学报（社会科学版）》2005年第6期。

缩的趋势大致也可以从下表得出。

1984—2002 年三德范村人口变动情况一览表

行政村	1984—1990 年				1991—1996 年				1997—2002 年			
	出生	死亡	迁入	迁出	出生	死亡	迁入	迁出	出生	死亡	迁入	迁出
东村	216	81	126	192	136	69	138	186	94	73	114	144
西村	91	29	91	105	56	46	36	93	48	44	36	61
南村	270	124	126	183	154	94	83	199	121	100	84	164
北村	327	70	110	162	128	100	109	166	134	100	99	154
合计	904	304	453	642	474	309	366	644	397	317	333	523

资料来源，张福经主编：《三德范庄志》，中国文化出版社 2006 年版，第 59 页。

虽然在传统上三德范的姑娘们嫁得近，“不出庄”乃至“不出巷”，但通婚距离的缩短并不意味着婚礼规矩及仪式过程的减免。在某种程度上，同村之间彼此口传目见，兼之又有盘根错节的亲缘关系，所以一桩婚姻的完成不但婚俗仪礼极其复杂，而且在某些方面，女方对男方家族的要求甚至比外村姑娘还要讲究。一桩婚事，需要在婚礼前、婚礼中以及婚礼后经过“提亲”“换号”“送柬”“候女婿”“送箱子”“选日子”“迎亲”“叫门”“婚礼”“五服贴喜”“认家”“上喜坟”“回门”等十几道仪式，才能算是基本完成。

1949 年后，媒人说和、提亲的观念虽然仍根深蒂固，但形式变得更加自由、宽松，有时更多的是走走过场，“父母之命”则基本上只发挥很微妙的作用。年轻人在自由恋爱有意结婚时，只需找个能在两家说上话的熟人，义务地介绍介绍双方的情况，就算“礼成”了。当然，在 20 世纪 50 年代以前，“父母之命，媒妁之言”发挥着巨大作用。据说，在当时，男方对女方有意时，必须请能说会道的媒婆上门说亲，媒婆则一般要去女方家三趟。因为女孩子比较腼腆，大多会在媒婆第一次上门提亲时说“俺不找”。这个“俺不找”并不意味着女孩子不同意，而是表达自己腼腆的一种方式。在媒婆第三次登门问女方意见时，女方多以不吱声代表同意，稍大方些的会说“行啊”。至此，算是媒婆说亲成功。此时双方就可以着手准备后续的相关事宜了。在提亲的时候男方一般也不带礼物，只有对婚事有意时才会准备礼物。因为三德范村缺水，20 世纪 70 年代以前只有经济条件较好的家庭才能够修建得起工程烦琐的旱池，所以媒人在说媒时，“旱池”还成为决定婚嫁能否成功的重要考量因素。

一直到今天，男女双方基本同意结婚后，双方就会互换庚帖（俗称“号帖子”）以作为定亲的标志。“换号”是男女双方均在红纸上写出自己双方“老祖”（在文祖地区，一般指父母）的名字，男方写好后由媒人随着一份厚礼带给女方，然后媒人再将女方写好的“号帖子”带回交给男方。“换号”的意义就是让男女双方及家长相互了解一下对方的家庭情况，同时向外声明儿女“订亲”了。“号帖子”交换后，男女双方均将其保存好以作凭证和纪念。

“送柬”现在则简化为订婚或者“送彩礼”，是男方去女方家拜访、送礼的过程。在“换号”后，经过一段时间的相互了解，如无不妥，双方就会选吉日良辰（多在二月初二或者六月初六）“下柬”①，双方相当于以“民间成文法”的形式盟订了婚约。送柬之后，即成姻眷。实际上，在 1949 年以后，随着“破四旧、立四新”运动以及意识形态不断对传统观念尤其是对封建迷信思想的一波一波的洗涤，传统农业社会时期的订婚甚至结婚对双方形成的约束力大为降低。毁约、离婚和改嫁等行为虽然还会受到一些议论，但对村民们（特别是 20 世纪 70 年代以后出生的）已经很难构成实质性的影响。就这样，三德范村传统的结婚仪式仅结婚前就大致有“提亲”“换号”“送柬”“候女婿”“送箱子”“选日子”等六道程序。同样，在举行完复杂的婚礼仪式后，至少还有“认家”“上喜坟”“回门”等三道主要在妻族进行的仪式。

---

① 柬是一种文书，需要请有文化的人书写，一般男方需要在帖子上写“敬恳婚盟，仰企金诺”。女方要在回帖上写“谨遵婚命，遥达鸿章”。访谈人：龙圣、罗瑞霞、吴艳笑、李西香；访谈对象：赵凤贤、赵世英；访谈时间：2015 年 12 月 4 日、5 日；访谈地点：三德范。

事实上，三德范人一般认为2010年以来是村庄内部的通婚圈和嫁娶程序变化最大的一个时期。一方面，青壮年向城市流动的数量越来越多，虽然“好闺女不出庄”的观念依旧，但新婚夫妇在村内定居的越来越少。向山东省的省会济南，特别是离村落最近的明水扎堆的现象已经常态化。因为青壮年在外读书、工作的越来越多，从外地嫁到三德范村的媳妇儿也突破了章丘区的局限，山东省的济南、临沂、济宁，甚至东三省、山西、河南、内蒙古等临近省份的新娘远嫁到三德范也已习以为常。当然，这种本地人和外地人的婚姻结合，夫妻双方日常生活的地点基本也是共同工作的城市。另一方面，在通婚圈不断扩大的同时，传统婚礼的仪式过程也在不断简化。这种简化是以村民们俗称的“送箱子”（彩礼）和“装箱子”（嫁妆）的礼物流动为主要表现形式的，且集中表现为“钱来钱往”。事实上，彩礼问题在20世纪80年代以来的近二十年间已经发生了多次转变。据三德范村的老人回忆，在1960年，彩礼是两百尺或三百尺自家织的粗布，以及用自家织的土布做的包袱或毛巾——三德范村很多农户至今有用老式的纺织机织老粗布的习惯。当时，彩礼不需要大量金钱，经济条件最好的家庭也就是给女方100元或200元。“文革”及其前后一段时间，普遍流行革命化的婚礼，阶级成分和政治地位成为择妻、嫁人的首要标准。婚礼也呈现出革命化、模式化和简单化的特点。到了20世纪80年代初，彩礼还是做衣服的粗布、包袱或毛巾，虽然人们的经济条件开始改善，老粗布织就的生活物品和收音机、手表、自行车、缝纫机等时髦产品有所增加，但还没有成为让家庭头疼的巨大负担。

（20世纪）70年代末我结婚的时候，聘礼主要是粗布、缝纫机、表、收音机等，但是由于家里穷，我只给了你大娘30块钱就结婚了。搁到现在再穷也得三五万才行，再低人家娘家就不嫁咧。到了（20世纪）80年代初，就开始时兴男方在结婚前送面粉一袋、酒两箱、烟两条、鱼两条、鸡两只去女方家，也正是从这时开始，女方需准备酒席“候女婿”。当时的席宴也多是“四四席”，肘子、鸡、鱼、丸子这四大件一般必不可少。现在送礼还需要礼金了，如果没有考大学出去，一般四万元一包在内。①

从20世纪90年代开始，随着乡镇企业和村办企业的大发展，“送箱子”开始成为检验男方家庭财富的“硬杠杠”。但此时家庭之间的贫富差距并没有太大，城市生活也没有成为乡民的生活目标和理想，因此上涨的彩礼并没有给青年男性及其家庭带来太大的压力。进入2010年，随着城镇化速度加快，以及普遍提高的学历层次，“走出农村，到城里生活”成为青年男女，特别是女方父母选择女婿的重要标准。在今天的三德范村，尽管表现为货币形式的彩礼和嫁妆②以及买一辆私家车的要求还可以让双方勉力接受，但是，婚前或婚后在明水、双山买房的条件往往使很多适龄未婚男女的恋爱关系破裂。一直到2016年，虽然章丘还是一个五六线的小城市，但商品房的均价已在7000元上下，买一套未经装修的毛坯房就意味着需要至少50万的现金支出。这对还不能享受住房公积金制度的农村家庭是一个巨大的困扰。

“好闺女不出庄”的现象以及婚礼仪式等问题的变化给三德范的村落日常生活和节日生活也带来了很多变化，这自然对年节扮玩也造成了直接影响。一方面是青年夫妻，特别是“80后”在明水买房结婚的越来越多，新式婚礼和婚后生活带来的村落空心化现象愈加严重。最典型的村落是与三德范村临近的青野村，青野村因为只有866户，总人数只有2011人，随着“建筑之乡”的称号和家庭财富的急剧增长，近几年常住人口几乎减少

① 访谈人：朱振华；访谈对象：王传栋，66岁；访谈时间：2015年12月4日；访谈地点：三德范。

② 在三德范村，现在男方“送箱子”（彩礼）的价格一般是40000元上下，常见的是38000元，取“三家一起发”的谐音。女方“装箱子”（嫁妆）的钱则在50000元上下。常见的是女方收到男方的彩礼后，自家另外添加一万元左右，这样在男方彩礼的基础上，以一种比较体面的方式返还为嫁妆。嫁妆不一定全部是现金，女方也会在双方协商一致的前提下，以现金的1/4或1/3购买家具、家电，甚至是小轿车等，以在结婚当天作为嫁妆。但总的原则是立足男方彩礼的基础，并且以适当叠加货币和物质财富的形式返还，以维护女方的“面子”。

了2/3。三德范村因为庄大姓多，村落空心化的现象尽管十分突出，但由于人口基数庞大，村落尚未出现“荒芜”的现象。年节期间，大量的三德范人从济南、章丘城区驾车返乡，匆匆来，匆匆去。扮玩的演员只剩下老弱妇幼，包括按传统只能由男人操作的舞龙在内，早已由女人和孩子代替了。另一方面，年节的公共性和扮玩的娱乐性，又使得妇女们擅长表演的天然优势得到发挥。在每年一度的扮玩表演中，大部分外嫁到三德范的新娘往往是在三五年间，逐渐从好奇、旁观、侧目变为积极、热情的参与者、表演者。

别的村嫁到俺们村的小媳妇也要参加到扮玩中来。比方说我们辛庄巷的小媳妇们都很俊、很漂亮，也很时髦。她们基本都是外庄这几年才嫁到我们村里来的。她们一凑伙，时间长了，先是看着热闹，后来巷道一组织也会跟着办这个事。这两年不管是近处文祖的，远处临沂的、河北的还是别的地方的，虽然她们小的时候不在我们村生活，但是时间长了慢慢也就成了扮玩的骨干。①

二、家族：“同姓不同宗”

如果按照男系嫡传的认定传统，三德范的姓氏有王、张、赵、冯、姜、单、陈、牛、高、宋等26个姓氏，其中以王姓人口最多，分七个族系，张姓次之，人口户数较多的姓氏几乎遍布四个行政村。家族之间，除了大致有“大杂居、小聚居”的居住特点，姓氏和族家在村落空间分布上并没有规律性的脉络。三德范人口耳相传，现在村落中心位置向南约1.5公里处有“小寨”和“于家庄”遗址，1975年搞农田基本建设时，在遗址处还曾发掘出多枚古币和带“大齐”字样的界碑。但遗憾的是所掘之物早已散失，甚至连遗址是两处还是一处，具体地点在哪里，分布范围是多少等也是众说纷纭。

---

① 讲述人：张烈才，47岁，张家巷村民；讲述时间：2016年11月29日。

关于村落和姓氏的起源问题，年龄在35岁以上的村民都有“车、袁两家实在户”的说法。现在已经没有车姓居民，袁姓居民的数量也只有15户60余人。村内现存有王、牛、张、单、齐、赵等八家族谱。从多家族谱的记载看，明初或清中叶是三德范村大部分姓氏、宗族迁居本地的主要时间节点。如《赵氏族谱》记有：“十世祖赵真明朝万历三年（1575）由章丘城东关饮马沟迁来三德范。”《牛氏族谱》记有：“始祖原籍直隶枣强县，明洪武二年（1369），徙居章邑之推官庄，牛氏六世孙大才从推官庄迁居三德范，至今已历十八世。”《齐氏族谱》则记载了清同治十三年（1874）三德范村的牛氏族人寻根至章丘小埠庄的经历，特别分析并注明牛氏一姓大约也是在清朝初年迁居三德范的。《张氏族谱》先后历经5次重修，记载了始祖“祖居直隶真定府冀州新河县，迁居山东省济南府编入明秀乡第八图居寨子庄。六世祖禄自大明嘉靖年间迁三德范”的经历。① “追本溯源”是修谱和续谱活动重要的文化心理动力。迟至2012年，从章丘明水镇西牛王庄和明水河南庄寻到古谱并以支系身份续修宗谱的宋继东就表达了这种心情：

> 本次续修家谱，明晰了我三德范一脉族人多年的困惑，即六世祖应福公从何处迁来三德范？六世以前的五世祖源自何处？经拜谒宋氏古谱，依据古谱之记载，与我家现存供奉的主轴，确定我三德范宋氏一脉系古谱中彦、党、贤三位始祖之长支后裔。为后代世袭传承理清了路径，找到了根源。②

同山东地区现存的绝大多数村落一样，今天三德范村的各家宗族显然已不是一个具有强烈内聚力的组织。但从庄内一些姓氏现藏的族谱来看，传统社会时期的宗族不但家族活动频仍，对宗族内部大小事务都有明确细

---

① 《张氏族谱》1930年第四次修订时出现了三德范村最早的村名“三歅坂”字样。

② 宋继东修：《宋氏家谱》，三德范支系入宗谱之卷六，第94页。

致的约束。这些规定显然不是纸面文章，可能在发挥规范、约束、扶助乃至惩戒的作用。以三德范牛氏家族为例，据族谱记载，牛氏家族先祖“讳四郎，字得刚，相传北直隶真定府冀州枣强县人，明洪武二年，迁山东章丘县推官庄农桑为业”。据说，“推官庄”原是章丘城南的一个小村落，因牛氏族人有做“推官”者，所居村落才成了“牛推官庄”。相传他们兄弟姐妹四人临分别时，将携带的一口铁锅打破，姐弟各执一块锅片，曰“破锅牛”，其姐得锅底，后嫁于一李姓人家，曰“锅脐李”。三德范村的牛家正是晚清时期从牛推官庄迁移过来的一支。“相传强祖后自大才迁三德范，大才后改大金”，根据族谱记载的谱系，牛姓迁居三德范已历十八世，现有50余户，200多口人。《牛氏族谱》不但详细记载了顺治十二年（1655）初修，乾隆十三年戊辰（1748）再修，到1934年春又修等前后六次修谱经过，而且以粉底线描的方式绘制了祠堂、祖坟的占地面积、地基楹间、山石树木、周边环境的尺寸距离。除此，对族人起到规劝、训诫的“族训家规”更是成为族谱对族人具有现实感和约束力的载体。以牛氏族谱《祠堂劝戒数条》为例（原文未落款订约时间）：

《牛氏族谱》祠堂劝戒数条

一、凡婚嫁丧葬皆宜敬告祠堂。礼所云，三月庙见。迁柩祖庙者是也。今如娶妇三朝拜舅姑，新婿回门拜岳父母。开丧之日拜神庙皆行之。然但知礼生者礼外神而不知礼祖先于家祠，非昧乎！愿与族人共明之。

一、朔望日宜拜祠堂。此不必尽族而至，但有老成十数人奉行不倦，亦可以为乡里矜式矣。

一、祠中致祭。每岁清明、十月一两次致祭。祭毕而燕，以叙族情。则各处族人常常聚会，不至终岁疏阔无见面之日矣。

一、族人既系一本，无论坊分远近，皆不可戏谑。今有不顾伦理以为诙谐近情者，实属悖谬，其戒之。

一、劝族人不可当衙役。盖凡士农工商皆可托业，皆可营生。一充衙役便没体面，且坏心术。从没有衙役当时而能长子孙者。何苦以良人子弟列入八款不得与人齿乎。戒之！戒之！

一、族中宜立社也。置办吉凶需用物件。小则婚丧赖其器用，大则贫困资其扶持。多少便当，何惮不为。但须老成练达者，循环主之。不得曲循情面，速之败耳。

以上数条敬祖先、睦族人，倘得同志三四人一力举行，似亦无所不可至其间。一应妥协办理之处，敬俟细商，未容冒突。

这份族谱是由三德范村的牛氏族人从25公里外的祖居之地牛推官庄带来的。与三德范村不同，牛推官庄全村皆为牛姓，且同姓同宗。根据族谱记载推断，从牛氏族长至迟在传统社会末期（1934年）所倡行的这些条约看，它们涵盖了祭祖仪礼、人际交往、职业选择、闲暇娱乐和睦族机制等方方面面，已经超出了“祠堂”“族谱”的范围，覆盖了宗族及其成员公共领域和私人领域的各个方面。同居一村，共同的祖先，共管的族产和反复强化的同族意识、礼仪要求构成了牛氏宗族最本质的特征。如同常建华对清代宗族社会研究所指出的那样，这些族训、家规并非一纸空文，“宗族依据家法对族人的惩责，有方式和程度的差别。轻者或罚跪，或罚款；略重者或笞杖；重者则告官、出族。出族，即在族谱上削名，开除族籍。最重的，甚至可以处死族人”①。

值得注意的是，族训提倡的“族中宜立社”一条。“社”原是指古代的土地神或祭祀土地神的地方（一般也包括其组织形式及活动形式、活动时间等）。族长们对“修谱立约”“族中宜立社”的呼吁，从侧面说明了华北农民在传统社会时期的某种宗族互助意识和民间自治传统。但如上文所述，在20世纪30年代能够维持大规模的宗族聚会并承担相应的经济支出恐怕是很困难的，《牛氏族谱》的文字呼吁实则也反映了某种有心无力的困境。杜赞奇对华北地区调研资料的分析就注意到了这个问题：“由合族各家凑钱举办的祭祀仪式大约是在20世纪20年代突然中止的，因为摊

---

① 常建华:《清史十二讲》，中国国际广播出版社2009年版，第149页。

派和军队勒索严重，农户无余钱可支出。”①

因为庄大姓多，三德范村的姓氏就不存在学者们所界定的因血缘关系或文化认同而构成紧密关系的“宗族”。也就是说，族群内部实际上更多是因为各种原因造成的“同姓不同宗”的关系。以村内人数最多的王氏为例，王氏共有七个“宗族”（家支），1800余口人。但在日常生活中，“王家”是个没有宗亲感的泛称，因为由七个“宗族”构成的王姓“每一支都枝繁叶茂”，所以在日常生活中，真正具有功能意义的宗亲单位是由若干个核心家庭组成的“族家”。“族家”内部又可以划分为不同的“支分子”，比“支分子”更小的单位是由父母、兄弟、儿孙等家庭组成的“一满家子”或者“一大家子”。② 在日常生活中，同华北地区许多乡村一样，体现血缘关系和亲属制度的“族家”主要在遇到一些以民俗仪礼的名义组织起来的互惠活动时才浮出水面，而且只有在重大的仪式过程中外人才能明晰族家内部的亲疏关系。其中，又以红白事中的葬礼表现得最为明显：“族家就是五服以内的关系，怎么看出有没有五服以内的关系？只要人死了看谁穿什么丧服就行了。五服以内的就是族家，就得穿丧服。其他就出五服，远了。”③ 在日常生活中，因为庄大姓多且分散杂居，作为村民表达血缘亲疏关系的主要名词，“族家”“一大家子”“一满家子”“自己人”之间的定义和边界并不十分清晰，解释起来也多有差异。如有村民认为“自己人”的家族概念比“族家”近，有的人则认为相反，至于30岁左右的年轻人就更辨别不清楚了。当然，也有村民给年轻人总结出一个观察家族内外亲疏远近的简便办法，那就是看各种民俗仪礼活动中宗亲成员“随份子”的多少，“给得越多，彼此之间的血缘越近”。

---

① ［美］杜赞奇著，王福明译：《文化、权力与国家：1900—1942年的华北农村》，江苏人民出版社2010年版，第74页。

② 三德范村的亲属称谓体系与付来友博士在三德范村南的大寨村做的专题调查相近。详阅付来友、王丽霞：《宗族的裂变与合并——一个山东村庄的个案考察》，载《北方民族大学学报（哲学社会科学版）》2015年第5期。

③ 讲述人：李执华，文祖村村民，三德范管理区派驻干部；讲述时间：2016年6月20日。

此外，虽然同姓同宗的较为重大的集体活动只会偶然地组织在续修族谱的过程中，但作为延续家族历史记忆的一种工具，修建族谱的动员、合作及族人的态度仍旧是反映村落内部宗族组织能力的标志。在三德范村，改革开放以来，修谱活动率先由人口、户数较多的张氏家族在2010年兴起，后来的孙氏、王氏、赵氏和宋氏家族陆续开展了重修、续谱乃至新修族谱的活动。但就大部分村民而言，也仅是在族训所谓的“吾辈今日不修谱，三代以后谁识君?”的舆论压力下捐点钱款。① 在日常生活中，以传说、故事存在的家族叙事才是同姓不同宗的各个“族家”拉近感情的重要方式，这使组织活动弱化的宗族多少增加了点集体认同的色彩。正如王沪宁曾指出的那样：“血缘关系虽然已经不再成为人们社会关系的依据，但在相当多的村落家族共同体中，血缘关系的网络仍没有冲破，地缘与血缘的结合依然存在，村落家族的基本结构还是明确的，它们在社会调控中仍起到相当的作用。随着村落经济条件的变化，村落家族文化有强化的趋势。可以将此表述为：血缘关系的外化形式大大改变了，但其内在逻辑依然存在。”②

例如，赵氏家族有“宋朝皇帝姓赵，天下庙观都封给赵姓做庙主”的家族叙事，这在现实生活中对应着赵姓一支向来主管三德范村禹王庙的事实；辛庄巷“宋文斗学艺”故事的流行则对应着宋氏家族的英雄人物与年节扮玩有关的武术叙事，这被认为是本家族在村落独享的殊荣。此外，很多老人认为，不同宗族还具备历代传承的一些特殊现象和习惯，这种“老祖的老祖那时候……”“谁谁谁那辈子……”的家族叙事往往为村民个体的现实境遇添加了某种宿命论的色彩。

人口总数在庄内排第二的张姓一共由三个族支构成，其中户数最多的一支约有1200人，占村庄总人口的1/6，因为该支修有族谱且家族名人辈出，其他两支就相应地被总结为“既没有家谱，人口也不多”③。张姓的大

---

① 村内现存有张、赵、齐、孙、单、李、牛等8家族谱。

② 王沪宁:《中国的村落家族文化：状况与前景》，载《上海社会科学院学术季刊》1991年第1期。

③ 另外两支张氏，一支从邻近的鹁鸽崖迁来，至今已历六世，共五户十八口人，居西道巷。另一支张姓从文祖迁来，至今已历四世，共三户十口人，居金家巷。

家支以“普遍重视上学”“文化水平较高”“擅长当领导”“书法水平很高”的家族评价著称。这种说法并非空穴来风，近百万字的《三德范庄志》便是由张氏这支大家族领衔倡议编修的。民间传说中的张氏族人也多是“才子”“名医”一类的杰出人物。此外，包括三德范村办事处（管理区）现任负责人，1948 年至今的 16 任主要领导，张姓的“一把手”占 7 任，晚年主笔《庄志》的张福经曾主持全村工作达 30 余年，现在工作干得有声有色的“一把手”张江①，也是张氏家族从政队伍里的后起之秀。对这种现象，外姓村民的评论是“人家张家自古就是擅长当官，旧社会那时候也是他们张家任保长”。特别是张氏干部为集体“干了一些实事”，这种评价就经常被表述为：“人家张家祖上就是一个老祖，人口多，团结，重视教育，所以代代出能人、习文识字。自古俺庄就是人家当家。”②

在一个有若干大姓的村庄，普通村民容易将乡村治理的稳定与否和大家族的作用结合在一起。这种文化比较心理和家族叙事，实则是将个体放置在历史长河里反复言说的自我意识，并在不断地“讲古”中逐渐统一为各种关乎“家国一体”观念的地方性知识。因此，不同家族叙事的背后还包含着个体、家族对作为一个文化整体的村落形象的认同。当然，那种主要以追缅、褒扬本家族人物、事迹为母题的家族叙事并不代表现实生活里的族家一团和气。换言之，虽然看起来大姓家族主导村落政治有其历史传统，但日常生活里的任一宗族，即使是“同姓同宗”，也很难做到没有矛盾。在彼此联系日益减少，婚丧嫁娶等传统仪式越来越简洁的快节奏时代，相邻较近的族家也时常因经济问题产生罅隙。可资证明的是，同样为张姓，同宗同族最多的张家巷就因为人口、住宅迁移造成的代际冲突，最终随着少壮派的兴起，在年节扮玩期间，一个大胡同分裂成了两个表演队伍。

事实上，无论是编修族谱还是延续各种有关“能人”母题的家族叙

---

① 张江则是老书记张福经的嫡子，46 岁，大学学历，现为联社和管理区的主要负责人。

② 讲述人：赵介平，67 岁，辛庄巷村民，退休教师，扮玩“领头的”；讲述时间：2016 年 4 月 20 日。

事，现实生活里的家庭乃至宗族都不再是费孝通先生笔下的“无讼的世界”。传统家族曾经承担的自我管理、规训或惩戒的自治功能早已被20世纪初叶以来的现代化的社会力量解构掉了。在三德范村东南方，有一个同属于章丘区但隶属于官庄街道办事处的石匣村。在三德范村的档案馆里，保留着一份关于石匣村宗族矛盾调解的档案资料。这份资料很能说明在集体化时代，传统的家族地位及其作用被现代化的社会力量改造解构的过程。这份签于1975年3月20日，标题为《章丘县人民法院关于一九七四年调解工作的基本情况和今后的意见》的文件，主要介绍了两个关于家族矛盾纠纷处理的案例。其中，案例一“枣园公社南皋埠大队调解委员会调处的刘阴花夫死再嫁反抗公婆干扰事件”，重点描述了一名女性在丈夫逝世后，因为改嫁遭到公婆阻挠，最终在人民公社和法院帮助下改嫁成功的案例。

案例二描述了“（章丘）胡山大队石匣大队调解委员会处理景奉才与景奉普分家的房屋纠纷”的过程。据介绍，景奉才和景奉普是亲兄弟，两兄弟分家时，“分单”上写着景奉普院内留有景奉才出入的小道。但在土改填发房产证时，景奉普任填写组长，故意将景奉才的小北屋填写到自己名下。因此两人互相斗殴，关系紧张。1954年，由族家进行了所谓的“调处”，让景奉才把小北屋送给景奉普“以屋换道”。随着时光流逝，景奉才的儿子长大后，拿出分单一看，发现小北屋原本就是分给自己家的，走景奉普院内的路也有记载，为什么还要“以屋换道”呢，两家矛盾进一步恶化，到了拿铡刀、斧子打架斗殴的地步。调解委员会经过深入细致的调查，在弄清事实的基础上，对景奉普的错误行为进行了严厉批评，废除了20年前族家的调处意见，把房子还给了景奉才，对其他问题也进行了妥善处理。

在这份文件的最后，签发单位——与三德范村临近的文祖公社文祖大队强调，各生产大队调解委员会要以此为鉴，把问题消除在萌芽状态，减少纠纷的发生，要经常利用黑板报、广播和各种会议进行宣传教育，狠批“男尊女卑”“三从四德”“父母之命，媒妁之言”“人生有命，富贵在天”“死夫从子，训子端身”“饿死事小，失节坏名”

等老思想，破“息事宁人”“多儿多福”的错误想法等。我们从这份档案资料里可以想见，章丘地区的家族及其传统组织功能在新中国成立初期还一度发挥着作用，但是作为一种“封建遗存”，随着国家力量对经济基础和基层政治的全面改造，最终在合法性意义上给予了传统家族势力最直接的打击和否定。

时至今日，在很多时候，日常生活中的宗族经常会因为某些民俗仪礼活动的“失礼”而产生矛盾，被视为不礼貌的行为通常表现在“不尽心”“不给面子”“做事太小气”等方面。尽管人们的法制意识逐渐增强，但若非“万不得已”，三德范人主要还是靠“面子”和“情分”来调处常见的生活矛盾。当然，假如生活矛盾超出了家庭内部，甚至波及邻里关系，那么此时巷道就会发挥出意想不到的力量。

换言之，在三德范村，部分宗族虽然有保存、新修或重续族谱的现象，但祠堂湮没倾圮，族产更是付之阙如。就家族成员之间的联结纽带而言，除了五服以内的亲属关系，没有跨越村界、县界的宗族联系或活动，而且除了红事、白事和必要的年节礼仪，也没有专门的宗族活动。因此，那种民间自治意义上的宗族早已完全丧失了规训、惩戒的功用，由巷道构成的地缘关系却还多少能发挥些民间自治的文化功能。

问：家庭矛盾闹大了找自己人处理还是外人处理？

冯：那就得找外人，一般是各个巷道里面有威信的人。不一定是红白理事会，也不绝对是扮玩的头。因人而异，并不普遍，不一定是他们。这个人首先是家族内部有威望的人，就是说族家的人给处理。族家的人处理不了，就得找巷道的有威望的人来处理。这是一种程序，实际上很多问题老百姓都是在巷道解决，除非是法律问题，自己真解决不了，那就得找村里，甚至打官司。①

① 讲述人：冯昭宝，57岁，西道巷村民，长期担任经济联社干部；讲述时间：2016年6月25日。

三、巷道：“一根胡同一伙人”

相对于松散的宗族组织，三德范村无论在传统上还是在现实生活中，组织和完成公共事务的基本单元是巷道，这种情况在章丘地区十分罕见。例如，以三德范村北的文祖街道做比较，将文祖街道作为一个大自然村，村内也有类似三德范村的各种以姓氏、地理方位命名的胡同名称，但文祖村的巷道只是地理方位的名称，并不对村落内部的公共事务产生实质性的功能影响。反观三德范村，据说，从建村之日起，村民们就按家族迁徙的先后次序分别住在十条巷道中。每条巷道居民的姓氏、家族都不统一，只看姓氏冠名的巷道名称也不能确定该姓户数的多少。① 从巷道的地理分布上看，以处于村落南北中轴线位置的玄帝阁为坐标，从东南起依次有东沟巷、辛庄巷、单家巷、张家巷、太平街、西道巷、东道巷、金家巷、陈家巷、齐家巷、大街等，这就构成了老百姓俗称的“一街十巷”的村落框架和结构布局。

假如在日常生活中，三德范村的张三、李四因为庄大姓多互不认识，那么双方见面时建立感情的搭讪一定不会是先问姓名或宗亲，最精确、直接和常见的开场白是“你是哪个巷道的?”或“你是哪根胡同的?”“巷道”或“胡同”的含义并无不同，在日常交流中也是随意使用。与周边同样有类似街巷名称或布局的村落不同，三德范的巷道是作为村民生活实体而存在的，也就是所谓的“一根胡同一伙人”，它本身具备日常生活实践和作为集体行动组织单元的功能。以辛庄巷为例，巷内赵姓居多，宋姓次之，其他王、冯、李姓等总共有450多人。除了主要关涉家庭内部的诸如“升学酒”“过寿酒”“温锅酒”等交往活动，从生产到生活，具有公共或互助意义的突发事件按惯例都是在巷道内部进行回应和解决的，巷道内部的不同姓氏或族家一视同仁。在日常生活中，如果邻里之间出现纠纷，族家发生矛盾，或者婚丧嫁娶，许多巷道首选的办法还是由德高望重的老人

---

① 例如，张家巷确实张姓最多，金家巷却没有一户金家人了。东道巷、西道巷、东沟巷等因为处于古代交通必经之路的分叉口或老村的泄洪沟畔而得名。

组成“领头的”来商议处理。这种习惯不是一天养成的，许多分家文书、过继文书都在显眼位置上大写着“街谊”二字，这也从侧面说明这种传统的渊源和悠久。辛庄巷至今保存的一份撰写于1928年的过继文书说明了胡同、邻里关系发挥着某种舆论监督的作用：

> 立主祭人赵某某、赵某某：
>
> 为叔父凤崮生时有一子名叫齐子，不幸早亡。今叔父寿终尚缺子嗣，故邀请街谊、族人同议，将某某膝下乙子过继于齐子身下，祀祭日后乙子承祧为嗣。其田产祖业均归于乙子承祧，外弟侄不得争祧。此系各家情愿，并无异说。恐后无凭据，立券书为证。
>
> 街谊：李某钧，族人：赵某某、赵某某。中华民国十七年（1928）季春

在日常生活中，“某人是哪条巷道‘领头的’”非常重要，它强调的是一位在巷道内部能够起组织、领导作用的人物。“领头的”一般具备以下品质：守礼、德行、公益。“领头的”完全是在日常生活以及胡同集体活动的磨合中自然形成的，与宗族势力没有直接关系，也没有特别的任命、交接仪式。在年节期间，每条胡同复杂的扮玩活动当然也是由各条巷道的“领头的”领衔组织和统筹协调的。各条胡同都有自己的红白理事会，“领头的”虽然不一定与红白理事会成员完全重合，但十之八九都叠加了这两种身份。所以在集体动员的意义上，在德高望重的“领头的”的主持下，巷道及组织机制常常能勾连起乡民们在“常”与“非常”时期的族群生活。“领头的”一般以中老年人为主，且一旦在生活实践中脱颖而出，这种公益人物的身份往往会纵贯一生。当然也有例外，如三德范村西道巷的扮玩队伍，早年就曾发生过多次龃龉，最终引起了人们对“领头的”的怀疑。随着“领头的”的德行、作风问题被质疑，最终胡同内的一批少壮派另起炉灶，打破了“长老统治”的局面，破天荒地成为扮玩“领头的”。这种新老交替的过程是一场没有硝烟的战争，几乎不会在肢体、语言上发生冲突。但公道自在人心，有些老百姓议论说：“‘领头的’要靠自己的德

行让胡同里的老少爷们信任，能聚住人心。人心散了，队伍也就不好带了。”

三德范村的村民认为，本村以巷道作为日常乃至节日生活的组织单元是一种特殊现象。老百姓当然很难解释祖先们按照巷道居住、生活和形成一种组织方式的真正原因。从巷道名称、姓氏、人口分布以及各家族谱记载的情况看，明、清时代从各地迁徙而至的移民，首先选择的应该是“聚族而居”的生活模式。例如，张氏家族主要聚居在张家巷，陈氏家族主要聚居在陈家巷，单氏家族主要聚居在单家巷。从对民间文献的分析看，村落的结构和组织方式在历史上与巷道内部的宗族迁徙活动密切相关。如《齐氏族谱》记载：“齐氏始祖自冀州枣强迁居历邑县城东北之托寨。至第九世藻、修二祖又自小埠迁居三德范阁里东胡同。”① “阁”指玄帝阁，“阁里东胡同”即后来的齐家巷。也就是说，从族谱记载的“阁里东胡同”到“齐家巷”两个名称的转变过程，实际上也是齐氏家族迁徙、定居并分裂、增长的过程。这大概是所有家族在三德范村落户、定居以及自然增长的一个缩影。杜赞奇在分析 20 世纪 40 年代华北村落的社会问题时也发现了类似现象：“（华北乡村）为了便于治理并从事其他公益活动，一个村庄往往分成几个居住相邻的地缘集团。在寺北柴、侯家营、后夏寨以及其他许多留有资料的村庄，人们往往聚族而居，故‘血缘团体’与‘地缘团体’基本重合……换句话说，血缘划分与政治领域相重合。”② 同时，他还发现“村民们确实有意识地选择这种街坊形式，他们不仅力求同族聚居，甚至希望同族土地连在一块。当然，后者很难达到”。问题在于，在年代上限方面，杜赞奇的推论建立在村落内部的宗族“同姓同宗”并且人口流动和迁徙情况较小的 20 世纪 40 年代，随后近百余年间，华北村落无论是聚落形态还是组织形式都发生了翻天覆地的变化。一般认为，随着人口规模的扩大，不同家族之间聚落的分化是其最显著的特征。虽然每个家族聚

---

① 张福经主编：《三德范庄志》，中国文化出版社 2006 年版，第 68 页。

② ［美］杜赞奇著，王福明译：《文化、权力与国家——1900—1942 年的华北农村》，江苏人民出版社 1996 年版，第 92 ~ 93 页。

落的村民都对各自的聚落空间有较强的地缘认同意识，但聚落之间的边界已由界限分明变得杂糅、模糊。[①] 三德范村同样面临 20 世纪 60 年代以后人口急剧增长、聚落扩大以及人均耕地面积缩小的问题。与杜赞奇的结论有所不同，三德范巷道内部的代表人物并不一定是主姓（大姓）家族的“能人”。此外，人口规模的扩大虽然也造成了聚落形式的改变（如老旧街巷的空心化、荒芜化现象），但居住地点、民居样式的改变往往是人们随着社会变迁而主动选择的结果，人口自然增长显然是其中的重要原因。

在三德范村，政治和经济因素不但没有改变巷道的组织结构，而且土地与农民的依附关系，往往也与巷道一起实现了“整体迁徙”，而不是像其他村落那样，每次土地改革或者抓阄分地都会导致原有结构的大变革。那这又是什么原因呢？

从 1946 年村内第一次实行土地改革，到 1955 年初级农业合作社成立后土地开始集体化耕种——人民公社时期，地权随着公社体制的演变而变化，最终形成“三级所有，（生产）队为基础”的集体土地所有制。随着农田水利设施的完善，三德范村的人口和耕地面积总体呈现了上升、扩大的趋势。1960 年至 1970 年，村内人口平均每年出生 117 人[②]，激增的人口在 20 世纪 80 年代迎来婚配、生育的高峰期。在人口不断增加的同时，由于集体化时代实行严格的宅基地审批政策，不少巷道一家四五口人挤在三间小屋里，几户家庭聚族而居，饭屋同用、栏圈共用的现象十分普遍。1980 年后，随着行政村分立和宅基地政策的放松，各条巷道的户主只要向村委会申请就可轻松批得住宅用地。一般意义上，宅基地的迁移和扩大首先会随着民居兴建，造成庄域建筑空间的打破重组。三德范村就出现了原居住区闲置倒塌、老街失修破旧的现象。时至今日，从田野间远远地望向村落，哪里有成片的绿色，哪里就是老巷。乡民们因为分家、产权和旧宅面积的逼仄，往往会放弃老宅将新居改建别处。那么，改革开放以来，这

---

① 李正东：《河村水会：日常生活、集体行动与生存文化：1978—1987》，光明日报出版社 2013 年版，第 37 页。

② 张福经主编：《三德范庄志》，中国文化出版社 2006 年版，第 50 页。

种迁居、扩建现象是否冲击了原本建立在地缘基础上的巷道组织和居住结构呢？答案是否定的。从20世纪50年代的高级农业社，到人民公社时代，再到家庭联产承包责任制时期，三德范村以巷道为组织单元的居住形式没有发生根本变化。换言之，不仅集体化时代生产队对土地的分包制，甚至后来国家实行家庭联产承包责任制时，生产大队和“村两委”都遵循了依照巷道传统划拨耕地、分产到户的制度。当然，三德范东、西、南、北四个行政村的区划设置也是如此，每个行政村都是按相邻模块，以完整覆盖几条巷道的原则分村而治。巷道在时空变化后实现了“异地重建”，各条胡同和原先土地的关系也没有发生根本的变化。故此，进入新时期以来，尽管随着社会的转型，造成了村落人口流失和村庄衰败的现象，巷道作为乡民生产、生活自治单元的体系却顽强地保留了下来。从20世纪40年代末庄域面积不足千亩，到20世纪90年代中叶扩大为2400多亩，“膨胀”的新村在原有组织单元的基础上最终实现了“整体迁徙”。村民们回忆，甚至是在人民公社时代，三德范村的巷道也是无法动摇的组织单元。近几年，随着青年人进城买房的热潮，村内的新建住宅越来越少。人们认为，固有的巷道将来更不可能发生改变了：

> 我们庄前后分了3次生产队，最多的时候分过44个生产队。分再多生产队也是以巷道为基础，比如，我们辛庄巷当时200多口人分成2个生产队。后来解散生产队，划了4个行政村，但老百姓分不清那么多生产队，还是“认巷道”。为什么非得按巷道？不按不行，你就说婚丧嫁娶这些事各按各的来多少辈子了，打乱了顺序没法治。不管是以前还是现在，哪个干部也不能拗着来。①

在三德范村，一个人即使在大部分时间足不出户，巷道内部自足的组织机制也可以使其无须劳心地处理完自己生老病死的人生旅程。

---

① 讲述人：赵介平，67岁，辛庄巷村民，退休教师，扮玩“领头的”；讲述时间：2016年4月20日。

而且像绝大多数鲁中地区的村落一样，日常生活里的三德范村平和、安静，几乎很难有什么特别的事件发生。很多村民认为，20世纪80年代以来的人际关系随着家庭收入的增长，家庭生活也出现了波澜不惊的总体状态。男人和女人的生活不再是围着土地或锅台转，一年中的忙闲节奏也变得越来越温和，除了丘陵地块需要多下点功夫，那种热火朝天、夏耕秋收的景象早已被快节奏的机械化生产代替了。于是，日常生活中的家庭、巷道和村落更多的是呈现了一种分散、平淡和疏离的状态：

(20世纪）80年代刚开始，家庭关系不如过去挣工分的时候好。当物质条件，特别是刚开始富，但不像现在这么富的时候激发的矛盾比较多。为什么呢？以前都过穷日子，没思没想的，矛盾就比较少。可是老百姓穷日子过惯了，一分钱都会看得很重，所以刚富裕起来的时候，老百姓会因为一点点的钱就争得面红耳赤。这个争执在分家、分东西的时候最明显。现在这个阶段实际上比那个时候要好得多。因为现在对小钱、小东西大家没有以前那么在乎了。过去我穿着公安服到处解决问题，因为鸡毛蒜皮的事儿，滴水、地头、分家不均等，那时候就是不挣钱，经济看得很重的原因。现在经济都宽裕了，有见识了，也就没有这些矛盾了。①

值得注意的是，三德范人却认为日常生活里这种“散”的状态并没有造成村落的离心或出现认同的危机，而且事实上还恰恰相反：

你别看俺们村北面的文祖村也是分巷道，也有好几个村，但是人家的巷道和城里的街道一样，该怎么划分怎么划分，和我们“一个巷道一伙人”不一样。他们这些村也不团结。别看我们庄大

① 讲述人：冯昭宝，57岁，西道巷村民，长期担任经济联社干部；讲述时间：2016年6月20日。

> 人多，出了庄可是出了名的团结。谁要是惹着三德范人，别管认识不认识，只要是本村的都会一起向前（帮忙）。①

三德范人总是表现出一致对外、团结互助的精神。换言之，在日常生活里呈现“散”的状态的三德范人，在遇到“事儿”时却表现出十分强烈的村落认同感，并能在短时间内调配出强烈的集体意识。

小　结

历史证明，当村落潜行着一套自治机制的时候，国家也总是有意识地在观念和实践层面调适着与村落的关系。在国家逐渐形成较为固定的组织机构和科层化体系的同时，在历史惯性和礼俗逻辑之下的民间自治传统以一种静水流深的姿态潜伏在社会变革中。乡民们一方面全面接受各种现代化改造；另一方面，又以地缘、血缘或亲缘为基础，在现代化格局中延续了由传统力量构成的文化网络，而且一旦国家政策允许，由文化传统搭建起来的组织体系就会爆发出惊人的力量。这也是三德范村年节扮玩能够在改革开放后复兴的社会基础。如前所述，其他各种文化力量搭建的村落组织文化还可以大致梳理出以下四种：

（一）国家基层政治组织。在法律或行政意义上，当代中国的政权组织止于乡、镇（或称街道办事处等）。在三德范村，管理区是基层政权文祖街道办事处的派驻机构。它是国家政治力量向基层乡土社会的延伸，又在一定程度上充当了国家制度的代言人，以及地方政策督导者的角色。在严格意义上，如果按照马克斯·韦伯那种“具备经营和机构特征的团体才能归纳为‘组织’（Verband）”② 的界定，那么，在三德范村，只有合署办公的管理区、经济联社才符合韦伯式政治型、文化型组织的特点。但在现实生活中，科层化程度相对较高的三德范管理区与其他地方的管理区不

---

① 讲述人：冯昭宝，57岁，西道巷村民，长期担任经济联社干部；讲述时间：2016年6月20日。

② ［德］马克斯·韦伯著，康乐、简惠美译：《经济行动与社会团体》，广西师范大学出版社2011年版，第87页。

同，在政治运作层面发挥了直接管理的作用。原因在于，除了管理区体制内的合法性上级管理身份，一体化的经济联社每年还掌握了一定的财政收入。各项财政收入的财富分配机制，在乡村治理意义上村委会有重要的导向、控制作用。同时，在村落日常生活中，紧密相连的活动日益减少，松散的个人化的活动逐渐增多。所以日常生活更多是以族家，尤其是巷道的民俗传统来运作的，管理区对日益宽松的乡民生活更多是发挥宣传、引导、协调和服务的作用。不过，只要管理区认为必要，它可以自由地转换“无为”和“有为”的权力状态。除了村容整治、殡葬改革和卫生管理，管理区对三德范年节扮玩的全局性组织、运作就是重要的表现。村委会虽然在国家制度设计中是基层自治组织，但这种自治更像是代表国家权力机关的触角和神经末梢，在实际生活中仍然普遍缺乏乡村治理的积极性和主动性。

（二）各类松散化的宗族组织。以三德范村张氏、王氏、冯氏和赵氏等家族势力为代表。从三德范村的具体情况分析，虽然张氏家族在村落政治传统和现实生活影响力方面似乎占有领先优势，但依据管理区领导的任命或更迭，很难概括村落真正的组织结构和权力分配问题。例如，三德范四个行政村村委会的权力结构在具体环境里就复杂得多。事实证明，在村落舞台，卡里斯玛型（charisma）人物的出现具有概率较大的偶然性和不确定性。因此，还必须根据具体家族和领袖人物的社会地位、家族财富、知识水平和交际手腕等进行综合判定。严格地说，在华北地区的绝大多数村落，宗族组织早就丧失了封建社会时期那种可以与地方政府颉颃的传统力量。除了修谱、续谱和祭祖活动等可以建立一种笼统的归属感和公共性，宗族关系更多的还是局限在各小支五服以内的范围。在日常生活的大部分时间里，普通村民只能在家庭、通婚圈和有限的交往行为、民俗仪礼活动中寻找作为宗族的存在感和认同感。

（三）巷道及其礼俗组织。巷道在三德范村绝不仅仅意味着一个物理的居住空间，而是建立在地缘基础上的再组织化的社群形态，它在很大程度上又是家族势力弱化后的补充机制。费孝通曾指出，处于差序格局里的中国人，习惯在自己的圈子里进行自食其力的生活，只有在偶然和临时的非常态里才会感觉到伙伴的需要。这种“安全感”的获得，一般是通过血缘、地缘组织及其活动来实现的。于是，在式微的宗族面前，三德范村的巷道——这种本质上建立在地缘组织基础上的组织机制，成为村落在新时期塑造“部分之和”并组织集体行动的重要途径。因此，无论国家制度和政策如何变迁，每一个时代的地方基层政权都会主动接纳三德范村的巷道。从更加开放的视野来看，巷道更有利于从乡民主体性的视角观察、体会他们的所思所想与现实需求。这也正是我们将巷道称为一种民间自治传统，并在它们的基础上分析其运作机制的价值所在。

（四）各类小农经济组织。尽管经济、财富、市场等概念早已成为老百姓熟悉的时髦词汇，但三德范村的经济组织更多是以隐性、流动、松散的形式存在于村落的权力、文化网络中，它们一般对村落政治生活发挥不了重大作用。在三德范村，处于财富上游的村民参与集体活动的形式经常表现为两种：一是在修谱、续谱活动中以各种公司领导者身份出现的企业家圈子，他们常以全额注资或实际出资的形式承担公共活动的主要费用，此种形式在王氏、孙氏和张氏家族的修谱过程中表现得最为明显。同样，在年节扮玩活动之前，也常出现他们慷慨捐资的身影。但真正拥有巨额财富的村民多数已早早搬到城区居住，在日常生活中几乎不与普通村民打交道。

此外，因为是城边村，三德范村民中还有许多以“包工头”“拉活的”形象出现的“掮客”。他们负责招引乡民从事进城务工活动，形成了一种现代中介组织。

在此基础上，三德范村的年节扮玩，不仅是一种充满了娱乐性、集体性的春节社火表演，更是建立在具体村落环境及其文化创造上的一种民间自治机制。进一步而言，在年节期间，构建在礼俗传统上的扮玩表演打通了公共领域和私人领域之间的“最后一公里”。村民们凭借巷道的地缘关系，不但以广泛的个体参与实现了一个超级村落的联欢，而且这种“非常时期”的艺术表演恰恰植根于日常生活的礼俗传统中。由此，以年节扮玩为纽带，农民们传承并承担起参与村庄建设的社会责任，在某种意义上也更新、创造了一种具有中国本土文化气质的公共精神。

具体说来，首先，巷道是复合了人情、面子、族家以及建立在地缘、血缘基础上的再组织化单元。如果说巷道构成的村落组织形态是基于村内宗族功能弱化，为促进族际协作而创生的补充机制，那么春节扮玩则是整个村落大致为上述目的设置的公共传统与操演路径。同时，作为一种历久弥新的集体性表演活动，三德范村扮玩因其参与者之众和社会影响力之广，其组织传统、组织过程和组织机制都处处折射出国家在场的影子。因此，严格说来，我们无法把三德范村的年节扮玩简单地界定为一种“自组织”类型。因为在三德范村，以血缘、地缘关系等形式生发出来的组织系统并不足以通过单一力量促成整体性的集体行动。时至今日，管理区这个村落的“部分之和”才是真正协调好村落内部不同利益诉求，并利用合法性身份发挥政治组织优势，乃至最终动员起整个村落社区的主导性力量。与此同时，按照特有的村落礼俗逻辑，乡民们参与扮玩表演的实践越积极，他们就越具备参与村落事务的热情，而通过广泛的参与所积攒起来的富有娱乐性、人情味和整体感的文化心理又进一步为解决村落日常时段的公共事务提供了保障。就此而言，三德范年节扮玩既是一种艺术的表演、经济的较量、文化的竞争，同样更是一种民间自治意义上的乡土政治运作与操演。

第三章　表演、仪式与民间自治

一般认为，社会变革的复杂性会使得乡民艺术很难有较为完整的传承序列感。章丘地区曾经十分普遍的年节扮玩，就只有极少数乡村能够将其涵纳在日常生活实践中，并使其成为具有周期性制度的村落传统。但另一方面，改革开放以来，随着综合国力的提升和文化自信意识的赓扬，一波又一波的“民俗热”又反复验证了艺术民俗的社会基础和文化根性。这些现象说明，包括乡民艺术在内的民俗传统，绝不仅仅是村落语境下乡民们自娱自乐的封闭行为，它们与国家意志和行政力量存在着一种复杂而深厚的共生关系。

那么，站在国家立场，为什么需要对乡民艺术，特别是那些被民众生活实践广泛接受的集体性结社、展演活动保持着高度关注呢？如上所述，在传统社会时期，乡民艺术活动所释放出来的个性解放与集体狂欢的特质首先有碍“社会风化”；在传统社会末期或社会动荡时期，建立在血缘、地缘、业缘和趣缘基础上的乡民艺术活动，其组织机制所引发的鼓动性几乎可以被视为一种准军事力量——有相当数量的乡民艺术活动就带有军事操演的痕迹；在社会相对稳定、思想渐趋开放的和平年代，群众聚集活动以及“乌合之众”所呈现的“无序”现象，显然又是一种“公共安全责任”。当然，国家与地方围绕集体行动及其秩序的强调，更多时候还杂糅着对以上几种因素的综合考量。因此，理解乡民艺术活动在组织机制层面可能产生的社会效应，是我们将其与民间自治传统的分析有机结合起来的窗口。

那么，从乡土本位及其生活主体的角度出发，乡民艺术及其仪式制度的消亡又有什么规律呢？从共时性的视角出发，许多类型相似的乡民艺术活动，在领头人物、经费筹措和表演文本等方面经常可以维系一种较为稳定的模式。但随着社会体制的转型和官民结构、意识形态的与时俱进，在文本的稳定性问题上则常会出现流变、异化现象。但是，文本的变化并不意味着结构的消解，更多时候，是以一种静水流深的姿态融合到更加广阔的乡土日常生活中。

在三德范村，年节扮玩是一个具有文化政治实践行为的场域。从国家级非物质文化遗产传承保护的政策要求，到县区政府及行政主脑的关心支持，再到派驻机构管理区的幕后主导，最后到各个行政村和巷道、胡同类似“夸富宴”精神的竞赛组织——扮玩以其广泛的社会关注度、实质性的政策支持和参与性的身心体验，不但调动起了政府部门的热情，而且激活、巩固了三德范人的村落认同感和归属感。在凝聚社会方面，通过扮玩活动，这个特殊的大自然村在一套自我治理、规束和统筹的自治精神下，呈现出了富有鲜明村落个性的生活秩序。值得注意的是，国家政治与民俗传统、政策导向与自治机制，这些礼俗关系并非一目了然。它们既在村落社会内外交错互渗，又经常在复杂的纠缠互动中孕育着新变化。因此，如何厘清这种复杂深厚的同生共存关系，是我们理解本书议题的关键所在。本章即以对三德范村春节扮玩表演文本的深描为立足点，主要偏重于对其象征仪式“报官”在组织机制与仪式变迁方面进行考察。我们大致会发现，作为一种流动的传统，原本具有实际文化功能的象征性仪式“报官”，在民间自治传统完成了现代转换以后，自然也就丧失了它曾经存在的理由和意义。同时，三德范村的乡民艺术表演及其所交织的自治机制再次说明，民间自治传统不仅没有成为现代化的障碍或随着社会变革而消失，反而以礼俗互动的姿态成为新时期建构国家和地方关系最可借用的优秀传统文化资源。

第一节　表演文本与组织机制

一般而言，学者们对一项具有历史感的民俗艺术活动进行考察时，传统艺术学研究领域的“学院派”大多会先试图厘清“发生学”问题，而对受到现代人类学理念影响的研究者来说，这个问题并不必要。而且一旦较起真来，一定会是错漏百出。乡民艺术活动操持者往往也是这种态度，就像华北地区各类社火表演的乡民们反馈的那样，“说不上来”和“俺也不清楚”是在被追问起源问题时最常见的答案。在三德范村，辛庄巷扮玩活动的“领头的”之一赵介平，曾在本地长期担任中学教师，退休后又曾主修《赵氏族谱》。在众多受访者中，他是少数可以给出“扮玩起源问题”答案的“领头人”：

> 这个事得从单家说起，单姓这一族是明朝从安徽凤阳讨饭来到了三德范。一路上逃荒卖艺，能够活下来，就是靠扮玩。单姓来到三德范以后，遇到天灾人祸吃不饱肚子就得干“老本行”，到处走街串巷。但是人家“玩（表演）”得很好，玩得很好就有影响，这样就有了萌芽，把大家吸引起来了。过去农闲就是农闲，啥也不干，说白了就是“闲时扮玩”。①

如果说“乞讨艺术”的论调是村民多少带有感情色彩和价值判断的家族叙事，那么“闲时扮玩”的说法则或许能从更深层次上阐释乡民艺术的发生机制。“扮玩让大家伙儿都能见见面，过年的时候高兴高兴。”这种答案较常见，也最率真。不过，从文艺联欢的想法上升到实际行动还有很长一段路程。我们在三德范村发现，“自娱自乐”现象并不能促成集体行动。在某种稳定、经常、持久的文化惯性和民众共识的督导下，以民众为主

---

① 讲述人：赵介平，67 岁，辛庄巷村民，退休教师，扮玩“领头的”；讲述时间：2016 年 4 月 20 日。

体，从国家、地方到村落，多元主体共同碰撞所产生的伟力才是最终促成群众周期性活动的根本原因。

一、表演文本

"上元"前后三日，祀三官。灯火辉煌，鼓乐喧闹，并扮演杂剧相戏，谓之"闹元宵"。①

十五日为"元宵节"，俗名"灯节"。是夕晚餐后，各家燃放爆花，灯烛照耀，竹马、龙灯、杂耍玩艺驰逐于街巷，人山人海，热闹异常。②

"元宵"，比屋张灯。其灯有鳌山、走马之类。又制为龙灯，蜿蜒数丈，人持一节，环绕街市间。又或为俳优假面之戏，鼓乐喧沓，老幼逐之为乐，累夕方止。③

作为一种具有悠久历史感的民俗艺术，以元宵节为节点的扮玩活动大量被明清时期的地方志所记述。从华北地区的记录看，扮玩文本最大的特点是"杂"，作为元宵节表演活动的总称，它是各类民间游艺表演活动的"大杂烩"。舞龙、舞狮、高跷、秧歌、竹马、大头娃娃、挑骨碌带（锔匠）、武术、滑稽戏……几乎乡土社会可供群众观赏、娱乐的一切游艺活动都能在年节扮玩的舞台上看到。此外，地方戏曲也被作为既在表演形式上相对独立，又被视为年节扮玩活动的一部分而存在。当然，只有外人看起来才会有眼花缭乱的感觉。在乡民们看来，无论构成扮玩的游艺活动多么庞杂，也无论扮玩的服装、道具、表演是否粗糙、重复和简单，它们不

---

① 丁世良、赵放主编:《中国地方志民俗资料汇编（华北卷）》，北京图书馆出版社 1989 年版，第 589 页。

② 丁世良、赵放主编:《中国地方志民俗资料汇编（华东卷）》，书目文献出版社 1995 年版，第 324 页。

③ 丁世良、赵放主编:《中国地方志民俗资料汇编（华东卷）》，书目文献出版社 1995 年版，第 966 页。

但不是一种混乱无序的“大杂烩”，恰恰相反，这种村落语境下的集体表演活动更像是一张面貌清晰的“全家福”。

除了一般意义上的“杂”，它的另一个特点是“扮”。无论是小戏还是秧歌、竹马、高跷、滑稽戏，都要求表演者改变在日常生活里的容貌行止，以服饰、化装的艺术化再现带给同村人强烈的印象反差。为此，演员与观众就在现场营造出感染力、互动性很强的情感空间，而且这种情感超越现场，勾连着日常印象。

严格说来，华北地区的乡民艺术活动在大多数情况下不是一种单纯的“为艺术而艺术”的创作活动。扮玩是被乡民们纳入整个春节期间生活情境的。进入腊月，鲁中地区的农民们就会着手“忙年”。妇女和孩子们的时间比较宽裕，年节的气氛便通常是由他们率先营造出来的。就这样，随着赶年集、买年货以及零星的爆竹声，人们渐次沉浸到春节的气氛中。直到二月二“龙抬头”之时，才算“过完年”，大家才又重新回到平淡的日常轨道上来。

在三德范村，“小年”过后，村民们必须歇息下来，若再外出打工挣钱，或者因进城务工迟迟不回家，就多少要被邻居们笑话了。在玄帝阁南侧的大集上置办年货是村民们的头等大事。俗话说“过了腊八不置办，到了年底多花钱”，就是说买年货要趁早，不然到年底物价都要上涨许多。还有很多村民选择腊月十八就置办年货，就图蔬菜的新鲜和价格的便宜。这天的大集是“大花钱”的时候，等到腊月二十三再添补添补，基本上就买齐了年节的物资。等到腊月二十八再赶集就是货物稀少、质量低劣，小商贩们急着兜售处理的“穷汉集”了。等到腊月二十九、三十，人们用福字、春联和门签等喜庆的符号装扮自己的生活空间，整个村落焕然一新，呈现出喜气洋洋的气氛。

除夕，傍晚6点左右，天色已变得灰蒙蒙。零星的鞭炮声陆续响起，很多家庭开始“请祖先”回家，然后回到正屋请出家谱，悬挂写满祖先谱系的“朱子”。一个大家庭，如果父母健在，就把“朱子”挂在父母家里，如果父母没了就由长兄负责，长兄没了，就挂在老二家，以此类推。请进祖先后，家里气氛变得庄重起来。除夕夜不仅要祭祖先，还要供“天地三界十方万灵真宰”等神灵。每家庭院的东北侧，都会单独放一张小方桌，并摆上酒、炸鸡、炸鱼、炸肉和果碟等五样供品。此外要祭拜一些其他神仙，像门神、财神等。晚上 7 点左右，各家各户都会在大门口放置一把干草，街坊四邻都会聚集到门口，在一个差不多的时间点，一齐点燃火把，鸣放礼炮。一时间各条巷道火光冲天，既有一种神秘氛围，还透着几分让人精神勃勃的艺术气息。这个仪式过程被人们称为“照厅”。

除了“照厅”“请祖先”“供天爷”，人们还要用草木灰将宅院大门围住。屋内，各家的主妇早就开始准备年夜饭了。除了饺子，肘子、鱼、肉、鸡、丸子、炸货等也是年夜饭必备的菜肴。年夜饭开始，一家人围坐在一起喝酒吃肉、看春晚、抢红包。第二天大年初一，作揖、跪拜、说吉祥话、发压岁钱等一套拜年规矩成为这天表达对长辈的尊重及孩子的祝福的主要方式。

年初一过后，三德范人就开始走亲戚，俗话说“初二姥娘、初三姑，初四、初五看丈母”。因为“通婚圈”几乎都在村内，所以大部分村民走亲访友不必出远门。不过距离虽然近，规矩一点也不少。① 初二闺女走娘家，娘家则“候女婿”（“候”是招待的意思）。旧时，女婿登门的礼品是一筐馒头，20 世纪 80 年代是挂面、饼干和猪肉，现在随着生活水平的提高，会多准备些奶、酒和水果了。亲戚朋友一般会走动到正月初七八，三德范人说“亲戚走到初七八，馊了豆腐烂豆芽”，意思是那些亲戚多的村民，到了正月初七八，亲戚还没有走完，天数久了，自家豆腐都馊了，豆芽也都烂了。因此，从晚辈们登门拜年开始，一个礼物和人情流动的圈子就有条不紊地运转起来，“走亲戚”“聚一聚”“喝小酒”也就成了人们在节日生活中最放松的时刻。就扮玩活动而言，村民们“走亲戚”“聚一聚”

① 或许是“通婚圈”主要在村内的缘故，三德范村还有大年初一“拜丈人”的习俗。大年初一是家家户户拜新年、贺新禧的日子，按照本地老规矩，女婿首先要去拜贺新年的就是岳父母，然后依次是女方家的叔伯姑舅，之后再去给男方本家的亲戚拜贺新年。当然，随着时代的变迁，年轻人有的不拘泥过去的老规矩，以自己出行便利为主，岳父母以外的拜年次序并不十分严格。少数女婿也会在给其他人家拜完年之后，在初一的下午再来祝老丈人新年好。据说，大年初一给岳父母拜年虽可拖至下午，但万万不可延耽到初二，若是如此，则被认为是非常失礼的表现。

的时刻，既有情感的交流，也会相互打探内情、沟通计划和磋商分工。许多“领头的”表示，自己巷道演员的招募、经费的凑集、节目的创新都是在酒桌上敲定的。

大年初四前后，锣鼓声、梆子声夹杂着吕剧团清脆的唱腔，三德范村的古戏台已被老人们围得水泄不通。吕剧团演出刚结束，附近青野村的五音戏乡村剧团接踵而至，开始了本地戏曲剧目《王小二赶脚》《拐磨子》《彩楼记》《王定保借当》《墙头记》等的演出。与此同时，不甘心只做观众的各条胡同的村民，特别是放假在家的青少年便迫不及待地拿出锣鼓敲了起来。至迟在正月初八九，扮玩就要在管理区和各巷道“领头的”的协调下正式进入组织阶段。从这几天起，关于“今年上什么节目”的讨论将成为每条巷道老少爷们闲聊的重要话题。

在 20 世纪 90 年代前后，三德范扮玩从每年的正月初七八开始，一直表演到正月十五。在当时，扮玩活动是否举办、场面是否热烈，都与庄稼收成丰歉有直接关系。到了 2000 年左右，农业年景已经不再成为影响扮玩的主要因素。正月十二、十四、十五、十六这几天扮玩活动比较隆重。旧时，正月十三会休息一天，据说是避“杨公忌”。正月十五元宵节当天是最热闹、最隆重且各条巷道要把压箱底的绝活亮出来的一天。因为当天扮玩节目出得最全，气氛最热烈，所以俗称大扮玩。三德范村扮玩的表现形式五花八门，就像老百姓所概括的那样：“东道云彩西道龙，金家胡同蛾子灯。陈家胡同是八卦，齐家胡同玩花瓶。西崖八仙来过海，辛庄唐僧去取经。张家胡同玩鼍鱼，东沟哆嗦蛤蝼灯。单家胡同不玩灯，大刀一舞满地红。”因此，如前所述，扮玩其实是众多游艺民俗艺术活动的有机构成，“杂”“扮”是它在表现形式上的主要特征。其中，作为一种民间舞蹈形式，扮玩当中的“芯子”是最引人瞩目的表演形式。

年节扮玩的标志性节目是“芯子”表演。它因酷似旧时烛台及中间的灯芯而得名。正式演出时需多名男壮劳力轮流肩抬衡木，所以三德范人又俗称“抬杆”①。抬杆是用粗细均匀，韧性、弹性较好，长约 6 米的鲜杨木制成的。杆木两端安装扶手，杆身用红绸包裹。因每架抬杆至少需要两名壮劳力，整架重量要尽量减轻，所以能上抬杆的演员都是五六岁的男童或女童，体重在 60 斤左右。以太平巷的《寇准背靴》选角为例，如果要为“寇准”这个角色选择演员的话，一般选择方面大脸的小孩，这样方便“带胡子”（戏文里的“髯口”），而瘦一点的小孩脸型就不合适了。如果要选一个“柴郡主”的角色，那就需要找一个小脸的孩子，这样穿上女装才好看。这个找小演员的过程被乡民们戏称为“面试”，也是“芯子”表演成功与否的关键。演员选好了就要“台试”。“芯子”就是一根横杆，中间有根小横梁，横梁上面有帮助固定小演员的柱子。大家把小演员固定在抬杆装置上，观察孩子们的神情、动作，通过心理素质测试做最终是否选用的决定。

正式演出时，每条巷道会出一两架“芯子”，元宵节当天“压轴”出演时则出两三架，于是全村便形成十几架“芯子”首尾相接的壮观场面。按传统，各条巷道的“芯子”形制和表演内容都有很大差别，其他巷道不会以造型模仿、照搬的形式去复制对方，这是各条巷道心照不宣的规矩。“芯子”演出的内容多涉及戏文，如《王小赶脚》《白蛇传》《哪吒闹海》《寇准背靴》等。“芯子”表演时，锣鼓声势要大，演员的表演节奏与抬杆颤幅要保持一致，强调抖动杆木，上下颤动。于是抬杆的汉子多腰弓、腿弯、慢步、轻摇。身着各类戏装的儿童则手持彩绸，在离地面六七米的高处做出舞蹈化的姿态。扮玩开始后，以玄帝阁前、巴漏河两侧河岸为舞台中心，街道、房顶、墙头、阁楼、桥面上站满了本村和四邻八乡闻讯赶来的观众。就这样，以正月十三为起点，正月十五为整个活动的高潮，扮玩在富有节奏和秩序的组织中形成了村落狂欢式的氛围。

三德范扮玩的传统路线是先走街串巷，最后在巴漏河干枯的河底或戏

---

① 也有村民认为“抬杆”和“芯子”的概念不同，“抬杆”在传统上强调人力的身抬肩扛、步行表演；“芯子”则可以放置在交通工具上，在交通工具的移动过程中进行表演。“芯子”、高跷等离开地面进行表演的项目和其演员被三德范人俗称为“上脚”，以脚步移动表演的队伍则被称为“下脚”。

台空地上集中演出。20 世纪 80 年代初，随着人口增多，居住面积飞速扩大，街道也开始变得更不规则。此时，位于村庄中央地带的巴漏河已经陆续竣工了五架桥梁。为了省时省力，走街串巷式的传统路线彻底变成了以巴漏河两岸及桥梁为枢纽的“口”字形路线。此外，在整个演出过程中，十条巷道的表演队伍谁先谁后，要按约定俗成的规则，遵循固定的次序。2015 年正月十三，笔者曾对三德范陈家巷的扮玩准备做了一番观察，并记叙了一段田野调查笔记：

今年，陈家巷因为有两位老人先后在冬季去世，为了表示哀悼，陈家巷的准备活动比往年稍晚了两三天。今年的扮玩，陈家巷增加了孙悟空、唐僧、沙僧、猪八戒等几个“扮相”，算是“新节目”。新增的节目都由中老年妇女扮演。正月十三上午八点半，三德范东村村委会的大院里就有人开始排演了。其中一位男性村民，先是做健美操，又伴着戏曲音乐戴上花环原地跳舞，而且故意把动作做得柔媚多姿。陈家巷的七八位中老年妇女围着这位正在表演的村民，边看边笑边评议，并当面调侃其娘娘腔的“丑态”，这位村民却我行我素，毫不介意。村委会东侧是一排二层小楼，一楼的空房子里老人们正在给小演员“递脸子”（化妆），化妆的对象主要是表演旱船和竹马的中老年女子，以及扮演丑角的一位男性村民。作为“外来者”，我见缝插针地分发去年给陈家巷村民拍摄的照片，最后一股脑地给了陈家巷的“领头的”之一刘绪刚大伯。刘绪刚是巷道内的组织者之一，让其转发照片自然也是一种对他作为领头人物的尊重。在院子中央，“舞龙队”正在操演。按照传统，舞龙是不允许女子出场的，但是现在只能由女子担任主力，并在昨晚举行了简单的“取水”仪式。一位中年男性正手持龙头给妇女们做动作示范——龙头的舞法，龙身、龙尾的舞法。他边说边跑，游动穿插，并一再要求妇女们要将“力与美”结合起来。上午八点左右，同样属于三德范东村的东沟巷以儿童竹马为特色的另一支扮玩队伍，敲锣打鼓地前来给村委会拜年。正在训练的陈家巷人赶紧闪到一边……

等东沟巷这支拜年的队伍离开，陈家巷队伍立即燃放鞭炮，并在村委会大院广场前的超市门口试着表演了一圈。店主快步向前，满脸笑容地塞给了“领头的”钞票和香烟。随后，“领头的”向四周高高举起店主赠送的百元大钞和一条香烟，妇女们的脚步也跑得更快了。一刻钟左右，稍事休息的女子舞龙队的“龙头老大”不得不向“领头的”抱怨妇女们体力不行，恐怕难以支撑今天接下来的几场简短的拜年筹资活动。组织者则反复安慰，并承诺一会儿有汽车前来接送她们赶往村外的拜年地点。正在交流着，一辆由本胡同村民驾驶的“跃进”牌皮卡开进了大院，队员们争先恐后手持着道具挤上卡车。卡车狭窄的车身挤进了将近30个站立的村民。不知道谁被踩了脚，发出一声夸张的“哎哟娘哎”。在大家的哄笑声中，汽车一溜浓烟开出了村委会大院。

这天上午10点左右，各条巷道按照管理区规定的时间，在玄帝阁周围集合并准备围绕巴漏河巡游。排在首位的扮玩队伍是金家巷，由妇女和儿童手持两面彩旗开路，随后又有青年人高举用红纸墨笔书写的大字“金家巷”，接下来依次是彩旗方队、锣鼓方队和旱船队伍。往后间隔四五米，紧跟着的是陈家巷，各条巷道的彩旗、横幅、锣鼓队伍基本一致，但保留节目各不相同。陈家巷的拿手绝活是被称为“芯上芯”的《吕洞宾戏牡丹》。“芯上芯”是陈家巷的创新形式。扮演“吕洞宾”的小演员坐在第一层平台，扮演“牡丹”的小演员站在更高的第二层平台。整台“芯子”高4～6米，有八名青壮年手抓肩扛，孩子的父亲和叔伯则手持缠有软布的钢叉侍立两侧，以随时调整和保护在高处的两个小演员的平衡和安全，同时也是让孩子减少紧张感。为降低“芯子”的重心，“芯子”的圆形木质基座用多根木料搭建而成，外面裹有花绸，基座中心有一根通顶的铁杆直插高处。因为整套装置隐藏在演员的衣裳和裙摆下，观众并不会看穿其中的奥妙。等一切扎束停当，身着戏服的小演员头面整齐，长裙飘飘，水袖轻摆。四下的乡民往高处看时触目惊心，能够产生既唯美又心悸的心理体验。陈家巷扮玩队伍的后面又依次排列着东道巷、西道巷。最终，以张家巷结尾，形成一个完整的首尾相接的环形结构。

按照传统，户口人数和节目内容最多的张家巷排在十条巷道的最后。除了舞龙、秧歌等一般项目与其他巷道有些雷同，张家巷的压箱底表演则是“转芯子”。这种“芯子”是将潜藏在基座上的支架做成“U”形铁架，以轴承贯穿起来的装置可以使演员做出倒立和翻跟头的动作。与表演动作相呼应，张家巷的保留节目是风格活泼的《猴子摘枣》和《王小赶脚》。从正月十三开始，所有巷道中午10点左右出门，依次围绕河道游走一圈后各自返回，刚好在12点左右的午饭时间结束。下午各条巷道则是傍晚后出门，晚上的演出主要是“看灯”。云灯、生肖灯、蚌灯是三德范东沟巷的专属节目，其他巷道则一律以龙灯为主。演员人数、节目内容会因光线原因大量减少，在夜幕的掩护下气氛反而更加放松。活动一般在晚上六七点钟结束。此外，从正月十三到正月十五，各条巷道都会以自己的形式保存实力。按照惯例，正月十五这天才是“正日子”，每条巷道最精神的演员、最规整的队伍和最精彩的节目都集中在这天以自己的最高水平表现出来，“养精蓄锐”和“一鸣惊人”是每条巷道常用的竞争策略。最后，随着元宵节夜晚的灯火散去，一年一度的扮玩算是落下了帷幕。

事实上，对扮玩表演文本的深描有时会削弱我们对其组织机制的理解，因为文字呈献给读者的更多的似乎是从国家级非物质文化遗产评审所需的“审美性、娱乐性”角度做出的观察、分析和描述，现场表演情景及其运作机制交织起来的“综合性”则往往存在着缺场的可能。其实，从参与扮玩所需的社会心理学基础出发，我们可以将扮玩理解为一种“文本”或“仪式”。以它们为坐标，作为个体的乡民、作为组织单元的巷道，以及作为语境的村落其实都是围绕集体表演所承载的文本进行的仪式操演。换言之，表演文本仅仅是扮玩活动的形式内容，仪式操演则提供了一种方式和机会，让乡民们参与到戏剧中，不但观察彼此而且体验自己的角色，唤起了一种迥别于日常状态且富有精神超越意味的情感反应。因此，在完整意义上，作为仪式的表演文本其实是由演出地点、路线、天气、环境，演员、观众的互动，以及糅合了既定或即兴，内外评价和组织机制等构成的复合型场域。围绕这些被容世诚称为“场合元素”① 的内容，集体表演活动的意义开始从巷道“领头的”转移到每一位参与现场表演的演员，并经由演员的状态弥散到现场的观众及其构成的村落语境中。从这个层面看，作为组织机制的扮玩，动员起绝大多数村民主动性、积极性的动力和基因是经由身体实践所层累的身体记忆。通过年复一年持续不断的身体实践，每个成员参与得越是深入，那么他就越具备表演文本及其角色心理所潜藏的意识和能力，从而使扮玩活动从生活主体本身记忆、传承和延续下去。村民姜爱民的行为逻辑就非常能够说明这个现象：

我不太热心扮玩！小时候热，后来不热了。那时候我的家庭情况不好，兄弟姊妹好几个，父亲去世早。我小时候每年扮玩都想上，表演间歇我就上去抢着打打鼓、敲敲锣。可是那时候胡同里瞧不起人，你想上偏不让你上。现在不好找人了，想让我去我还不去咪！②

二、“领头的”

每条巷道的扮玩组织者较为接近“领头的”这个民俗语汇。三德范村每条巷道的“领头的”一般为两或三人，多则五至六人。他们的诞生及其权威完全是从日常生活中积累的。在一定意义上，他们是巷道扮玩活动的“动员者”，而这种资格又几乎是在婚丧嫁娶等人生仪礼的操办中奠定的。每条巷道的“领头的”年龄大多在50岁上下，平均年龄在65岁左右——整体偏大的年龄结构也是他们根据人生经验主持或操办红白事的必要条件。扮玩“领头人”或“领头的”似乎更接近稍显平和的“能人”称谓，或者说“能人”这个群体构成了完整意义上的“领头的”。在通常意义上，“能人”的共同特征是识文断字，具有较高的辈分、德行、声望且熟悉各

---

① 容世诚：《戏曲人类学初探：仪式、剧场与社群》，广西师范大学出版社2003年版。

② 访谈人：朱振华；访谈对象：姜爱民，58岁，南村村民；访谈时间：2016年4月20日；访谈地点：三德范。

种民俗传统（现在则主要表现为对婚丧嫁娶，特别是葬礼）的操持礼仪。在一定程度上，他们在日常生活实践中仍然具备一部分“长老”“耆老”的文化功能。罗家德就曾指出：“就农村而言，社会精英即村中的能人，其比普通村民拥有更多的知识、经验、声望或关系资源，是村内影响力比较大的成员。”① 但与他在研究中对中国社会内部关系网络及某些乡村社区自组织运作的观察不同——乡民艺术活动的“领头的”在一个较为复杂的民间自治机制里不能简单地划分为政治、经济和社会等三种类型，因为不同类型的“领头的”，在村落文化权力结构中的地位以及乡民艺术活动中承担的角色、发挥的作用还是有许多明显的差异。

从扮玩的组织机制与文化权力网络的结构性视野观察，在三德范村，从高到低依次分布着以下几种“能人”，即“政治能人”“俗礼能人”“社会能人”“艺术能人”“经济能人”。特别指出的是，具体到每一条巷道时，“政治能人”不在扮玩组织里发挥具体的效能，“经济能人”更处于附属地位，巷道内部的组织机制主要是靠“俗礼能人”和“艺术能人”实现的。不过从文化根性上讲，所有“能人”的优势与局限，无不出自这片乡土及其文化传统的浸染，这是我们在强调当前国家力量发挥建构作用时尤其要注意的地方。

1. “政治能人”。在三德范村，从 20 世纪 80 年代初以后，以专门政治组织形式所体现的形态是管理区和村两委。扮玩活动中的“政治能人”较为集中地体现在管理区主要领导身上，各行政村村两委在扮玩活动中发挥的作用很小。管理区是以权威身份直接联系、协调和统筹“一街十巷”的中枢神经。管理区在扮玩协调指挥的一线，走在台前的是工作人员冯昭宝。元宵节演出前后，无论是为几十个巷道“领头的”开会强调秩序，还是手持高音喇叭调度几千人的扮玩队伍，冯昭宝的号召力主要建立在两个方面——就自身条件而言，他青年时代参军，退伍后先后在村委会和联社工作，自称是一位“吃了 30 年公家饭的农民”。因为年轻时形象、气质、

---

① 罗家德、孙瑜、谢朝霞、和珊珊：《自组织运作过程中的能人现象》，载《中国社会科学》2013 年第 10 期。

书法水平和演讲能力不错，他入伍不久就被选拔进了部队机关。复员后，冯昭宝延续并保持了军人的一些良好习惯，如注重仪表、穿着，爱干净，做事雷厉风行，思路清晰，表达能力突出，这是冯昭宝能受管理区主要领导委托，在指挥、协调工作任务之外，还能在现场应付各路记者和处理突发情况的重要原因。从外部因素看，他本人受管理区党总支书记的委托，代表整个派驻机构全权处理具体活动的场面调度，无论是在年节还是日常，所有与扮玩有关的应酬性演出活动都由他担任领队。生于村落、长于村落，特别是比同龄人的"辈分大"，这种对村落内部知识和管理的连续性及内生性经验是他在组织管理中得心应手的自然条件。此外，从近两年管理区根据演出水准和规模为各条巷道的扮玩采取评价机制和现金奖励后，由冯昭宝具体执行"评价标准"——这也是他在各条巷道协调组织过程中不可或缺的因素。冯昭宝的直接上级是管理区党总支书记，纵向联系的主要对象是村两委。不过，管理区党总支书记按照村落传统和身份要求，在扮玩活动中更多采取的是"抓大放小"的原则。严格说来，管理区党总支书记在大部分时间里才是以"看不见的手"来调控整个扮玩活动的总导演，他同时也是在政治层面调节扮玩活动走向的决策者。

三德范四个行政村的村两委主要干部都在 40 岁上下，因为村级财政紧张，村集体只能给每条巷道拿出 100 元或 200 元不等的"拜年红包"。谁在任，扮玩队伍就会去谁家登门拜年，当然拜年的对象以村两委的男性成员为主。综合以上因素，每条巷道的"领头的"更多的是与村两委的干部们保持礼貌性的态度，管理区及其执政者则是可以起到实质性影响的决策人。在扮玩活动全程，乡民们与村委会只维持一种较低层次的礼尚往来关系。在政治层面，对活动组织运作产生各种影响的实际上主要来自管理区的"领头的"，如以冯昭宝为代表的"政治能人"。

2. "俗礼能人"。"俗礼能人"一般是每条巷道各种民俗活动的"仪式专家"，也是构成各巷道扮玩的核心人物。在日常生活中，"俗礼能人"通过对巷道内居民家庭俗礼活动的操持来树立威望、凝聚人心和建立邻里感情，积攒"人情、面子"。他们的辈分、年龄、德行一般都比较高，即使在同龄人中也多被尊称为"叔""伯"或"爷爷"。除了年龄、辈分、德行等因素，拥有某种民俗或文艺技能也是“俗礼能人”不可或缺的因素。三德范张家巷扮玩“领头的”张烈民、李景兴就是一对很好的“俗礼能人”式的搭档。他们年纪相仿，都在65岁左右。张烈民性格耿直，脾气火爆，争论问题时喜欢仗义执言，不给对方留什么情面。张烈民的这些缺点虽然产生了很多矛盾，但因秉性耿直，胸怀坦荡，反而在人情交往中树敌不多，被视为张家巷“老一辈人”的核心人物。此外，“俗礼能人”是张烈民树立个人威望的另一个重要原因，他年轻时走南闯北，能多快好省地做一席红白宴。他既可以根据主家的情况处理特殊事件，又能根据主家的难言之隐节省食材。这种“人无我有，人有我优”的技能使得张家巷的邻居们无不欠他些“人情”。李景兴在扮玩活动中的主要特长是处理各种“技术问题”，如服装、道具、化妆和演员训练等。这也与他个人年轻时喜欢画画、写字和唱几句地方戏有关。他的性格内敛含蓄，这样就与张烈民形成互补，组成了一对得力搭档。实际上，每条巷道的“领头的”几乎都有类似的情况，兼之民俗仪礼的操持过程本身就具有对个人品德优胜劣汰的机制，所以真正可以纳入“俗礼能人”系列的人物大多很受邻里们的尊重。这些能人是扮玩活动中的中坚力量。

3. “社会能人”。“社会能人”是基本脱离农业劳动，退休前大多是工人或教师身份，从而具有特殊社会地位的一类人群的总称。他们在扮玩活动中一般担任参谋者的角色。在管理区、村两委、镇政府或小学、初中等组织中带有官方、半官方背景的退休人员是“社会能人”的代表。他们往往年轻时因忙于公务疏于对扮玩活动的直接参与，而退休前积攒的人望和退休后多少不等的退休金、养老金是他们热心参与、组织扮玩的心理基础和社会保障。辛庄巷“领头的”之一赵介平是其中的代表。他生于1949年，专科文化，先后在本村担任小学和中学教师。因为族群关系复杂，辛庄巷曾有一段时间是村里唯一的中断扮玩的巷道。赵介平退休后，先后主持续修了《赵氏家谱》，并率先倡导、组织和恢复了辛庄巷的扮玩活动。作为退休教师，村庄内外桃李遍天下的群众基础，是赵介平以“社会能人”身份发挥“领头的”作用的重要原因。

4. “艺术能人”。“艺术能人”是三德范年节扮玩中最为活跃的群众力量。村内有一拨“艺术能人”，他们纯粹从“玩”的角度爱好地方戏、武术、广场舞、书法、绘画、葫芦雕刻或根雕等活动。每年扮玩节目的新创意、新体裁，乃至试验、制作、宣传都是由他们带动。这些“艺术能人”的住宅分布和年龄结构没有十分明显的规律，整体上年轻人偏重于根雕、葫芦雕刻和绘画，老年人则侧重于地方戏或书法。张家巷的村民张烈才是一个很好的例子。虽然刚过不惑之年，但他在张氏家族中辈分较高，属于同龄人中的“叔伯”辈。除了侍弄庄稼，张烈才还以养殖业见长，是远近闻名的“养猪大户”。他还酷爱书法、根雕、石刻和木工，几乎是一个民间手艺方面的全才。这种喜爱“艺术活动”的特质大概也造就了他比较敏感，对待公共事务的积极性、参与性和自尊心很强的性格。因为张家巷人口繁多，住宅区逐渐分裂为新、旧两个相距较远的片区。几次组织扮玩的人事矛盾，特别是新生代、少壮派独当一面的欲望，使得张烈才最终联合少壮派从张家巷分裂了出去，自立门户，打破了村史上只有“领头的”更迭，但各条胡同只有一支队伍的惯例。

5. “经济能人”。“经济能人”一般是扮玩活动的主要资助者，还是“俗礼能人”们主要拉拢的对象。“经济能人”在扮玩活动中是听起来极其重要，但现实生活中没有特殊地位的一类群体。在日常生活中，他们因为创办企业、商店、作坊或店铺处于财富的上游。年节扮玩期间，每条巷道扮玩拜年时的主要对象就是这些“经济能人”，他们是每条巷道扮玩的“财神爷”。但是因为扮玩活动的花费较为巨大，按照惯例，大部分“经济能人”拜年时多则给一两千元，少则给一两百元的“红包”对扮玩活动来说的确是杯水车薪，因此，真正意义上的“经济能人”更多还是助益于自己的家庭，他们对年节扮玩活动的经济支持并不起决定作用。同时，因为扮玩活动自身具有众筹的传统，即使是财富十分雄厚的“经济能人”，除非有出任“报官”仪式“灯官”这一荣誉的机会，否则也不会以垄断的姿态给自己所在的巷道绝对支持。因为这既不符合惯例，更容易留下“财大气粗”的负面评价。

总体而言，尽管以上五种“能人”的社会地位和文化功能不同，但他们都是年节扮玩活动不可或缺的部分。“政治能人”以“看不见的手”调控扮玩的节奏和走向，并从乡村治理的角度灵活调适这项活动的民俗政治功能。“俗礼能人”则是自组织机制运转的核心力量。在日常生活中，他们是民俗传统的“仪式专家”。出于地缘荣誉、社会地位或公益精神，他们不但常常在危急关头自觉地承担、垫付活动所需的经济费用，而且往往站在乡村伦理道德的高处，受苦在前，得益在后。在很多情况下，“俗礼能人”的号召力实际是在日常生活中积累起来的人情、面子的一种厚积薄发。最后，“艺术能人”和“经济能人”则是扮玩活动的活跃分子，他们从精神、物质层面使得扮玩的组织机制充满了创造、再造、重塑的变数。最终，这种建立在地缘、血缘、趣缘等组织基础上的，且由社会文化权力网络编织起来的文化合力，共同促成了这个超级村落的集体行动过程。

相对而言，在这五种“能人”类型内外，还叠加着一类若隐若现的“领头的”，那就是各条巷道里的女性人物。近年来，以三德范村中青年妇女为主体，许多妇女开始从附庸地位走向了组织者、“领头的”的角色。在日常生活中，妇女们对文艺活动的热情主要表现为广场舞。据村民回忆，2010 年前后是三德范村广场舞活动的高峰期。当时，在三德范村的巷道口和开阔地带，最多时有十二三支广场舞队伍。舞蹈水平的高低，音响设备的所有权，以及投入热情的程度是能否成为广场舞“领头的”主要因素。流行既意味着大众化和通俗化，也意味着会像四时之风那样转瞬即逝。五六年过后，十几支队伍陆续解散，最终只剩下玄帝阁西侧广场上的两支队伍。尽管如此，这两支队伍也有两个“领头的”。与上述五种可以直接影响扮玩活动的“领头的”不同，这些人以巷道为基础，最后延伸到村委会、管理区这样一个村落层级结构中。但广场舞兼收并蓄，个人兴趣、离家较近是加入广场舞队伍的影响因素，因此其成员驳杂，不拘于哪条巷道。当然也有例外，三德范西村的广场舞场地毗邻理发店，年轻干练的女店主结合个人的文艺爱好，经营起了被认为全村舞蹈水平和颜值最高的一支舞蹈队。从 2017 年春节起，她们破天荒地加入扮玩队伍，边走边跳，以相对统一的步伐、动作、着装和靓丽的扇子舞成为当年扮玩活动中一道最受人瞩目的风景。

要言之，三德范村扮玩的组织机制同样说明，“中国能人在维系自组织稳定发展中遵循人情法则。在维系私人道德、熟人关系事务领域，一定的正式规则固然仍需制定，但人情法则却显现出极强的适用性和实用性”①。但是，建立在差序格局基础上的人情关系和社会网络，实际上还连通着中国乡村整体的生活文化和公共领域。三德范村的扮玩组织机制说明，当单一家庭或松散宗族的组合不能满足公共空间的文化需要时，“领头的”/村落“能人”这种立足于民俗生活基础上的组织与代表机制，不但能呼应国家垂射到乡村的一整套权力文化体系，而且又能以润物无声的姿态串联起村落方方面面的有生力量。

三、经济运作

每年正月初七或初八，三德范人就会以巷道为单元，各条胡同自发组织、筹措资金、整修道具、排练演员，准备在正月十四前后三天的春节扮玩里一鸣惊人。在20世纪80年代之后的十年间，大部分巷道的上场演员和准备服装、道具、化妆的妇女儿童加起来最多有1000余人。现在的演员人数逐年减少，但十条巷道的参与群众累计起来仍旧数量庞大。正月初七前后，各条巷道“领头的”就要筹备“捐款”。无论“领头的”有什么豪情壮志，凑齐“捐款”是扮玩活动顺利举行的经济基础和前提条件。

传统扮玩在经济运作方式上几乎是公益性和互惠性的，现在则在众筹和剩余资金的分配机制上开始出现市场化的苗头。与那些挨家挨户凑经费的社火表演不同，三德范村扮玩的经济运作主要是围绕“俗礼能人”“政治能人”“经济能人”展开的。因此，在这三个群体以外，各条巷道“领头的”的社会关系就成了他们较量各自魅力的重要因素。在20世纪80年代，正月初七八以后，几个“领头的”就会凑在一起，商议、设计出一个“拜年”名单。这个名单以自己所在的巷道为边界，巷道内部的居民从任联社或村两委的干部开始算起，逐渐从“政治能人”推敲到“经济能人”，最后但凡是有一技之长或家境

① 罗家德、孙瑜、谢朝霞、和珊珊:《自组织运作过程中的能人现象》，载《中国社会科学》2013年第10期。

不错的村民都会被列入其中。问题在于，“领头的”还要解决活动伊始的启动经费问题。启动经费的解决方式一般有两种：一是上年扮玩活动的结余，这需要各条巷道的“管账”做好交接；二是由“领头的”预先垫付大额启动经费，并带头捐出小额现金。所谓“大额”就是人均1000元左右，每条巷道少则两三位，多则五六位的“领头的”就会凑出四五千元启动经费，这样修补或添置当年亟须的道具的问题也就基本解决了。接下来，通过拜年活动获得资助后，“领头的”垫付的钱款还要从收入里扣除，这是获得各条巷道认可和尊重的惯例。随着核心团队及其追随者的大体成型，锣鼓声就会在胡同里响起，这既是为了广而告之、渲染气氛，更重要的是明确扮玩领导队伍，进一步招徕巷道内的村民。

从正月初十开始，每条巷道都会挑选出一支精练的小分队在“领头的”带领下外出拜年，拜年的目的是凑齐活动经费。所以小分队更具有象征意义，人数一般在20人左右，以竹马、旱船、秧歌和“胖头玩玩”等滑稽戏为主。重头戏高跷因为乘车远行不便，“芯子”因为是压箱底的保留节目，所以此时都不上场。在任的联社或村两委干部是村落的“政治能人”，他们优先被列入拜年的名单。随后是较为富裕的村民，他们大多居住在巷道内部，跟开设工厂、作坊、店铺的居民一样，他们也是“经济能人”的一种。无论给谁拜年，都由“领头的”亲自与之取得联系，确认拜访的时间、地点。因为人选是经过反复推敲的，所以在以登门或电话告知时，基本没有人会拒绝扮玩队伍的拜访行为。扮玩队伍的拜年时间不长，一般三五分钟“意思意思”就会结束。主人们往往笑脸相迎，给扮玩队伍少则两百、多则上千的拜年红包。在队伍表演时，主人们边寒暄边把红包塞到“领头的”手里。“领头的”随即高高举起钞票，大声喊道：“某店（某公司）某某某，捐钱多少元。”在一阵鞭炮声中，扮玩队伍徐徐离开，继续赶往下一拜访对象家。约在2010年之前，除了现金，扮玩队伍拜年时主人们还会给瓜子、香烟和糖块。近年来，随着经济观念的流行，其他副产品都被浓缩成了钞票。这种转换是市场经济的产物，也是拜年双方经济观念和生活观念“快节奏”的产物。同时，这种捐款或赠礼也给扮玩队伍在表演过程中采用“按劳分配”的激励机制奠定了经济基础。

三德范村 2017 年春节扮玩各巷道经费收支情况（单位：元）

巷道名称	上年余额	今年收入	今年支出	余　额
张家巷	4227. 3	2100	2377. 2	3950. 1
单家巷	2986	1500	2119. 5	2366. 5
东沟巷	2325	8340	7537. 3	3127. 7
齐家巷	2948. 5	8390	7631. 3	3707. 2
陈家巷	3853	7800	5322	6331
西道巷	2862	5900	6394	2368
太平街	1401	10641	8158	3884

资料来源，根据田野资料整理。

扮玩队伍拜年时也会遇到被拒绝的情况，这就意味着“不给面子”或“不够意思”，当面的拒绝几乎是要跟“领头的”绝交的表现。所以，拒绝各条胡同拜年的理由经常是“这几天有事，不在家”。最生硬的拒绝方式则是紧锁店铺大门，让来访者吃闭门羹。虽然在外人看来扮玩队伍拜年的路线和结构有些凌乱，村落内部却坚守着几条原则。首先，除了村两委和管理区，不同巷道之间一般不会串联其他巷道的“经济能人”。其次，同一个行政村的不同巷道的扮玩队伍可以同时或分别给所在行政村的村委会拜年。给村委会拜年拜的是“集体”，只能局限在村委会大院；给村委会成员拜年则无论男女，必须到对方住宅门口拜年。这种面向“政治能人”的拜年会坚持到对方退休或离任为止。再次，在坚持以上两条基本原则的基础上，才可以由“领头的”根据私人感情和人脉资源选择给不是本巷道的村民或领导拜年。此时整个扮玩队伍服从“领头的”全权调度，因为捐款多多益善。

在这样一个“礼物”流动过程中，巷道可以募集到活动所需的 70% 左右的钱款，同时在拜年过程中，也完成了巷道内部的交流、联谊功能。因为巷道之间户口人数的不同，每条巷道的收支总数多有差别。除去偶然因素，单个巷道在每年扮玩期间的收支状况大致在一万元①，但逐条巷道观察时会发现，彼此收支的情况差距很大，几乎找不到一个最大公约数。经费的支出主要是修补、更新服装和道具。所有开支中，道具的添置、维修，如“芯子”或抬杆的制作、维修费用最高。不过能否募集到足够的捐款现在已经不是组织者普遍担心的问题。面临城市化带来的人口流失和进城务工问题，个别人口户数较少的巷道如陈家巷、辛庄巷，“领头的”苦恼主要集中在“钱好办，几乎人人乐捐，可是现在老早就得出去打工，不好找人”等方面了。

2015 年春节扮玩经济联合社对创新节目补助资金一览表

名 称	说 明	款 数	盖 章
陈家巷	转抬杆创新补助费	500 元	陈吉荣
辛庄巷	36 盏十二生肖灯创新补助费	300 元	赵景凯
西 村	三阳开泰抬杆创新补助费	300 元	罗运环

资料来源，根据田野资料整理。

2016 年春节扮玩经济联合社对各巷道补助资金一览表

名 称	扮玩日期	款 数
陈家巷	正月十四、十五参加 220 人	1760 元
东沟巷	正月十四、十五参加 248 人	1984 元
齐家巷	正月十四、十五参加 249 人	1992 元
金家巷	正月十四、十五参加 90 人	720 元
东道巷	正月十四、十五参加 340 人	2720 元
西道巷	正月十四、十五参加 280 人	2240 元

① 例如，西道巷的人口总数较多，2016 年的收入是 10265 元，支出是 10128 元。同年，单家巷的收入是 3354.5 元，支出是 2458.5 元。

（续表）

名　称	扮玩日期	款　数
太平巷	正月十四、十五参加 390 人	3120 元
辛庄巷	正月十四、十五参加 260 人	2080 元
单家巷	正月十四、十五参加 280 人	2240 元
张家巷	正月十四、十五参加 390 + 240 人	5040 元
舞蹈队	正月十四、十五参加 40 人	320 元

资料来源，根据田野资料整理。

经济联合社（管理区）近年也以“扶持资金”的名义给各条巷道一定的补助，在演出期间管理区会安排专职人员计算各条巷道出演的人次、扮玩节目的多少，特别是抬杆的架次。同时，为了激励各条巷道创新，能够演出新节目的巷道还会被授予“创新奖”。这样每条巷道最终在活动结束后会获得 2000 元到 5000 元不等的现金奖励。2014 年，因为要争取入选各类“美丽乡村”“传统村落”一类的政府荣誉，各种社会应酬性质的扮玩活动平常也得举行。因此，管理区不得不以经济补助的形式来调动群众的积极性。例如，准备工作复杂且又极其费力的抬杆（“芯子”）就成了经济补助的重点对象之一。

2016 年春节扮玩经济联合社对抬杆补助资金一览表

名　称	明　细	款　数
陈家巷	抬杆三架次 ×150 元	450 元
东沟巷	抬杆二架次 ×150 元	300 元
齐家巷	抬杆二架次 ×150 元	300 元
东道巷	抬杆二架次 ×150 元	300 元
太平巷	抬杆四架次 ×150 元	600 元
单家巷	抬杆二架次 ×150 元	300 元
张家巷	抬杆六架次 ×150 元	900 元

资料来源，根据访谈资料整理。

实际上，由政府拨款给予资助的情形可以追溯到 2006 年。这一年，由章丘市政府组织召集各乡镇的代表性扮玩节目，统一到市政府驻地进行表演，名曰“第一届民间艺术表演”。因为表演日是元宵节，为了激励群众的积极性，有关部门在之后的连续八年里，每年都会拨款一万元到一万八千元不等，给每个村落以经济资助。从这年起，三德范扮玩的标志性节目“芯子”的精华演出队伍都被抽调到了市区，村里边虽然仍旧敲敲打打，但节日气氛和集体活动的活力降低了许多。至 2014 年，坚持了八年的会演活动才暂时告一段落，由此，不用赶赴县城表演的三德范扮玩回到村里演出，这被乡民们普遍认为是三德范扮玩的“第二次复兴”。2006 年之前，扮玩节目偶尔外出比赛或会演时，如果有村民被抽调，他们的积极性普遍都比较高，人们也从没有按劳分配“发补助和津贴”的意识，“管吃、管住还能见见世面”是很高的待遇。从 2006 年起，外出参加会演或比赛的活动不但在春节前后，日常生活中也越来越多，从此，村民们被管理区组织起来参加比赛或者会演活动逐渐就像打工似的成为常态……2006 年 5 月，国家评比出台了第一批国家级非物质文化遗产；两年后，三德范抬杆（“芯子”）被评为第二批国家级非物质文化遗产。不得不说这种可以抛头露面的演出活动既考验了三德范扮玩的组织水平，又潜移默化地影响了旧有的组织模式。

经济意识增强且在节日生活中全面入侵的现象，在近几年的扮玩活动中表现得尤为明显。虽然通过众筹的方式凑集资金具有不固定性，单笔捐款数额也不大，但是集腋成裘，每条巷道一般每年的各项收入和结余也总在万元左右。活动经费从募集、入账到出纳、结算、保管，整个流程一般都由“领头的”集体商量后，指定专人管账。如上节里所讨论的那样，每条巷道无论在理论上还是现实中，“领头的”与“领头的”之间，或者“能人”与村民之间都会因各种原因产生领导队伍“分裂”或“独立”的情况。一般遇到这种情况，总是以新的“领头的”重新组织起一批人马，老一辈的“能人”淡出而结尾。在领导人更迭的同时，上一年度结余的“备用金”怎么办呢？冯昭宝就曾向笔者坦率地交流过这种担心。

问：如果几伙“领头的”闹矛盾，上次咱们谈到的那个“领头的”今年换人了，遇到这种情况怎么交接？怎么办呢？

冯：这不是说这个事嘛！这种矛盾很正常。比如说，今年扮玩剩下了一部分钱，富余的，放在我手里。明年扮玩，这个“领头的”身份被别人抢走了。他明年就肯定不上了。大部分是觉悟比较高的，没问题，正大光明的，我就交出来，交给新的一伙人，这样落一个清白，落一个好的名声。然后这新的一伙人，在“张榜”的时候必须给人家写上，就是去年转来多少钱。你交接了后，你好我好大家好，啥事也没有了。一般都是这种情况。①

一般情况之外自然有特殊情况。三德范某条巷道在2013年前后就出现了这样一个无法调和的问题。时任村委委员的一位“政治能人”“张三”同时也是当年扮玩“领头的”之一。虽然他在“领头的”中并不是核心人物，但兼任村委委员的身份是他能赢得村民信任的主要原因。他在“领头的”中承担了财务保管的任务。因为巷道人口众多，当年捐款盈余就有4000多元。元宵节后赴县城参加民间艺术表演的拨款也由管理区发了下来。此时，“张三”是村委委员同时又是巷道的“领头的”之一，完全符合代表巷道“领钱”的要求。但从次年起，“张三”不再参加扮玩，并用一种“老赖”的姿态拒绝分发、转交累计8000元左右的结余款。“张三”的行为引起了巷道内外的公愤，但“张三”承担的最大后果也无非是村民们在道德层面上的腹诽和议论。

曾经在很长一段时间，各条巷道不但能募集到钱款，还会收到个人或企业另外赠送的香烟、瓜子、花生、糖块或茶叶等物品。这些物品演出时通常都会有专人保管，一般不会有人随意取用，在扮玩结束后由组织者统一分配。演出结束后分配糖块、瓜子和香烟是整个扮玩活动里最容易引发不满和矛盾的环节，这种不满一般只在此前分配演出角色时才偶尔存在。

---

① 讲述人：冯昭宝，57岁，西道巷村民，长期担任扮玩演出的现场指挥和外出表演的领队；讲述时间：2016年10月20日。

在扮玩活动中，有的村民连续参加了几场演出，但最后一天因故缺席，分糖时就会被“领头的”漏下，这肯定会引起当事人的愤怒。虽然糖块、瓜子、香烟并不值钱，但这种遗忘被认为是“不把自己放在心上”，相当于不给面子。在场的村民之间也会因此引发矛盾，很多村民都会表示一块儿分发瓜子或糖块，“一把抓得大，一把抓得小”“给这个小孩一把糖，给俺闺女才几块”的表现同样是“欺负人”。在村民们看来，这可不是什么“小心眼”“小农意识”在作怪。就像一位老人分析的：一伙彼此熟识的乡民闲坐拉呱，如果有人分发或谦让香烟时漏掉了一位在场的村民，那么这个人就把故意或无意漏掉的村民“得罪到家了”，因为这根香烟虽然不值钱，但是“明摆着不给面子”，这属于“礼数不周”的严重事件。

2008 年前后，绝大部分巷道都不会在演出结束后向演员们分发现金。但近十年来，越来越多的巷道为了调动村民的积极性或避免分配物品时造成争执，也会在巷道内部实行一种达成共识的折合财物为现金的分配机制。分钱有两个原则：一是富余财物全部折合为现金，发现金的同时一般不再交叉分发糖块、瓜子和香烟等其他物品；二是分配的现金数额不大，远低于日常生活中的劳动报酬，每人每天分 15 元到 20 元不等。同时必须将剩余钱财的主要部分留为明年的备用金，并安排专人负责保管。相对而言，分配香烟、糖块和瓜子确实会因为不好掌握尺度而造成村民之间的摩擦，它们也在日益丰富的物质生活里越来越被人们认为“不稀罕了”。更多村民则认为：“现在是经济时代，分钱符合社会要求。”

第二节　“报官”：官民互动的仪式变迁

春节期间的三德范村总能呈现出这样一幅生活景观：青壮年正月初八九就要恋恋不舍却又义无反顾地进城务工。妇女们扭捏地接替了男人的角色，舞起龙灯——这可曾是旧时的禁忌；各条胡同组织人员也是殚精竭虑，努力动员，因为凑不起人来就要被群众和管理区领导“瞧不起”；部分村干部则像影视舞台的监制、导演、制片人一样督导整个活动的制作流程，同时还要灵活应对新闻媒体的采访和区、乡镇领导的视察。就这样，国家与地方以一种文化实践的形式在非常时段里展开交流和互动，村民个体的归属感和对村落的认同感也在此得以生成、凝聚。如此，三德范村春节扮玩的组织与运作绝不是一种简单的以释放情感为特征的集体表演和文艺联欢。建立在村落内部自治机制上的扮玩，实质上是村民个体情感与村落集体意志的有机结合，又是体现乡民在国家治理的政治框架内涵化某种结构性紧张的礼俗智慧。

可以说，作为一种在村落语境中具有互惠和公益色彩的集体表演活动，首先，是巷道内部运作起一套将金钱、威望和日常生活高度整合在一起的组织体系。每条巷道都立足自身优势，并利用巷道内部已有的人力、物力资源以及所有组织者个人能够调动的人情、面子、关系去积攒未来几天同其他巷道斗艺竞技的资本。这种运作机制超越了日常生活中如红白公事一类的局部现象，具有了主动性、公共性和低成本、高效能的特征。既然每条巷道都是如此，那么整个村落就以艺术表演的形式凝聚了从个体到族家，从族家到巷道，从巷道再到村落的文化认同。同时，各条巷道虽有差异但又区别不大的组织成本又让扮玩获得舆论好评充满了可能，这就让“作为整体之部分”的巷道到处洋溢着乐观与活力。因此，扮玩活动的组织过程实际勾连着一套源自民间自治传统的礼俗逻辑和公共机制。此时，以管理区存在的国家治理组织以“国家经纪人”的身份对活动的实际运作发挥着协调、引导功能；以“群众自治组织”存在的村委会则主要是以“观察员”或“赞助者”的身份因势利导。在每条巷道内部，更多的是全体居民直接地、充分地介入“自组织”酝酿、筹备、决策的过程。在大众普遍参与的氛围中，巷道内部首先形成了一种“人人有责”或“家（巷）国（村）一体”的情怀，进而每位参与者又为整个村落即将迎来的会演活动产生了带有紧张感的情绪积累与集体期待。

实际上，扮玩的组织过程既是一个关系协调的过程，又是一个经济运作的过程，还是一个政治博弈的过程——不同生活主体的自主参与总会充满了随意性或不一致性。在扮玩演出前后以及整个过程中，上述这种由无数个乡民个体参谋、参与或参加的带有强烈的自发性特征的集体行动绝不是在一团混沌的状态下各自为政的。在很长一段时间，与今天研究者们无法直观的那种隐藏在人际关系里的“逻辑”“机制”或“传统”不同，三德范村扮玩是以极富象征性意义的仪式——“报官”作为制度保障的。直到今天，每年在筹备扮玩活动前，村落内部仍要围绕“今年要不要‘报官’”以及“选谁当官”的问题引发一场认真的讨论。不过，这些总能引起村民们热情或淡漠的讨论，往往无疾而终。因此，即使以20世纪80年代以来的时域为坐标，春节扮玩活动里曾经最具象征意义的“报官”仪式，其复兴、衰落和重振也非常集中而微妙地反映了国家与地方在民间自治传统问题上的复杂关系和态度。

一、缘起：“灯官”叙事

问：现在的大扮玩跟以前最大的差别是什么？我是说在整个活动上？

单：村里搞不起来“报官”了。

问：什么是“报官”？

单：一个“官”，是大老爷；一个“书办”；一个“地方”；一个“掌印”。一开始“官”坐着轿，不是真轿，有专门的衣裳（反穿着皮袄）、礼帽、眼镜，后来骑着马。“地方”负责给他跑腿，下通知。到了年根，最迟在年后初七八，十根胡同就得一起开会商量，讨论报谁的“官”。这是推选出“官”来。商量好了，再派人专门去请这个“官”。“官”同意了，他就指派“地方”到胡同里联系指挥，这个过程叫“报官”。

问：“官”的形象在打扮上是严肃的还是滑稽的？

单：他不是丑角，也不在脸上画什么营生。也不带胡子，就是戴着一个县官帽，两个翅，在耳朵边扎煞扎煞的。

问：也就是说，这个角色是个比较严肃的角色。他唱戏吗？嘴里说不说词？

单：也不说，也不唱。这个角色可以说是很严肃的。

问：那选上“官”以后，他管什么事呢？

单：哪个巷道不出节目也不行，这是第一个权威。你演什么角色，你出什么节目，你得报给他，你上“芯子”，你上什么人物，你汇报了，或者说“官”根据你的情况安排了，你不上那不行。哪条胡同上脚（音角）、下脚都是什么内容，你不能重样啊。你想弄这个，你也想弄那个，乱了套可不行。①

根据笔者对地方志资料中关于“正月风俗”记载的梳理，发现“灯官”叙事曾在华北地区广泛存在，并成为20世纪50年代以来北方各地文史资料征集、民间集成资料编纂时人们关于春节叙事的重要内容。不过，到目前为止，以“灯官”叙事为主题的研究性论著不多，而从民间自治传统的角度进行研究的论述更是寥寥无几。在已有的研究中，丁广惠先生是较早从学术研究的角度关注“灯官”叙事，并对其进行历史渊源和组织机制研究的学者之一。② 综合一些民俗志、地方志资料，丁广惠先生对“灯官”叙事的轮廓做了一个极其简明的总结：“1.‘灯官’是灯节诸般扮装游艺的一种。2.‘灯官’主要由灯官和灯官娘子及其衙役、仪仗队所构成，这些人员都是由下层人民所装扮。3.‘灯官’的职责是督管灯节灯彩，也兼管一些其他事宜，并能执罚，且有一定的权威。”③ 虽然丁广惠先生关于“灯官”问题的研究多有创见，如明清以来，“灯官”叙事有从信仰性到世俗化、娱乐化的转变过程；“灯官”在名号、职权、诞生、服饰、

---

① 访谈人：朱振华；访谈对象：单象厚，84岁；访谈时间：2016年6月20日。在这里需要简单地提及单象厚老人的个人生活史。单象厚，生于1932年，他的母亲从沂蒙山区蒙阴县一路逃荒要饭到三德范村并在此安家落户。单象厚家族属于村内巴漏河东侧的单家巷，1949年后因分得地主家产，他独自迁往河道西侧的张家巷，成为住在张姓大族范围内的唯一一户外姓。因单象厚为人机敏又不失厚道，在当时张家巷宗族内部各种力量博弈之后，从20世纪50年代起，单象厚就担任张家巷的互助组组长、初级社社长、生产队队长。在日常生活中，单象厚为人朴实憨厚，很长一段时间内，他都是张家巷人结婚时首选的司仪。据说，“别人怎么闹，他从来也不恼”。除了地方志，本书关于传统社会末期集体记忆的口述资料主要来自单象厚老人。

② 这些以“灯官”叙事为主题的研究主要有谢永栋：《近代华北庙会与乡村社会精神生活——以山西平鲁为个案》，载《史林》2008年第6期；段友文、王旭：《崇神敬祖、节日狂欢与历史记忆——山西娘子关古村镇春节民俗调查》，载《文化遗产》2012年第4期；关丙胜、赵郡丹：《文化的演进博弈：河湟西纳地区阳坡人的社火历程》，载《青海民族研究》2013年第1期。

③ 丁广惠：《中国传统礼俗考》，黑龙江教育出版社2012年版，第240页。

仪仗、舆马、角色等仪式文本层面上的类型、演变；中国灯节与西方狂欢节艺术精神有异曲同工之妙等。但遗憾的是，因为作者是站在“地域文化”（东北地区）的立场上进行带有“主题先行”味道的文化比较，所以丁文里的多处判断或结论仍不免出现了 20 世纪 90 年代以前中国民俗学研究主流范式中常见的一些问题。①

本着乡民艺术研究应当返归乡土语境的原则，本书无意将地方志资料从具体的时空坐落里抽取、剥离出来进行文本分析，以避免造成“无视具体时空坐落中的语言与制度体系、人们的行为方式以及人们对制度和行为的看法，更不考虑文化与创造文化的人之间的关系”② 的问题。以此为前提，我们又不能不反思并承认，即使是在村落或其他社区单元的内部，人们的现实生活实际上是琐碎的、零散的。如果说，民俗学者的任务就是探寻这种由无数个乡民、行动、叙事的片段所勾连起来的村落运行逻辑和社区生活的意义的话，那么产生这种“逻辑”和“意义”的深层机制则蕴涵在被广大乡民的日常生活实践所接受的“传统”中，而后者恰恰又是由带有“历史感”的文化形式层累而成。进言之，建立在充分理解不同地域的生活主体自有其生活逻辑的基础之上，为了真切把握具体语境里的乡土生活逻辑，某些带有“历史感”的叙事文本，依然是我们必须注意的内容。在这里，为了更好地说明三德范村的“报官”仪式及其村落传统的文化个性，有必要列举发生在 20 世纪 90 年代前后不同地域的几种“灯官”叙事，以兹比较：

从（正月）十二就开始，进行扭秧歌，踩高跷、龙灯、旱船等表

---

① 这些观点有：“灯官”是满族所特有的一种民间习俗；“灯官”民俗流传的最南边缘是河北廊坊地区、张家口地区、北京市区、山西雁北地区一带；“灯官”骑马“不合礼制，恐系误记”等——这些本质上因脱离不同地域具体民俗语境的研究方法（实际上即使就传统研究方法而言，这种结论也会因资料搜集不全极易产生舛误）而产生的误判，已陆续被包括前列引文在内的更多资料和后续研究纠正。

② 刘晓春：《从“民俗”到“语境中的民俗”——中国民俗学研究的范式转换》，载《民俗研究》2009 年第 2 期。

演。不论什么表演，灯官先放在头里，灯官骑着大马，有马童给牵马，后面有人给背一个大印包。前面有倒骑驴的官娘子。用纸糊成金瓜钺斧朝天镫等伴朝銮驾。在这几天里，灯官走在街上，县太爷的轿来，也要给灯官让路。因为县令没有灯官品级大，这几天灯官还真有权，发现哪家店铺或财主家，有一处不点灯，便要罚你这家多少元宵啊或多少包蜡烛或香烟等，好给放灯人用，这几天，灯官到哪家，主人都要迎接和欢送。这个灯官是临时雇的，为了玩得高兴，祈大丰收，灯官还真有几天大权呢。①

从目前刊印发行的文献资料看，东北地区的“灯官”类型和个案最多，与“官”相配合的辅助角色如“灯官娘子”“马童”“背印”等也比较多样。至今，东北地区的汉族、满族、蒙古族、锡伯族等还存在着活态传承的文化现象。② 在这些具有地域性色彩的个体叙事里，“官”多由社区向底层社会聘用、雇佣产生，“官”的主要职能是获得活动经费，以及增加活动的娱乐性或幽默性。

正月十四入夜花灯预展，参差不齐，为促使民商踊跃操办，照例举行一次迎“灯官”，相沿已久。届时用一高背圈椅，四人杠抬。邀聘民间油嘴光棍担任，四街督检，号称“灯官”。浓眉化装，八字翘须，头戴清代红缨凉帽，上身老羊皮袄反穿，下身皂裤、两片皂褶，脚蹬粉底皂靴，手摇雕翎大扇，装腔作势，一副滑稽等外品级官态。前边鸣锣开道，后边群小跟班，高高在上，一呼百诺，或褒或贬，朗

---

① 陈刚：《元宵节和灯官的由来》，见法库县民间文学三套集成办公室编《中国民间文学集成　辽宁分卷　法库县资料本》（内部发行），1986 年，第 559 页。讲述者为辽宁省法库县登仕堡子镇达连屯村人，民间故事家。

② 关于蒙古族、锡伯族“灯官”表演的记载可以分别参考可平：《追梦——一个舞蹈工作者的历程》，沈阳出版社 2015 年版；周连科主编：《辽宁文化记忆：非物质文化遗产上》，辽宁人民出版社 2014 年版；房伟主编：《沈阳非物质文化遗产概览（二）》，沈阳出版社 2011 年版。较早的资料可参阅政协沈阳市新城子区文史资料委员会《新城子文史资料第四辑》（内部发行），1992 年。

> 声剅划，即景生情，现编现卖。民商怕其不吉利的嘲讽，也就互相攀比，乡约俗成，颇有成效。①

山西霍州地区的“灯官”活动与三德范村在20世纪50年代“官坐在椅子上，让几个年轻的抬着”的形态相似，但无论是服饰还是人员构成，二者都有很大的区别。霍州地区的“灯官”从化装、道具上表现出了明显的娱乐化倾向，在一定程度上“官”只剩下服饰打扮上的象征意义，其角色设计几乎是一类“丑角”。这种倾向于娱乐化的形态或滑稽性的表演至今在青海地区的河湟社火中以“灯官”“二老爷”“报子”“胖婆娘”等角色类型存在着。② 同时，霍州地区的“灯官”辅助角色并不太多，“灯官”的入选对象多是“民间油嘴”一类有负面色彩的社会底层人物或边缘人物。这种现象在20世纪40年代的东北地区更为常见：

> 官府衙门到了腊月（嘉平月）二十前后便要封存印信，停止办公，临时设置灯官，由民众中产生，俗称“灯笼太守”，管理民事。到了正月下旬，官府衙门印信启封，灯官即自行解职。乡村结合本地的实际，对这种习俗作了变通处理。灯官的差使尽管能够增加一些收入，但旧时有个说法：“当了灯官的要倒霉三年。”因此，一般的都不愿意干。村上只好说服动员那种平时懒惰、生活无着的“二混子”来担任，帮助他们解决一些生计中的困难。③

事实上，民间文献中关于“叫花子”“要嫖账”等表演文本的记载甚

---

① 王文英：《迎“灯官”与“穿心官”》，见中国人民政治协商会议山西省霍州市委员会文史资料研究委员会编《霍州文史资料第一辑（总第六辑）》（内部发行），1990年，第164页。

② 周巍峙主编：《中国节日志·春节（青海卷）》，光明日报出版社2014年版，第69～70页。

③ 王充闾：《童年的风景》，万卷出版公司2014年版，第24～25页。

至引发出职业文人许多创作“灵感”，当然也不排除是“艺术来源于生活，却又高于生活”。我们读到的最为生动、鲜活的关于此类表演的描述常常也出现在他们的笔下：

正月十四，花子秧歌上街。张天九穿着七品知县的官袍，坐在敞篷的大花轿上，招摇过市。花子们涂抹得魂儿画儿的，趿拉着破靰鞡，装神弄鬼。有扮《西游记》中人物的，也有扮《大西厢》人物的，还有扮《白蛇传》人物的，虽说不像，却别有一番风味。夸张粗俗的表情和动作，引来一阵阵笑声……

这个元宵节过得喜庆，从此，成为古城子地方风俗。①

丁广惠认为，“灯官”作为一项象征性仪式制度，在不同历史时期的特征各有差别。根据地方志资料，他把“灯官”叙事分为早（清初到乾隆时期）、中（清嘉庆到清末）、晚（清末到20世纪30年代末）三个不同阶段。而划分的主要依据是官府对民间控制与反控制的态度以及喜剧性角色“灯官娘子”的诞生。② 遗憾的是，如果脱离民俗事象的具体语境，仅仅是按照不同区域的文献史乘进行有所剪裁的文化解释，那么这种分析常常会导致研究者为了得出预设的结论，而忽略多种社会样态及其特殊性的发生。例如：

［康熙］“上元节”，公拟一人作灯官，地方官给以札付，择日到任，仪从拟□长，各铺户具贺资，以为工役费。街房灯火不遵命者扑罚，无敢违。③

［乾隆］“上元节”，张灯三夜……寺庙例有灯官，以元旦后，即

① 赵力、张育新：《最后的八旗　3　末世微光》，当代世界出版社2015年版，第253～254页。

② 丁广惠：《中国传统礼俗考》，黑龙江教育出版社2012年版，第256～260页。

③ 丁世良、赵放主编：《中国地方志民俗资料汇编（华北卷）》，北京图书馆出版社1989年版，第138页。本章所引地方志多出自此书，同上不再说明。

经地方官委置本城及永宁各一员，置役隶以供设施，上任出示冠带，舆马出入，列杖鸣锣，与职官相似。一家作灯官，好游戏者群往就之，用优人衣冠器具，扮演各色故事，名为“社火”，先谒官长呈伎，领赏后遍游街巷，且歌且舞，男女聚观，至十六夜灯火歇后，乃罢。①

［光绪］“上元”赏灯，前后三日，放烟火，为秧歌、竹马诸戏。每乡举一人为灯政司，董其事，俗号“灯官”，然亦视年之丰耗为盛衰。②

［民国］“元宵节”，自十四至十六日，笼旺火，张灯彩。以“元宵”祭祖。元宵前一夕，接灯官。灯官由灯社推举，必以语言滑稽，引人发笑者为之，翎顶袍褂，乘肩舆赴龙王庙，焚香叩拜毕，呵殿而出。执旗者、背印者，乘马随之，龙灯前导，亦游戏之一种也。③

按照丁广惠的判读，“灯官”叙事的早期，即清初到乾隆时期“灯官”表演的文本“都是严格地限制在礼法所能允许的范围内，不准有任何违制的艺术创造，还没有出现灯官娘子这个脚色。它的第二个特点是灯官作为一个社会存在不是群众创造的具有娱乐性的艺术脚色，而是代表官府进行文化娱乐管理的半官半民的临时总管。一方面，他以官府‘委置’的身份，使‘扮演各色故事’的‘好事者群往就之’，另一方面，它又以民间灯会总代表的身份，率领‘社火’向‘官长呈技’，因而早期的灯官与群众之间不是欣赏与被欣赏的关系，而是管理与被管理的关系”④。在这里，他显然选择性地忽略了原文“一家作灯官，好游戏者群往就之，用优人衣冠器具，扮演各色故事，名为‘社火’，先谒官长呈伎，领赏后遍游街巷，且

① 丁世良、赵放主编:《中国地方志民俗资料汇编（华北卷）》，北京图书馆出版社 1989 年版，第 17 页。

② 丁世良、赵放主编:《中国地方志民俗资料汇编（华北卷）》，北京图书馆出版社 1989 年版，第 299 页。

③ 丁世良、赵放主编:《中国地方志民俗资料汇编（华北卷）》，北京图书馆出版社 1989 年版，第 755 页。

④ 丁广惠:《北方特有的民俗文化灯官考论》，见中国民俗学会编《中国民俗学研究（第一辑）》，中央民族大学出版社 1994 年版，第 144 页。

歌且舞，男女聚观”这些明显具备娱乐性和游戏性的艺术表达内容，而过于强调官民之间的疏离与对抗。同时，在处理官与民、集权与民意的关系时，混淆了国家治理与民间自治之间的性质与区别，从而让“灯官”叙事及其内在的文化整体性在最终意义上成为被撕裂的碎片。

事实上，从明清时期直至今天可以查阅到的仍在活态传承的各类地方志、艺术志乃至新闻报道里描述的“灯官”叙事来看，“灯官”这种具有强烈的象征仪式的活动主要有以下几种特征：

1. “灯官”是模仿明清时期“县官”官仪及其权力、等级的一种象征性仪式，这种模仿既符合国家礼制的统一印象，又在名号、形貌、仪仗和角色分配上具有在地化特征。

2. “灯官”的形象大致上经历了一个由严肃向轻松的转变过程。但表演文本的某种艺术化、娱乐化、幽默化——这种被解构的“官威”“官仪”，实际上从其诞生之日起就辈辈传承。不同地域或历史时期对“灯官”表演娱乐性的夸张或放大不能一概视之为集体转型。

3. 不同地域的“灯官”叙事在其组织机制、角色设计以及文化功能上各有差异。因此，任何脱离具体语境而试图做出具有某种“大一统”逻辑的文化解读都容易出现以偏概全的错误。

一言以蔽之，春节扮玩及其“灯官”叙事显然是特定时空下不同族群凝聚了社区内部精神诉求的表演文本。这种“文本”既然是一定时空范围内的人们共同参与的民俗事件，因此就具体的民俗事象来看，脱离具体的时间、空间、传承人、受众、情境、社会结构、文化传统等构成民俗传承语境的要素，尤其是失去对农民能动性智慧的考察，那么这种文本解读总会因乡民主体的遮蔽和整体观的缺失而使其学术价值大打折扣。正如刘铁梁所指出的：“不能简单地把民俗学理解为一般文化史中的民俗专题研究。最重要的是，民俗学自‘五四’以来就是一门‘眼光向下’的学问，可是我们所信服的却全是‘眼光向上’的材料，就是一定要从古代文人的记录中找到解释文化的依据。由于不肯向现实生活中的民众作更多的访问和交谈，不能深入地了解他们为什么拥有这种文化，他们怎样传承这种文化，于是就违背了民俗学眼光向下和理解民间的初衷。虽然是在研究民众的文化，可是在方法上却不肯亲近民众、贴近生活，这是一个必须要反思的问题。”① 这也是我们在大致梳理“灯官”叙事发展的历史脉络，并建立在三德范村落语境深描的基础上讨论其“报官”仪式制度变迁的个案价值及其文化功能、意义的前提所在。

二、自治：“报官”仪式

如果从一个村落在节庆期间组织秩序的视角观察，那么无论是人数众多的演出规模，还是令人眼花缭乱的演出内容，这支由十条巷道首尾相接的扮玩队伍都不是七零八落的“大杂烩”。恰恰相反，在三德范村民的集体记忆里，不但巷道之间很少因扮玩活动产生言语或肢体的冲突，缺乏训练的集体行动甚至能够在特定的时段严格地遵循时间、地点和次序的安排。具体说来，不但各条巷道之间在队伍行进问题上不会“撞车”，不同巷道还形成了“有自己拿手的节目”② 的特点。村民们认为，不同巷道之间可以在表演文本上斗胜竞技但绝不能在肢体行动上产生冲突，因为这是“老规矩”。他们说：“今天某某巷道随随便便玩起了龙灯，这都是改革开放以后，少数人富起来了‘烧包’，乱了规矩。”

关于三德范村扮玩队伍的次序和秩序问题，张家巷的张烈民这样认为：

> 在过去，我们庄扮玩就很出名，有名的原因有两点：一是十条巷道出来后，大家敲起鼓来可以一个鼓点（指节奏一致），其他地方那是乱敲。二是说停能一起停，“唰”的一下几十面锣鼓一下能停下来……（问：为什么张家巷队伍排在最后?）因为张家巷的人最多，节目最多，“芯子”最好看。所以多少辈以来，我们压轴出场，并且是

---

① 罗树杰、刘铁梁：《民俗学与人类学——人类学学者访谈录之三十四》，载《广西民族学院学报（哲学社会科学版）》2005 年第 3 期。

② 对此，村内有句顺口溜总结为：“东道云彩西道龙，金家胡同蛾子灯。陈家胡同是八卦，齐家胡同玩花瓶。西崖八仙来过海，辛庄唐僧去取经。张家胡同玩鼋鱼，东沟哆嗦蛤蝼灯。单家胡同不玩灯，大刀一舞满地红。”

主动让着其他巷道。金家巷排第一，张家巷既是压轴又是压阵，这是老规矩。①

这种充满“文化自信”的解释当然不是事实的全部。更多细节证明，实现扮玩队伍统一组织、秩序井然，以及避免冲突的组织机制源于“报官”的仪式机制。1992年前后，复兴后的扮玩坚持了以“报官”来整合集体表演的民俗传统。正月初七八，在个别巷道忍不住敲锣打鼓筹备巷道内部扮玩活动的时候，十条巷道就会按照惯例各由本巷道一两位组织者在去年商议的地点聚集起来开会。20世纪50年代前大多在村民家，20世纪80年代后是在“联社”。十条巷道的组织者召开“关门会议”，主要有两个议程：首先是大家从巷道组织者内部推选出名号、身份称之为“地方”的一个人物，然后继续讨论，公推出全村扮玩的总指挥——“官”②。因此，真正所谓的“报官”实际上主要包含“选官”和“请官”两个程序，即从巷道组织者的集体会议中推选出“候选人”（官）并敦请此人就任的整个过程。这两个程序被统称为“报官”。

“官”的诞生必须经过十条巷道的“领头的”会商同意并履行“报官”的仪式，否则就不能获得全体村民的认可。但是，任何人想成为十条巷道公认的“官”起码需要满足两个条件：一必须是三德范村的男性村民而且年龄、资历、威望能获得大多数村民的承认；二是拥有一定的家庭财富，可以拿出一笔不菲的钱款（“旧社会”是粮食）作为整个活动的备用资金和启动经费。如果以今天的币值计算，至少不低于3000元。“官”可以是由会议现场直接推选诞生，但这种情况极少。特别是在20世纪50年代前，“官”几乎全部是从会议现场以外不知情的村民中选举产生。鉴于能够就任“官”的苛刻条件，同时为了尽可能地多筹集点活动经费，“关

① 讲述人：张烈民，64岁，张家巷村民，扮玩“领头的”；讲述时间：2015年12月20日。

② “官”的具体职位在整个村落话语体系里并不统一，有村民说是“县官”，有村民说是“府尹”，还有村民说是“县令”。为了表述方便，本书间或采用“县官”的说法。

门会议”常以差额选举的方式选出四或五位候选人，并且从当选概率最低的一位开始，按照概率由低到高的顺序进行邀请。这是因为，鉴于当选“官”的苛刻条件，在真正可以入选的“官”受邀之前，其他几位候选人基本会有“自知之明”的婉言拒绝，并为了证明自己不是因为“乐捐”问题而故作大方地捐赠一笔钱物。就这样，在向真正中意的候选人发出正式邀请前，整个组织机制就约定俗成地募集到了一笔启动经费。

在描述“选官”的过程时，村民们常会强调三德范村与其他村落的诸多不同。他们认为，其他村落的村民只要出资申请就可以直接当选，但三德范“选官”时，候选人“深孚众望”是当选的首要条件。根据多位乡民拼凑起来的记忆，整个“报官”仪式大致是这样一个场景：

> (20 世纪) 50 年代以前，年景好、收成好才会在扮玩时“报官”，年景不好就是“穷扮玩”，参加活动的乡民少，总人数不多，往往都是一小伙儿各玩各的，因此也不需要“报官”。年景好的时候，到了正月初七八，有的巷道就忍不住敲起锣鼓了。各条巷道“领头的”也坐不住了。他们按照去年的约定，经过简单的沟通后，每条巷道两位代表就会赶到玄帝阁旁边的老祠堂开会（20 世纪 80 年代后是管理区、联社会议室）。会议的首要议程是推选“地方”和“官”的人选。“地方”的推选比较简单，只要他头脑灵活、嘴皮子溜、能跑腿，而且与即将选出的“官”没有矛盾就可以了。
>
> “官”是大家讨论的主要议题。因为“官”既要有威望，还要家境殷实，本人还要愿意担当。这几个条件合并在一起，就经常会使讨论进入白热化的状态。在 20 世纪 50 年代之前，无论候选人有几个，“领头的”总能达成共识，甚至大家认可的人物不止一个。遇到这种“甜蜜的苦恼”，最终就要按照少数服从多数的原则，选取意见最为一致的一位。这种“选官”的苦恼古今无不同，但是 20 世纪 50 年代前“多得不知道选谁好”和改革开放后“除了管理区书记，全村过过脑子都推不出一个来”形成了巨大反差。

“官”一旦被认定了，各条巷道就会敲锣打鼓拿着大红喜报到“官”的住处报喜。“地方”进门就高喊“大老爷，给你拜年了!”然后跪下磕头。一般一看这个阵势，这个人就不能再推辞了，“官”就是你的了。如果事先接到消息，还得提前准备好两个大红包给“地方”，按现在的话说，至少200块钱。然后根据自己家庭的经济情况，拿出一宗钱物作为活动的启动经费。从“报官”这天起，“地方”就得在“官”家里吃喝了，因为他要随时听候“官”的调遣。

从正月初八九上任，“官”都会坐在老祠堂或家里调度指挥。此时，各条巷道都在紧锣密鼓地筹备自己巷道的扮玩。跟今天通过“拜年”向胡同里的各类“能人”凑钱的形式不同，一直到20世纪80年代初之前，扮玩都是全村每家每户必须拿出一点钱物，是那种“集中力量办大事”的经济运作机制。① 此时，根据“官”的指令，“地方”马不停蹄地穿梭在各条巷道，既要搜集、整理、汇报每条巷道的准备情况，更要及时地将“官”对扮玩具体节目的分类、数量、参演人数的要求传达给“领头的”。到了正月十四前，各条巷道的演出节目基本准备妥当，演出巡游的路线也在“官”的统一指挥下大致定局了。与今天围着村庄中心地带巴漏河上的桥进行巡演的路线不同，20世纪60年代的村庄，巴漏河上是没有桥的。传统意义上的巡游是在村庄内的胡同里穿梭，因此为了避免“撞车”，几千人集体行动的时间、地点、路线，以及聚散的方式都要由“官”统一调度。在老人们的记忆里，虽然没有印象深刻的处罚措施，但几乎没有巷道——无论是集体还是个人会出头违背“官”的指示。

与此同时，“官”可以在家里接受村民们以拜年的名义的祝贺行为。按照拜年礼仪，该鞠躬的鞠躬，该磕头的磕头，同龄人此时也得

① 单象厚至今记得，在1982年底，因为管理区倡导全面恢复大扮玩，各生产队的热情很高。因此决定每家每人捐款三角以恢复扮玩。捐款主要用来购买各种服装和道具。有的家庭有五口人，须捐款一元五角，但全家只能凑出一元的余财。好在单象厚主持的生产队搞了点“副业”，帮助这种情况的村民垫付了五角。尽管这样，整个生产队也花了两年的时间用扣除余粮款的形式将村民的欠债还清。

“小三辈”。激励村民们前来拜年的主要动力是“官”会按惯例拿出“礼物”招待大家，如至少给孩子每人一捧花生。到了正月十四这天，在“地方”“书办”“掌印”和其他村落有头脸的人物的簇拥下，“官”开始对演出过程进行巡视。按照人们对20世纪30年代的记忆，此时“官”反穿着皮袄，头戴着礼帽，眼戴着墨镜，手拿着一根文明棍。此时，他既不唱曲，也不说词儿。早前由箩筐或圈椅改制成的“轿子”变换成了骑马。“官”边走边看，随时对扮玩的演出情况进行评点，并对不满意的巷道做出一定的批评或处罚。扮玩前后三天，比较注重“官威官仪”，是“官”在整个活动里最为明显的特点。①

无论是出于加深民众对“官”在扮玩活动中职权的印象，抑或者要强调这种象征仪式与现实中的官僚具有同等的权威——传说章丘县正堂（县令）坐轿出门不小心遇到扮玩的“官”，也得让“官”先行一步，自己避道退让。这说明正堂在表示与民同乐的同时，也要在灯节期间显示对“民意”的尊重和认可。按照一些地方志的记载，有些地方的“灯官”甚至还拥有“断案”的权力：

上元赛神，比户悬灯。岁前立灯官阉。屠侩名于神前。拈之锁印后，一方之事皆所主。文书可达将军，揭示有官假法真之语。细事扑罚，惟意出必鸣金，市声肃然。官亦避道，开印之前夕，乃自匿去。②

与华北地区一些“灯官”叙事里“官”可以处置节日期间民事纠纷的权威不同，三德范村的“官”主要是维持、协调扮玩的组织和秩序问题。此外，彼时“官”身先士卒所捐纳的粮食或钱财，就成为在十条巷道各自凑钱做基础之外的“启动经费”和“公积金”，这是“报官”仪式体现严

---

① 讲述人：单象厚，84岁，张家巷村民，历任初级社社长、生产队队长；张烈民，64岁，张家巷村民，扮玩“领头的”；讲述时间：2015年12月、2016年11月。

② 〔清〕方式济撰：《龙沙纪略》，中华书局1991年版，第15页。

肃性和文化功能的基本原因。同时，“灯官”与另一个重要角色“地方”的组合，在某种程度上也很能映射出晚清以来乡村基层组织的权力结构关系。

李怀印认为，清初以后，国家用于地方控制的一套官方制度——包括基层社会治安方面的保甲制和税收方面的里甲制，始终在具体执行过程中存在着因时制宜和因地制宜的情况。及至18世纪早期，保甲制和里甲制这类官方制度日趋式微，代之而起的是各种非正规做法。“在村一级或村之上，乃出现名目不一的半官方人员，承担以前保甲、里甲的职能。官方文献常称此类人员为乡保、地方、乡地、保正或地保……在20世纪六七十年代，研究者大都肯定，清代中后期的所谓地方、地保一类人物，均是由当地村社提名，再经县衙门任命，负责本地与地方治安、税收相关的事务。至于这些地方和地保是如何具体选拔和委任的，其详情便不得而知。对于他们与本地村社之间的关系，也是众说纷纭。”① 杜赞奇则进一步指出，县衙吏役并不是沟通国家政权与乡村大众的唯一中介人。根据“满铁”调查资料以及“满铁”调查过的六个县的县志资料，杜赞奇绘制了其他各级机构及职员列表。

	山东省		河北省			
县名	恩县	历城县	昌黎县	栾城县	良乡县	顺义县
第一级	乡	乡	班/堡	乡保	?	保
第二级	里/图	里/社/图	社/牌	社	里	路
第三级		地方	地方		地方	地方
村庄	地方			地方		

资料来源，［美］杜赞奇著，王福明译：《文化、权力与国家——1900—1942年的华北农村》，江苏人民出版社1996年版，第41页。

“围绕‘地方’一职在连接国家与乡村社会的职能问题，学者们有不同的见解。老一辈学者如萧公权，认为‘地方’是乡村社会的代表。而新

① ［美］李怀印：《晚清及民国时期华北村庄中的乡地制——以河北获鹿县为例》，载《历史研究》2001年第6期。

一代学者如约翰·瓦特（John Watt）等则认为地方并不代表乡村社会，也不是乡村利益的保护者，而是县衙之下由知县任命，并向知县负责的下层衙役。佐伯富则认为‘地方’有双重职责，他既是乡村社会的代表（但不是乡村社会的领袖），又是政府的联络员，他负责乡村中的修筑堤坝、赈济灾荒等集体事务，同时又充当政府最下层吏役。由于他是乡村社会的代表，所以最适合充任此职。”① 杜赞奇认为，日本汉学家佐伯富对于“地方”角色的判断较为符合实际，而三德范村扮玩传统中的“报官”仪式也从侧面证实了这种观点。换言之，与乡民艺术场域中扮演的政治身份相似，“地方”是站在社区立场上沟通国家与乡土社会关系的代理人，属于杜赞奇所指称的“保护性经济组织”的重要成员。同在历史语境中实际承担的角色一样，在“报官”仪式中，“地方”充当了“灯官”与本地村社中介人的角色，乡村能人则避免自己抛头露面直接跟官府打交道。因此，由于“地方”只是个“吃力不讨好的职位”②，村社中的权势人物很少愿意充当此职，而是提名由普通村民担任，自己在幕后控制。“地方”实际上成了官府与地方“能人”之间的缓冲。

20世纪80年代扮玩复兴，“官”和“地方”仍然按传统服饰打扮——“地方”要穿夹袄，戴皮帽，“官”则戴礼帽，拿文明棍。这一时期的扮玩仍旧是从正月初七左右开始，但是与今天正月十三、正月十四、正月十五连演三天的情况不同，老传统中的扮玩活动主要集中在正月十四、正月十五、正月十六三天。因为正月十三俗称“杨公忌”，按惯例这一天需要避讳。其中正月十四这天，所有巷道在“官”的统一指挥下，或在村内走街串巷进行表演，或去镇、市驻地拜年、会演。或许是包括“通婚圈”在内的社会网络主要集中在村落内部，除了个别民间传说，三德范村实际上极少到外村流动演出。

“官”就任后主持的仪式活动主要体现在元宵节，因为正月十五是扮

① ［美］杜赞奇著，王福明译：《文化、权力与国家：1900—1942年的华北农村》，江苏人民出版社2010年版，第32～33页。

② ［美］黄宗智：《华北的小农经济与社会变迁》，中华书局1986年版，第238页。

玩的“正日子”。这天，十条巷道的活动流程和出行秩序都由“官”全权决定，他派遣“地方”通知到每一条巷道。任何巷道接到“官”的指令都须无条件执行，不能有所违背。接近正午时，所有的演出队伍要按“官”的指示向玄帝阁西南方的广场汇集。上千人的队伍有条不紊地挤满了演出场地，广场正中搭起了高台供“官”落座，广场四周则挤满了村庄内外的观众。在村内“有点头脸”的人物的簇拥下，由“地方”开道，“官”上台落座。此刻，现场会有专人在“官”落座的同时点燃礼炮。礼炮响后，三德范人会自觉地保持一段时间的安静。对此，《三德范庄志》的主编张福经老人曾回忆：“这是三德范扮玩的绝活，也是村民们纪律严明的象征，没有听说哪个村子能做到像我们这样的整齐划一。”① 按照惯例，全部演出队伍要依次从高台上的“官”面前走过，表示接受检阅。随后，在“官”的示意下整个队伍有条不紊地走街串巷，从而将元宵节的气氛推向最后的高潮。1992 年秋天，章丘“撤县建市”，由办事处（管理区的前身）的主要领导张福经主持和倡议，经十条巷道的“领头的”一致讨论同意，年届退休的联社副书记张福茂披挂上阵担任“官”，并按照传统，由“地方”高举“锦屏府尹”的横幅，到城区参加了一场庆祝活动。1994 年，三德范村的扮玩活动原本也计划组织一次“报官”，但因临近春节时，村内煤矿发生了安全事故并造成一名村民死亡，所以扮玩活动省略了“报官”仪式。

围绕“报官”的兴衰和功能问题，村民们在接受田野调查时大多表示：一方面，即使在扮玩盛行的时期，“报官”的仪式也并不是每年都要举行。“报官”的举办往往选择庄稼收成不错的年景，因为在此基础上才可以推选出既有财力又能深孚众望的“年度人物”。另一方面，三德范村的扮玩只有经过“报官”仪式，演出流程才算正式和完整。在对外交流和互访的过程中，“官”就可以凭借三德范人赋予的“权力”符号，以一种象征性的高贵身份出现在各种场合并彰显大村落的气派。因此，民间传说中关于扮玩队伍受邀请到外地演出或联谊时，故事的母题往往也是侧重讲

---

① 张福经主编：《三德范庄志》，中国文化出版社 2006 年版，第 266 页。

述“县官”及其助手面临危机时的机智、大方和镇定等。

无论是出于维持集体行动的秩序角度，还是出于凑集演出经费的经济运作角度，“报官”仪式存在的合理性与必要性在今天看来似乎都是无可替代的。那么，为什么“报官”仪式却又在20世纪90年代以后衰落以致灭亡了呢？“报官”仪式衰亡之后又多次遭遇复兴的机会，但几次尝试之后还是没有得到恢复，在村落“能人”及其财富远超旧日的今天，阻碍仪式复兴的真正原因又是什么呢？

三、悬念：“今年报谁的官”

问：当“官”的资格是什么，谁都可以当“官”吗？

张：那可不行，你得有威望，说话你得能压住阵，还得趁俩钱。20世纪40年代前就是说话“得管事的”土财主啊。自打1984年分了村，再“报官”就得是大队里一撮儿开会商量了。最后那年“报官”选的是张福茂。后来再就搞不起来了，年年光打雷，下不来雨了。

问：咱们村里有钱的不是挺多吗？这么多人怎么还选不出个“官”来？

张：不是那个事啊。①

平心而论，“报官”仪式衰落的原因是多方面的。张家巷的“领头的”张烈民认为是时代不需要它了——这是村内的“能人”们在感慨一番世道人心“今不如昔”之后最常得出的结论。在田野调查中，几乎可以60岁为临界点，离这个年龄越近越把村落传统的历史断层归咎为“破四旧”或“文化大革命”的影响；至于扮玩传统在当代的衰落，大部分人将其归咎为经济社会发展的结果。实际上，这些村民在意识到村落传统兴衰与国家社会密切相关的同时，又深受个人的身体实践所经受的具体时代的直接影

① 访谈人：朱振华；访谈对象：张烈民，65岁，张家巷村民，扮玩“领头的”；访谈时间：2016年11月12日；访谈地点：三德范。

响。有学者指出："跨越不同的世代，不同系列的记忆经常以暗示性背景叙述的形式，互相遭遇。这样一来，不同辈分的人虽然以身共处于某一个特定场合，但他们可能会在精神和感情上保持绝缘，可以说，一代人的记忆不可挽回地锁闭在他们这一代人的身心之中。"① 作为20世纪30年代初出生的村民，单象厚对"报官"仪式的记忆就与略小他几岁的村民有很大差别。在他的记忆里，"报官"仪式的衰落大致经历了20世纪40年代前后、1970年前后和1990年前后等三个历史时期。② 其中，20世纪40年代前后是本书尤其注意的时间点。据单象厚老人回忆，1940年前后，无论是自己的亲身经历，还是听"老一辈人说起过"，三德范村的扮玩和"报官"仪式都应当是村落历史上的第一次中断：

> 1938年，日本鬼子占了村北头的袁家洼煤井，改名叫"善芳公司"。老祠堂那个时候就成了"办公处"了。全村当时分了24个"闾"，五家子叫一个"邻"。"闾"的领导叫"闾长"。那时候咱还是扮玩，日本人不管，咱也不去上他那里惹祸事儿。到了1940年冒头就不行了，咱们村里分了好几派，有本村的，有外村的。县上有县大队，村里还驻着王连仲、高松坡、翟毓蔚的部队，都带枪，谁也管不了谁。这个时候比闾长大的就是保长了。办公处最大的任务就是收粮食，上头就跟保长要，保长就跟闾长要，整天要粮食，你缴不上那就吊起来打。到了这个时候谁还扮玩，谁还报官啊，都不搞这些营生了。这是打我记事的第一回。

事实上，灾荒之年，盗匪蜂起。从地方志可以佐证的记载看，20世纪30年代开始，国家政权和地方政权异常多变，华北地区的农民非但不能在灾年得到赈灾救济，各级割据势力的盘剥加重了灾民的负担，以致尖锐的

---

① ［美］保罗·康纳顿著，纳日碧力戈译：《社会如何记忆·导论》，上海人民出版社2000年版，第3页。

② 20世纪60年代前后是国家政权彻底改造农村政治、经济和文化等各方面生活的时期，前文已颇多讨论，兹不赘述。

社会矛盾更加激化，社会整体实际上处于失序的混乱状态。“章丘等处的矿山，济南等处的面粉、火柴、纺织等中国产业，多半停顿，失业工人多至数万。农村组织破坏，农民春耕无力，秋收无望，农民成千成万向城市乞食。”① 三德范村因为人文、地理条件的特殊性，自然成为土匪、日伪、地方割据势力和进步力量争夺的要地。土匪刘黑七、张鸣九早在 1927 年、1928 年就对以三德范村为半径的文祖地区有过大的袭扰，因此村内在 20 世纪 20 年代末就衍生出了民间政治与武装自卫组织“红枪会”“自卫团”“贫民会”等。这种遭遇在当时可以算得上是华北地区大部分乡村的一个缩影。当时，无论在城市还是乡村，为了提高赋税，国家政权对底层社会的控制越来越紧密。相对应地，农村基层政权的设置也一改明清时期的自治传统，闾、邻、保、甲的设置与“最大的任务就是收粮食”“缴不上那就吊起来打”的功能，充分说明了国家强制或半强制地利用民间力量而越来越突显国家在场的情景。

杜赞奇的研究则指出，1930 年前后国家政权向华北农村延伸，这种延伸破坏了原有的权力文化网络，同时，“现代化政权的新型政治学说并未成功地找到一种使乡村领袖和国家政权合法化的传统文化网络的可行替代物”②。因此，一批基于传统力量的“赢利型经纪”取代了“保护型经纪”，一种带有暴力色彩的“以民治民”的策略成为这一阶段的重要特点。在三德范村，各派武装力量的冲突、较量在这个区域社会内部具有特殊战略和经济价值的大村体现得尤为明显。刨除天灾人祸造成的生计困难，“在这种环境下，传统村庄领袖不断地被赢利型经纪所代替，村民们称其为‘土豪’、‘无赖’或‘恶霸’。这批人无所不在，影响极坏，在（20 世纪）二三十年代，国民政府不得不掀起打倒土豪的运动”③。在这种情况

① 山东省档案馆、山东社会科学院历史研究所合编：《山东革命历史档案资料选编（第一辑）1923—1928》，山东人民出版社 1981 年版，第 327 页。

② ［美］杜赞奇著，王福明译：《文化、权力与国家——1900—1942 年的华北农村》，江苏人民出版社 1996 年版，第 236 页。

③ ［美］杜赞奇著，王福明译：《文化、权力与国家——1900—1942 年的华北农村》，江苏人民出版社 1996 年版，第 238 页。

下，无论是为了凑集活动经费还是出于维持集体行动的秩序考虑，扮玩活动及“报官”仪式骤然停止无疑具有现实的合理性和历史的必然性。或者说，建立在自治机制基础上并具有“治理”的象征意义的“报官”仪式的中断，其深层原因在于民间自治体系的结构性破坏。当然，从村落之外的角度观察，可以导致乡民艺术衰落的原因还有很多，许多现代观念都可以促使它在这一时段整体走向低迷。

> 乡人积习相沿，每届“元宵”恒醵钱作戏。范竹为具，而蒙之以纸，有若龙者，若马者，若麒麟者，若舟车者，更有肖形为虾蛤、鱼鳖诸水族者；而一班青年涂朱抹粉，扮作浪子荡妇，挈具盘旋，并演唱杂剧以助余兴，虽足粉饰太平，宣导和气，而男女蹀躞，星夜奔驰，良家子女因此流入荡途者往往有之。此风经教育界一再辟遏，近已渐衰矣。①

至 20 世纪 80 年代开始，以城市和现代化组织机制为引擎的市场经济导向覆盖了三德范村。市场经济深刻改变了三德范人的经济生活水平和社会生活方式。借助现代农业技术和包产到户的土地制度，以及城乡户籍管理制度的弹性改革，农村向城市释放了大量劳动力。例如，1993 年因为计划生育政策的稳定和人口流动的增速，三德范村的人口自然增长率首次出现了负增长，以后这一趋势不断扩大。村民源源不断地走出去，他们涌入城镇，带回财富、信息和观念。传统的农业生产模式和思想观念逐渐解体。到 2000 年前后，随着村办煤矿的枯竭和一批乡镇企业的破产，几乎所有的青壮年都开始选择进城打工，三德范村失去了成为那种经济意义上“超级村落”的机会。同时，处于社会快速转型期的三德范村及其日常生活发生了许多变化，如外出打工人员增多，“空巢老人”现象增加，宗族观念持续弱化，乡土人情随着人际交流的减少削弱，婚育观、人际关系以及人际

---

① 丁世良、赵放主编:《中国地方志民俗资料汇编（华东卷）》，书目文献出版社 1995 年版，第 203 页。

沟通理念异化等。在这样一个庞大的村落，曾经十分容易形成共识的社会记忆更是产生了碎片化、个人化、代际化的倾向。在不知不觉间，乡土社会的那种“历史感”与新生代村民渐行渐远。当然，就三德范村“报官”仪式的衰落而言，其更深层次的原因还在于国家与地方互动机制的新调适。

客观地说，年节扮玩自身就具备乡土文化创新的机制与传统。20 世纪 70 年代末以后，生产大队解体，四个行政村成立，三德范办事处（管理区）和经济联社先后成立并合署办公。如上所述，它们是政府鉴于三德范乡村治理的特殊性，在集体化时代生产大队管治方式的基础上成立，同时又具备新时期特点的组织形式。事实上也是如此，尽管是基层政权的派驻机构，但是管理区的主要领导按照“习惯法”又不得不让生于斯、长于斯的人担任，这使得它上升到国家制度层面时，也渗透了“因其俗，简其礼”的传统礼治理念，其成功的根本原因在于因地制宜、实事求是地释放了民间自治传统的活力。

20 世纪 90 年代前后，章丘县、乡等上级领导部门经常组织“农民艺术节”，三德范村扮玩因为名气最大通常被邀请演出，所以无论是出于土生土长的情感，还是作为一项政治任务，年节扮玩都是历届管理区“一把手”十分重视的文化名片。换言之，在传统意义上由村民自组织运作的扮玩，在新时期出现了因缺失“报官”仪式，可能导致秩序混乱的问题。尽管国家与地方社会的“微政治”环境发生了时移势易，但无序的隐患已经在管理区的统筹、协调、指挥下得以解决。时至今日，各条巷道的组织者仍然经常被召集到管理区议事，他们不但可以在春节期间围绕公共文化活动对话，日常生活中还可以代表巷道围绕整个村庄的街道卫生、殡葬改革、村庄建设、儒学讲堂等村落发展问题商谈办法、征询意见、落实任务。2014 年春节前，东道巷的组织者在扮玩协调会上提出恢复“报官”仪式并发出请时任管理区书记张江担任“官”的倡议。因为张江就任以来，村庄发生了积极变化，获得了村民们的衷心拥护，按照老传统可以在扮玩活动中以“官”的象征性身份“露露脸了”。但张江认为，无论是自身性格，还是自己公务员的身份都不合适，坚决推掉了担任“官”的邀请。最后，与会者们按照提名“报官”候选人的“不成文办法”，在经过前后几次认真讨论后，各条巷道还是未能达成一致，恢复“报官”的倡议自然也就搁置了下来。

“报官”仪式的复兴与衰落实际上反映的是围绕民间自治机制及其传统，国家与地方所表现出来的双向互动、灵活协调的关系。在传统社会时期，民族国家所建构的政治制度还没有剧烈地改变乡土社会的结构及其精神生活。此时，春节扮玩中“灯官”的设置及仪式的过程更多的是传统社会时期民间组织在寻求秩序稳定的策略时，人们对国家礼制结构及其权威的借用、模仿。尽管它是一种发生在村落社会的象征性表演，但这种表演又构建、演绎了作为整体的村落关于国家与地方关系的运行秩序。因此，乡民们要通过对国家科层化制度的象征模拟，为民间自治传统添加一种“化礼成俗”的合法性意义。“官”即“国家”或“礼治”的象征，“地方”就是“民”的缩影。正如有些学者对这类角色的观察和分析，晚清、20世纪初期真实的乡村治理格局，几乎是这种“灯官”叙事的情景再现。“地保或称地方，是清朝控制乡村的最基层工具，是官府在乡村中的耳目，在官府与乡村领袖之间起着沟通作用。村首事的出现，特别是设立村正副之后，地保的职权大为削弱，至民国时，他们大多转化为村役，并渐趋灭亡。”①

> 本村的夫役，称为“地方”。村中出了什么重要的事件，地方要负责的，这是他的重要职分。同时他还受村长、村副的支配，各种公事，他都要遵照村长所命令的去做。每次敛籍得来的粮食，他也可以分得一部分，代为工资。充地方者，家里都很穷，有钱的人不做这种村差的。村民视他同“衙役”一般的下贱。地方是不轻易更换的，民国以来，只有许连库、耿得才、许连生等3人。任期无定，更没有资格的限制，惟必须是本村的居民。②

① 从翰香主编:《近代冀鲁豫乡村》，中国社会科学出版社1995版，第103～104页。

② 田德一:《一个农村组织之研究——家族及村治》，见李文海主编《民国时期社会调查丛编（一编）社会组织卷》，福建教育出版社2005年版，第99页。

20世纪70年代前后，年节扮玩活动逐渐中断。不过，即使是在集体化时代，三德范生产大队成立生产小队也必须遵循传统上以巷道为单元的组织机制。这从另一角度说明了贴近村落实际的民俗传统，其文化根基和结构性力量有多么深厚。与此同时，民间自治机制仅仅是潜伏在国家体制之下，并以其内在的合理性如“红白理事会”等中间形式继续服务民众。20世纪80年代乡民艺术的复兴是与国家体制对乡土社会管理的宽松基本同步的，乡村转而面临全球化时代的现代性问题的冲击。于是在三德范村，以管理区为代表的国家礼治和以扮玩为代表的民间自治，出现了一种在社会转型时期礼俗互动的良性运转，这使得双方度过了一段和谐时光。

值得注意的是，以三德范村为观察对象，无论是在集体化时代国家严密管理乡土生活秩序的时期，还是在20世纪80年代以后，国家对乡村管理相对宽松的时期，总体而言，国家对乡村呈现出了借助民间自治机制进行多中心管理的现代化特征。例如，政府支持管理区由本村人担任主要领导，管理区则要经常召开由巷道“领头的”参与村落治理的各种会议，村庄卫生和殡葬改革也要借助各巷道“领头的”构成的“红白理事会”得以完成等。因此，从根本趋势上讲，20世纪80年代以后，随着农村经济、政治体制的改革，国家意识形态对乡村管理的一度弱化，逐渐放下思想包袱的办事处走出了“何为我”“我何为”的身份迷茫。与此同时，国家制度与地方传统的良性互动，使得更名为管理区的办事处逐渐在村落治理的实践探索中寻到了一种礼俗互动的新模式，从而使得国家治理与民间自治传统之间逐渐走向了涵化与合流。换言之，三德范村以管理区采用礼俗逻辑协调村落发展的乡村治理实践，在“吾土吾民”的乡土“能人”的亲自操持下，借助国家赋予的权威和因地制宜的施政策略，较为融洽地以年节扮玩等文化实践的形式，逐步完成了国家、地方、民众等不同主体的多元一体化。最终，作为流动的传统，原本具有实际功能的扮玩之“报官”仪式，自然也就丧失了作为一种“民俗政治演艺”而存在的社会基础。

小　结

本章试图描述在乡土社会结构变迁和村落遭遇现代性问题冲击的情况下，三德范村扮玩活动的表演文本、仪式和组织机制的运作过程。本章认为，作为一种缺乏制度保障和固定经费的游艺活动，乡民艺术的组织机制和国家治理体系的历史变迁是相辅相成、浑然一体的。在传统意义上，扮玩组织机制生成的信任、互惠关系和社会网络等象征资本使这个庄大姓多的村落找到作为一个共同体的“公共性”价值。在这一过程中，国家政治与民间社会一直是互构、互动、共生的关系，扮玩活动的象征仪式“报官”则是理解这种公共机制的重要窗口。

因为国家和地方的互动嵌入村落内部的组织结构，所以使得年节扮玩在满足村民精神诉求之外，还在维系村落社会秩序方面发挥着重要作用。由此，由几千位村民构成的集体行动，在每年一度的周期性巡演中就构成了乡民艺术的公共精神，其组织机制以及表演活动中的象征资源就成为建构社区“权力文化网络”的重要部分。参考杜赞奇“权力文化网络”理论，“权力”实质上就是个人、族群或组织通过种种手段以获取他人服从的能力。“权力”广泛存在于政治、集市、家族和宗教等领域。由它们复合而成的组织网络以及社会网络之间的关联构成了“权力”实施的基础和发生的场域。从乡民艺术的自治传统和组织机制观察，显然三德范村扮玩所代表的这种乡民艺术基本符合杜赞奇的判断标准。换言之，扮玩既是一个经济运作的过程，也是一个仪式、政治和权力操持、运作的过程。

事实上，乡民艺术活动作为民间组织与权力体系内容的问题一直是被各类学术研究所忽略的。从三德范村的田野调查来看，无论是表演文本的仪式性，还是组织机制运作的场域，建构在村落日常生活实践基础上的权力网络无处不在，而且各种权力结构经常叠加或嵌套在一起——“报官”就是在整个仪式制度里最富有象征意义的权力结构的表达。在乡土自治传统良性运转、社会环境安定的历史时期，国家政治与地方社会关系融洽，“报官”仪式于是就成为特纳所认同的社会戏剧。它既模仿、借用、戏拟了传统国家治理结构的科层化组织体系，又体现了结构—反结构—结构的过程。仪式开始前，村民们按照日常生活里对国家治理体系的理解和想象，以符合社会结构中官僚科层化的要求将“官”“书办”“掌印”“地方”严肃安置，使之符合国家制度的规范和逻辑。仪式表演时，社会框架内部的自然权威、传统权威和科层化权威之间的区隔消失，它们共同进入了水乳交融的状态。当然，这种“官民互动”的表演场域实际上也是乡民们借用象征仪式来表达国家治理体系内的互惠关系，同时又以一种充满民间智慧的文化操演达到了整顿社区秩序、凝聚村落“共同体”的目的。

在社会动荡期，因为民间自治传统在国家强权的干涉下遭到系统性破坏，以“报官”仪式为代表的民间自治机制在事实意义上几乎被彻底解构，所以它选择潜伏到生活实践中，以蓄势待发的姿态等待传统复兴的机会。至 20 世纪 80 年代以后，国家政治与民间“微政治”贯通起来，以管理区、村委会为标志，国家治理思维再次逐步建立，这种正式制度的存在代表了一种新兴的政治权威、象征体系和仪式制度。至此，国家治理体系和民间自治传统趋向“合流”。扮玩之“报官”仪式的衰落也就面临丧失文化功能的必然结局。

此外，从仪式、权力与政治的角度观察，古老的“报官”仪式走向消弭再次说明一个事实，那就是仪式尽管具有规范化和程式化的形式，但这并不意味着它是天生牢不可破的“文化遗产”。随着国家社会和村落微观世界的结构性改变，任何传统都会发生变化，即新旧交替，适者生存。这种变化可能源自国家意志，更可能肇始自基层社会平民的创造性活动。因此，乡民们不仅仅是以仪式为代表的所谓文化传统的传承者，更是民俗传统的开拓者、支配者和发明家，这也是中华优秀传统文化生生不息的动力之源。

相对而言，晚清以来，各种政治势力在改造、重组、解散乡土社会的传统组织及其文化网络的时候，大多没有与村落建立起良好的沟通渠道。庆幸的是，作为一个因独特地理环境和人文空间而生成的闭合场域，三德范村具有浓郁的民间自治传统和组织机制，乡民艺术也始终成为勾连起国家与地方的重要渠道和文化载体。以此为前提，国家政权明智地在各个历史时期倾向于“大一统”的村落治理模式，并按照民间自治传统委派本地干部作为“代理人”和“经纪人”。进入新时期，多数村落“能人”从局内人的自治逻辑出发，在充分利用村落内部文化网络各种资源的同时，巧妙地糅合了国家治理权威和民间自治传统，使其优势互补，这是整个村落总体呈现良性发展的根本原因。此外，一系列现代性问题持续冲击着乡土社会，乡民艺术传统的组织机制在这股浪潮里首当其冲。从“领头的”到普通成员，人们曾经主要追逐的由集体认同或国家赋予的某些荣誉，如人情、面子、威望等象征价值的热情正陆续消退。同时，城镇化让私人时间越来越少，私人生活方式不断扩张，“拜金主义”则让人们对象征价值的追求滑向了经济理性的异端……就乡民艺术和民间自治传统而言，这种种或隐或现地侵蚀、蚕食公益性，消解、瓦解公共性的“新风气”才是真正令人感到忧心的问题。

从更为宏观的角度分析，“非遗”语境下的乡民艺术命途坎坷。很多时候，因为“非遗”政策的利益分配机制，曾经可以发挥良好的自治功能的协商规则遭到破坏，不同的团体或个体都声称自己受到了利益伤害。那种传统意义上因为象征资本（人情、面子）产生的矛盾，此前往往是通过公益精神的进一步赓扬而得以弥补。时至今日，人们则更多是围绕异化的金钱关系展开物质层面的博弈。在三德范村，管理区近年来每年都会给予各条巷道一定的资金支持。同时，每条巷道也通过向政府、企业家、富户等“拜年”的形式争取到了比以往更多的资金。在经费增加的同时，扮玩的组织、分工也出现了精细化的趋势——不同环节、不同角色、不同时间，“领头的”也分工明确，十分精细化地管理、分配着捐款、拨款，甚至个别巷道出现了每天派发“劳务费”的现象。但遗憾的是，就扮玩的节目内容、参与人数、演出规模而言，不但没有得到质或量的提升，而且整体处于一种周期性萎缩或下滑的状态。围绕“经费”产生的矛盾成为侵害公共精神的关键因素。在某种意义上，这是一种令人悲观的乡民艺术活动“内卷化”的现象，其对村落自组织传统可能造成的异化及其后果令人忧虑。事实上，村落在整体层面上确实面临着一种不断被金钱异化的环境，那么，从乐观的角度看，面对这种听起来令人悲观的金钱异化现象，三德范村的年节扮玩还有希望吗？

三德范西村太平巷居民张烈吉是一名小学退休教师，他坦承自己实际上并不喜欢参加包括扮玩在内的集体活动。他很少像其他巷道"领头的"那样，出现在扮玩队伍的显眼位置。但另一方面，他又是太平巷五名"领头的"之一，尤其以心灵手巧的技术优势，负责各类扮玩道具的维修、制作和保管。他说，自己虽然不热心，但是"太平巷的扮玩搞不好，自己也感到丢人"。于是从 1985 年前后鼓励儿女参加扮玩开始，他义务为巷道制作、维护道具，最终成了这条巷道的"领头的"之一。几年前，他还创造了因为太平巷的龙灯在玩耍期间不慎被烧毁，自己一人通宵重新扎制了一条龙灯的纪录。像张烈吉一样，这种既完全具备经济理性的现代意识，又非常感性地投入到社区集体活动的行为几乎是大部分扮玩参与者的缩影。三德范村的广大面积和众多人口为"能人"脱颖而出铺垫了一层肥沃的土壤，虽然在日常生活中人们扮演着不同的角色，有着不同的具体的利益诉求，但是，村落为所有的三德范人提供了结构性的地位、心理和行动策略。从现代民俗学的角度看，虽然城镇化语境下的村落社会看起来乡民们异常分散，但这种分散并不代表乡民们丧失了生活联系和文化创造。就大部分乡民而言，城市生活值得向往却又遥不可及，更多时候他们把完全融入现代生活的目标寄托在了儿女的身上。在这种情况下，生活不但要继续，而且还要把生活经营得"有趣"。因此，在基本的物质生活可以得到保障后，精神生活领域的满足就更具有功能意义，这是三德范村在文化结构性意义上产生集体性表演活动的社会基础和心理基础。

换言之，在很多时候，国家创设的社会组织及其意志表达，实际上与村落习俗、社会规范以及个人习惯水乳交融地交织在一起，在大部分时间里双方是一种礼俗互动的良性状态。在此基础上，村落作为乡土社会的基本单元，由于国家政治的持续性嵌入，在不同历史时期总是会呈现出一种礼俗互动的生活景观，这种动态性的景观具有稳定的内在结构。于是在历史的变迁和国家权力的交替中，三德范人充分运用民间智慧，在血缘、地缘、亲缘乃至趣缘形成的基础上，以扮玩活动运作为公共机制，践行出了一种绵长而有力的自治传统。同时，这种以巷道为单位举行的集体表演不仅是为了村落认同而制作的象征性表演体系，更是村民们基于对生活意义的理解，以及相互之间政治、经济、俗礼互惠、互助等社会生活的一种文化方式的演绎。进言之，扮玩活动能够在新时期发展和延续，是因为在外在因素的支撑或影响之外，它还蕴含着三德范人对生活意义的真实理解和朴素实践。这大概是扮玩活动可以传承、赓续的原因之所在。

第四章 国家、村落与乡民艺术

无论是依据中国传统的雅俗观念，抑或是借助西方文艺批评理论，将扮玩界定为让学院派艺术家信服的艺术都是一件大费周章的事。因为几乎各种艺术理论都会强调，艺术应该具备“按照美的规律创造自身”，“创意和生产具有不可重复性”，“创作的主要目的是审美”，同时还要有“作者、文本、批评场域”等令人眼花缭乱的象征、符号、意义与解释体系。此外，中国传统意义上的艺术（如绘画、曲艺）更是在相当程度上承担着“文以载道”“成教化、助人伦”的教育使命。因此，这种建立在纯粹的身体与精神的自我解放基础上，同时又以族群和社区集体行动为表征，明显地流露出纵欲和狂欢色彩的扮玩，当然在更多时候被视为乡人粗鄙的陋俗，并潜藏着有碍治安与教化的双重隐患——这种记载、结论和论调在文人笔下的各类古典小说、地方志、乡土志、风俗志的记载里几乎比比皆是。事实上，扮玩并不是一种飘然而至的乡俗活动，在某种意义上，扮玩更为人所知的名称是“社火”①，它同“闹元宵”“闹十五”“灯节”等为代表的众多乡民艺术活动共同构成了中国民间节日庆典中的主要内容。

有学者指出：“从字面上来理解，社火，就是一种在城乡各地节日期间，由村落基层组织展演的一种群众娱乐活动。在普通百姓的理解当中，社火是人类远祖自发组织展演的仪式信仰活动。”② 赵世瑜认

---

① “社伙（火）：城乡之间，此风颇盛。其种类繁多，曰彩船，曰高跷，曰竹马，曰羯鼓，曰渔家傲，曰吹腔，散见各村，不可枚举。每逢佳节或庙会，则漫衍游行，更番献技。”《清平县志》（不分卷），1936 年刻本。

② 王杰文编著：《民间社火》，中国社会出版社 2006 年版，第 2 页。

为："社火，或称社会，是广义的庙会之一种。它虽是一种歌舞杂耍以娱神娱人的活动，但之所以称为社火或社会，必与'社'及'火'有密切联系。"① 相对而言，虽然华北地区的扮玩与社火在仪式内容和精神诉求方面大致相同，但各地的艺术形式和组织机制有诸多差异。虽然表演形式门类繁多，但三德范扮玩依然保留了特别的村落文化个性。这种现象与山西、河北等地维系至今的社火传统形成了明显对比。例如，扮玩过程中的民间信仰元素不断地消失、隐退。20 世纪 60 年代以前，正月十三这天还要避"杨公忌"，不准扮玩，活动期间还多少夹杂着一些磕头、烧香的迷信活动，而现在只剩下玩龙灯要"取水""谢水"等带有民间信仰色彩的仪式片段。从表面上看，这种社火与扮玩的称谓区别，以及民间信仰仪式的消退，乃至被视为"低俗""淫邪"的滑稽小戏的减缩，都是岁月流逝造成记忆断层的结果。其实不然，"从历时性的角度来看，许多乡民艺术都曾发生过类似的由信仰到艺术的内部置换行为，或者说，许多乡民艺术是在某些信仰活动的艺术化过程中逐渐成型的"②。赵世瑜推断："如果我们把社火当作纯粹的文艺表演形式（比如民间小戏），那么通常就会得出结论说，随着时间的推移，在汉族文化水平较高的地区，傩事活动已逐渐脱离宗教性的傩仪，而向世俗性的文艺表演形式转化。"③

那么社火的信仰性消退、艺术性彰显的内在机制和原因是什么？上述研究没有给读者清晰的解读和回答。本书则认为，扮玩和社火艺术化或信仰化成分的多寡绝不仅仅是一种历时性衍变，或者是民众因时间流逝、岁月澄汰而自然"扬弃"的结果。恰恰相反，作为一种足以引发"风俗教化"和"社会治安"问题的社群活动，从"社"、"社火"、扮玩的概念，

---

① 赵世瑜：《狂欢与日常——明清以来的庙会与民间社会》，生活·读书·新知三联书店 2002 年版，第 231 页。

② 张士闪：《乡民艺术的文化解读——鲁中四村考察》，山东人民出版社 2006 年版，第 68 页。

③ 赵世瑜：《狂欢与日常——明清以来的庙会与民间社会》，生活·读书·新知三联书店 2002 年版，第 250 页。

到仪式过程信仰化和艺术化要素的此消彼长，这种现象在很大程度上是国家政治和民间地方、礼与俗之间不断建构、互构、解构、再建构的调适和涵纳等复杂互动过程的结果。由此，本章选择以扮玩的历史衍变脉络以及文献和口述资料所承载的社会记忆为线索。首先，通过解读扮玩活动的历史脉络，大致探明历史上国家在民间社会的组织设置，以及这种设置可能对扮玩自治机制造成的内在影响。其次，将三德范村的口述资料、民间文献作为理解国家政治与地方自治围绕乡民艺术表演领域发生碰撞与磋商的窗口，近现代以来，华北地区的乡土志、地方志资料是可供分析的重要来源。再次，勾勒出在这个以“时空压缩”为特征的当代格局中，国家政治与村落社会呈现出的空前复杂的互动态势。此外，考察三德范村扮玩在短短20余年内几个历史节点的事件、遭遇，既可以让我们凭借“活在当下”的精神观察国家政治与地方社会的互动，又可以“走进历史现场”反思传统变迁的文化渊源。

第一节 国家政治与扮玩叙事

今天三德范村的扮玩仍以表演门类繁多和表演特质鲜明而著称，这种“标志性文化”的建构是奠基在6000余名乡民和十条巷道“各自为政”的组织机制基础上的。在由逾万名观众和演员构成的场域中，如何保持忙而不乱或乱中有序，就成为超出个体、家族乃至巷道能够掌控的层面，并上升为国家治理与民间自治共同关心的问题。当然，乡民艺术的发展是一种由多元文化构成的体系，个体/集体、地方/国家在互构的历史过程中就充满了多种可能性和多种表述方式，这种变数直接影响了每一位生活主体的社会记忆。

大概是2015年11月底的一个下午，因为在写作中涉及“大集体”时代三德范村的生产队分队办法与聚落形态关系的问题，笔者慕名去村庄新建的“陈家巷胡同博物馆”拜访陈家巷生产队队长王延训。当时，因为王延训老人搬动花盆闪了腰，只有一位刘姓老人值班。一段寒暄之后，笔者将谈话引向有关生产队的话题。老人说起了自己在20世纪50年代以后，尤其是不同历史时期的个人遭遇。他认为，自己“地主家的狗崽子”的身份不仅直接影响了他的婚姻和家庭，甚至在“文革”前后很长一段时间，参与年节扮玩也会遭遇“靠边站的待遇”。换言之，集体时代给老人留下了挥之不去的烙痕，扮玩活动也给他留下了“被孤立”的社会记忆。与个体记忆相比，国家与地方的关系多维而繁复，兼之常会受制于社会转型时期“国家大势”的不确定性，权力主体和生活主体极易因时因地产生各种偶然因素，所以这种碰撞常会附加种种随机性策略，从而也让乡民艺术在过去百年间遭逢命运沉浮。以此类比，以口头叙事、仪式表演和地方性文献所代表的民间历史叙事与记忆表现出复杂多样的面孔就毫不例外了。

一、“社会”与社火

如上所述，作为鲁中地区一个呈现出内聚和集结形态的典型村落，三德范村聚落形态的成型与黄宗智的相关研究大致吻合。例如，村民在高地建屋聚居，以避洪涝。集结的和商品化程度较低的村庄，有较为紧密的街坊关系，但也比较孤立和内向。这种类型村落的乡民在以血缘关系为基础的集合体之外，还形成了地缘关系的共同体。黄宗智认为：“华北平原上自然村宗族组织并不突出，这也可能是由于村内街坊组成的共同体发挥较大作用的原因。”① 曹树基则认为，防御自然灾害只是村落聚合的充分条件，相对而言，水利和土壤条件促进了农业和人口增长。同时，这些村庄大部分是在明初移民的基础上发展而来。② 在强调自然条件重要的同时，王建革则认为，村落形态和村落精神的养成与围墙、寨堡等社会因素直接相关，“平时的华北乡村处于一种小农经济的一盘散沙状态，到了战乱时期，往往显示出很强的内聚力。水灾时的民埝集结与战乱时的寨堡集结，是华北社会常有的内在应对机制”③。

问题在于，华北地区在脱离了多灾多难的传统社会末期之后，在农业、人口、社会和经济等主客观因素相对稳定的条件下，保持村落

---

① ［美］黄宗智：《华北的小农经济与社会变迁》，中华书局1986年版，第63页。

② 曹树基：《洪武时期河北地区的人口迁移》，载《中国农史》1995年第3期。

③ 王建革：《传统社会末期华北的生态与社会》，生活·读书·新知三联书店2009年版，第379页。

集结和凝聚的常态机制是什么？即使是在非常时期，组织起民众集体行动的内在机制是如何诞生并具体运作的？这种运作的历史渊源在哪里？进言之，同样是地处华北地区的普通村落，三德范村的乡民艺术活动为什么形成了以巷道为单元的组织机制？这种“多少辈子了都是这样”的组织机制，其历史背景和文化渊源又是什么？为什么同样是社火或者扮玩，甚至同样以地域单元为组织机制，三德范村是以线条式的巷道为单元，而不是后世常见的以团块状的“片”或生产队为组织单元？因此，尽管中国乡村的仪式活动向来缺少史乘资料，但如果缺少对国家和村落社会语境下的扮玩组织机制的变迁考察，那么发生在眼前的这种集体行动的“即视感”就不免有隔靴搔痒之嫌，更难让议题从自治传统的角度得出结论。由此，从乡村聚落形成及其组织机制历史衍变的角度进行“大胆的假设，小心的求证”，就成为我们从深层结构里理解扮玩文化变迁的必要工作。

中国传统社会时期乡村自治结构变迁表

时　期	乡村自治结构	乡　级	村　级	备　注
秦汉	乡亭制或乡里制	乡三老、啬夫和游徼	里正	乡三老非官职、啬夫和游徼为官职
北魏	三长编户制，邻里党五进，每党125户	无	邻长、里长和党长	邻长、里长和党长无俸禄，只免兵役和徭役
唐	乡里制，每乡五里，共180户	乡	邻长、保长、里长	
宋	保、甲制	保	甲	保长、甲长无俸禄有补助
元明清	里甲制	里长	甲长	里长、甲长均为职役，有了村社记录

资料来源，马戎、刘世定、邱泽奇主编：《中国乡镇组织调查》，华夏出版社2000年版，第338页。

关于村落组织形态的沿革，《三德范庄志》的主编张福经自述在撰稿阶段曾给予严谨、审慎的调查。① 作为熟悉乡土变迁的民间知识分子，张福经先生在做了大量的案头工作和社会调查后，得出“庄行政设置，历史上曾为里，为乡，为镇，为社。明朝为章丘县明秀乡明四里，清沿明制。1912 年，废乡里设区，境属章丘县第九区锦阳乡，区治埠村，全庄划为 24 个闾，闾下五户为一邻。1938 年，区治所迁至文祖，全庄划为七个保，保下十户为一甲，庄内设联保办公室”②。事实上，这种记载与官方文献里国家政权对华北地区地方政治组织的设置是高度契合的，如：“1840—1911 年，山东农村的基层政权设置不一，名称也不一致，绝大多数县下设乡（仓、都），乡下设里或社；少数县直接设里或社（保、路、境、图、约）……乡设乡长或总书、总催，里设里长，社设社长，主要办理赋税粮银事宜。乡、里、社的规模无一定标准。县下一般设 4 ~ 8 乡。里、社下辖的村庄也不等，少的每社 6 个村庄，多的辖 30 余个村庄。1908 年 1 月（清光绪三十四年十二月），清政府颁布《城镇乡自治章程》，推行‘地方自治’。基层自治单位是城、镇、乡。负责自治的机关是城、镇、乡董事会和议事会……至 1911 年（清宣统三年），山东各地基本实行了城、镇、

---

① 平心而论，在笔者初次阅读这部 70 多万字的《三德范庄志》时，除了对厚重的村落文化有了直观的感受，实际上也对以张福经先生为总撰稿人（实至名归）的一帮“老头儿”的写作水平和书写态度充满了怀疑——众所周知，编书特别是编修志书、工具书，其中的艰辛、烦琐要比编纂其他类型的学术著作大得多。这可是时下许多专业学者也“不耐烦”做下去的事儿。但在后来的时光里，笔者发现，《三德范庄志》从行文的准确流畅，到时间、地点、数据的细密扎实，都让笔者在随后的田野调查中，通过交错互证，一次次推翻了曾经的质疑。据张福经先生回忆：“除了召开了 30 多次座谈会，向比自己还要老的‘老头儿’请教，前后三年的时间全部是雷打不动的查档案、求线索、搞写作。同时，还南下上海，东到淄博，西抵济南及在庄内外采访 960 人次，登山爬高抄录碑文 50 多篇，征集族谱 9 部，所有涉及的碑碣、古树、机井、道路、桥涵、塘坝，亲自一一率队勘察、测度。属于文学创作的传说故事就是文学创作，但历史事实就是事实，一丝不苟，宁可立场不同不写（如村落里的一些迷信活动），绝不虚妄。”这种书写态度确实与笔者后来搜集到的区域社会内部的几本庄志形成了很大的反差。因而，除了不可知的历史及其“终极真相”，这也是笔者之所以在本书前后适当引用庄志时“信此不谬”的主要原因，特此说明。

② 张福经主编:《三德范庄志》，中国文化出版社 2006 年版，第 30 页。

乡地方自治。”① 20 世纪初的中国乡土社会较之以往的历史阶段具有很强的特殊性，这一时段农村基层组织设置的变迁给人以眼花缭乱的直观印象不是偶然的。如闾、里、社等清中叶就早已在制度上逐渐衰弱、废弃的组织形式的复兴就非常值得注意和玩味。②

中华人民共和国成立后中国乡镇基层组织结构变迁表

时　期	政权组织			备　注
	县	乡	村	
1949—1952 年	县	乡	行政村、农民协会	乡—村政权并存
1952—1955 年	县	乡	行政村、互助组、初级合作社	乡—村政权
1956—1957 年	县	乡	初级合作社、高级合作社	乡政权
1958—1983 年	县	区	生产队、生产大队、人民公社	人民公社体制
1984—1992 年	县	区	村民小组、村民委员会	乡政村治
1993 年至今	县	乡（镇）	村民小组、村民委员会	乡政村治

许多研究认为，扮玩或社火都与先秦时期的社有极深的渊源关系。顾颉刚就曾指出：“社是土地之神。从天子到庶民立有各等的社。但看春秋战国间人的称述，社神的权力甚大；大水大旱不用说，日食亦用牲于社，决狱和处罚亦在社，祈求年谷和年寿也都在社，军旅中又有军社，似乎社是宗庙以外的一个总庙。”③ 近年来，从各个角度对古代社与社火关系的讨论已经蔚为大观，但真正从结构/功能角度以及制度/组织基础的角度对社火进行功能意义的考察是从赵世瑜开始的。赵世瑜梳理了元代以降，社从具有地缘性的祭祀组织升级为纯粹地缘性的基层行政组织的过程。赵世瑜指出，社是保持最久的单位，历经几千年的岁月，直到 20 世纪 50 年代初

① 山东省地方史志编纂委员会编：《山东省志 · 民政志》，山东人民出版社 1992 年版，第 278 ~ 279 页。

② 魏光奇：《清代直隶的里社与乡地》，载《中国史研究》2000 年第 1 期。

③ 顾颉刚编著：《古史辨 · 自序》，上海古籍出版社 1982 年版，第 74 页。

才彻底终结。① 同时，他还认为，作为一种凝聚力量，“传统的社祭活动或者以社为基本单位进行的庙会活动，对乡村基层组织有莫大的干系。已经日渐消解的里社组织，由于这些活动而一直若隐若现地存在，并且发挥着‘文化社区’或‘民俗社区’的作用，在一定程度上弥补着、也可能在一定程度上对抗着国家设置的基层行政系统”②。

三德范村的田野调查则从另外一个角度表明，无论是作为何种意义上的地方行政系统，国家建立这种以里、社为基本单位的治理体系，首先是立足于民间社会内部地缘与宗族组织的基本单元之上的。换言之，里社制度的组织基础是以家庭、宗族和邻里结合而成的物理空间意义上的闾或巷。事实证明，与动辄需要“五十家”“百家以上”才能作为一里的社不同，作为居住形式或聚居形式的闾、巷同样具备某种组织或自治功能。因此，我们对古代社会社及社火的讨论不应当忽略作为闾和巷的聚居单元曾经在现实生活中可能发挥的影响和作用，以及作为组织制度分析时它们本应该具有的地位。三德范村以巷道为核心的自治机制与中国传统社会作为治理体系的闾、巷体制显然也存在着一定的联系。换言之，闾或巷是民众自发聚族而居、家族聚居的地缘、血缘关系相结合的产物，更是一种超血缘的地缘性组织。作为一种比严格意义上的里社制度更为微观的组织单元，闾、巷机制既可以整合不同姓氏宗族，又可以保留大宗族的血亲势力。上溯至先秦时期，许多典籍记载也从国家礼制的角度佐证了这种判断，《周礼·地官·大司徒》：“令五家为比，使之相保。五比为闾，使之相受；四闾为族，使之相葬；五族为党，使之相救。五党为州，使之相赒；五州为乡，使之相宾。”③

《周礼·地官·遂人》：“以土地之图，经田野，造县鄙形体之法。五家为邻，五邻为里，四里为酂，五酂为鄙，五鄙为县，五县为遂。皆有地

---

① 赵世瑜：《狂欢与日常——明清以来的庙会与民间社会》，生活·读书·新知三联书店2002年版，第237页。

② 赵世瑜：《狂欢与日常——明清以来的庙会与民间社会》，生活·读书·新知三联书店2002年版，第246～247页。

③〔清〕阮元校刻：《周礼注疏》，中华书局2009年版，第1522页。

域沟树之，使各掌其政令刑禁，以岁时稽其人民，而授之田野，简其兵器，教之稼穑。”①

《公羊传 · 宣公十五年》何休解诂：“在田曰庐，在邑曰里，一里八十户，八家共一巷。”②

许多社火活动的发生，是以建立在闾、巷组织之上的里社制度及其祭祀活动为前提的。有学者指出：“社火是古代祭祀土地神和火神活动的延续。在中国，国家政权建立之后，祭祀土地神的活动逐步分化为国家祭祀和民间祭祀两种，国家祭祀土地神活动与祭祀谷神、四方神活动合并，演变为祭祀社稷。民间祭祀土地神活动逐步与祭火活动融合，发展成为了社火。”③ 还有学者认为：“各乡各社，祭祀五土五谷，是明代朝廷颁发的典令，没有政府行为的强大贯彻力以及这种政策所起的倡导作用，民间结社，断难成立。”④ 说明国家政治与民间社火的诞生在某种层面上存在着相伴共生的关系。《雄县乡土志》《明会典》等文献记载则形象地再现了作为国家治理制度的里社与地方自治传统之间的关系：

> 本境宋初分十二乡，后为十乡，今其遗迹渺不复存。明初分十二社、七屯。十二社曰，人和、义和、利人、太平、进福、庆丰、丰乐、众安、进贤、宾兴、福顺、安宁，是也。七屯曰：民歌、保宁、礼义、定安、辑睦、致福、殷富，是也。社为土人，屯为迁民。嘉靖四十年，知县鲁直另编十二社，而以七屯并入。改福顺、安宁，为大保、礼定。每社十甲，分统本社各村里。社各有坛，春秋二仲月上戊日，各里人齐集本社，祭五土、五谷之神。祭毕就行会饮。先令一人读抑强扶弱之誓，所以敬神明、和乡里也。其时村落尚少，每社所统之村，多或十余，少止三四，故按社而可知其村。今则生齿日众，迁徙靡常，往往一村而分隶数社，且有社甲系本境，而其人久徙他境

---

① 〔清〕阮元校刻：《周礼注疏》，中华书局 2009 年版，第 1595 页。

② 〔清〕阮元校刻：《春秋公羊传注疏》，中华书局 2009 年版，第 4965 页。

③ 李智信：《社火溯源》，载《青海民族研究》2008 年第 4 期。

④ 张振涛：《国家礼乐制度与民间仪式音乐》，载《中国音乐学》2002 年第 3 期。

者。鏐葛窎隔，汗漫无纪。①

遇春、秋二社，豫期率办祭物。……（祭毕）就行会饮。会中令一人先读誓词，名“抑强扶弱之誓”。其词曰：“凡我同里之人，各遵守礼法，毋恃力凌弱。违者先共制之，然后经官。或贫无可赡，周给其家。三年不立，不使与会。其婚姻、丧葬有之，随力相助。如不从众，及犯奸盗诈伪，一切非为之人，并不许入会。”读誓毕，长幼以次就坐，尽欢而退。务在恭敬神明，和睦乡里，以厚风俗。②

有学者认为，社火活动不仅与社及其春社、秋社的国家礼仪制度有关，社火的演出文本，特别是以鼓乐为核心要素的形式更是与古代祭祀的仪式链条有直接联系。③ 上述地方志的描述则进一步说明，在许多学者认为“皇权不下县”的传统社会时期，社就是乡土社会实现民间自治的一种重要形式。虽然很难确定社祭活动何时从充满酒神精神的“会饮”彻底转向具有戏剧形式的“艺术”，但从社祭活动的仪式表达可以看出，广义上，社的规模或范围基本类同于村，社祭是以村落为基础展开的，社主要是地缘组织而非单一的血缘组织，因此强调“同里之人”实质上是强调了不同宗族之间凝聚、社区团结的重要性；社祭在村落时间制度里有相对固定的组织和活动规律，社祭还是大众普遍参与的活动；无论是出于祭祀的庄重和传统，还是为了给“会饮”披上一层合法的外衣，“各遵守礼法”对组织成员无疑具有生活实践的约束力和规定性。在国家礼制的冠冕下，社区内部对成员提出了“毋恃力凌弱”的要求，因此国家或官府在整个活动中具有符号和象征意义，这与我们前文所分析的民间自治经常采用“民借官威”的手段可谓一脉相承。由此，社祭及其所盟约的社区内部的生活实践

---

① 〔清〕刘崇本编：《雄县乡土志》，台湾成文出版社 1968 年版，第 103 ~ 104 页。

② 申时行等撰：《明会典·群祀四·有司祀典下·里社》，商务印书馆 1936 年版。

③ 近年来，社与社祭的渊源关系几乎已成为社火研究界的共识，相关的文献爬梳及讨论已较为完善。如王杰文编著：《民间社火》，中国社会出版社 2006 年版；罗耀南编著：《社火词曲选注》，青海人民出版社 1993 年版；卜键：《从祭赛到戏曲》，文化艺术出版社 2005 年版。

就具备了“乡规民约”的自治逻辑和功能，其所强调的个体自律、经济互助和社会治安问题自然也是所有自治组织运作的功能标的。张振涛甚至认为，就在这样一个民间组织借用国家礼仪制度建会立社的节点，“乡村艺术组织”才油然而生。“国家正统祭祀，从闭合的空间向开放的空间过渡，从只许官吏缙绅参与，到把黎民大众囊括其中。执行仪式人员，长年固定下来，自然演变为礼仪组织。艺术会社代替宗族组织，体现了朝廷的国家强固、社会散弱的管理意识，因而得到官府默许。乡村艺术组织，经过了国家祭祀的襁褓抚育，僧道科仪的学语心模，终于独立门户。”①

与此同时，《雄县乡土志》的记载也暗示了里社制度在传统组织机制上崩溃的原因。“今则生齿日众，迁徙靡常，往往一村而分隶数社，且有社甲系本境，而其人久徙他境者。轇葛寫隔，汗漫无纪。”说明随着人口的增多，受土地报酬递减律的影响，人口迁徙和村落分裂逐步动摇了里社体制的组织结构和基础。一种组织的衰落、死亡，必定是以一种新组织形式的替代、兴起来完成社会循环与更新的。“当里社衰落蜕变之时，直隶各州县在雍乾以后陆续出现了另外一种职役系统，其基本组织结构是：在自然村与州县之间设置一级组织和区划，或称地方，或称官村，或称乡、镇、疃、庄、路、铺、厂、约、保、牌等等，因地而异，我们统称之为地方；每一地方各辖若干自然村；地方与村庄两级组织均设有负责人员，称地方、乡约、保正、保长、地保、厂正、社董、牌头……对于这种职役系统，我们称之为乡地组织。”② 从里社的耆老执礼到地方相对独立，中国乡村实际上也经历了国家制度或科层化体系不断下沉的过程。康熙、雍正、乾隆所代表的清朝中叶，恰恰也是春节社火活动在华北地区的各类地方志、乡土志里开始广泛出现记载的时期。

在三德范村，巷道的组织机制让我们能够依稀想见古时闾里组织机制的一般运作逻辑。而与某些地方志所记载的“明初分十二社……十二社曰，人和、义和、利人、太平、进福、庆丰、丰乐、众安、进贤、宾兴、

① 张振涛：《国家礼乐制度与民间仪式音乐》，载《中国音乐学》2002 年第 3 期。
② 魏光奇：《清代直隶的里社与乡地》，载《中国史研究》2000 年第 1 期。

福顺、安宁，是也”情景相似，三德范村内高悬在圩门之上的“人和”“太平”等字样也很容易让我们联想起延续至清中叶的里社模式。此外，传统的春节扮玩活动，最为重要的仪式表演称之为“报官”。在三德范村，按照相沿成习的表演传统，作为国家礼治象征的“官”，其所差遣的胥吏民间俗称为“地方”——这种社火表演过程里的象征仪式与上文的分析显然不是一种“语境”之外的巧合。

二、国家礼制和乡俗衍变

社火从诞生之初就交织了信仰与艺术的元素。在某种意义上，这种信仰、艺术一体化的活动往往是以信仰仪式为存在前提的。从天子到庶民立有不等的社。“每当严冬过后，大地复苏之时，先民们杀猪宰羊，用自己的劳动果实，祭祀‘神灵’，祭祀祖先。此时，终年劳累的原始先民无论精神或肉体都获得了歇息，他们欣喜若狂，把自己‘打扮’得非常漂亮，脸上涂上朱砂，头上扎缚鸟羽，大喊大叫，狂蹦乱跳，这便是人类最早的社火。”① 这种将信仰元素与艺术元素共同交织在社火活动中的现象曾经是华北乡土社会闹元宵时常见的景观：

> “上元”，街巷悬灯，扮社火，仿古逐疫之意，又有唱秧歌者。②
>
> “元宵”，街巷设松柏棚，多祭三官神，张灯火，扮社火，以天官赠福故。③
>
> 正月十五日，为“上元”，又名“元宵节”。人民张灯、鼓吹、办杂剧，所过城市村镇，皆以酒食相饷，丰俭各从其便。④

---

① 王琼:《关中民间社火与宗教祭祀源探》，载《河南社会科学》2012年第11期。

② 丁世良、赵放主编:《中国地方志民俗资料汇编（华北卷)》，北京图书馆出版社1989年版，第561页。

③ 丁世良、赵放主编:《中国地方志民俗资料汇编（华北卷)》，北京图书馆出版社1989年版，第582页。

④ 丁世良、赵放主编:《中国地方志民俗资料汇编（华北卷)》，北京图书馆出版社1989年版，第583页。

正月十五日，为“三元夜”，又名“元宵节”。放花灯、燃爆竹。乡人多于是节演办杂剧，如秧歌、旱船、狮子等，亦古之傩礼也。①

“元宵”前后，赏灯夜饮，金吾禁弛。民间击太平鼓，跳百索。妇女结伴游行，过津梁，曰“走百病”。②

十五日，为“灯节”。晚间门悬彩灯，村众击鼓，作各种游艺游街。③

“元宵”，张灯三日，放烟火，演杂剧，士女喧阗，官不禁夜。④

“上元”作灯，推一人为首，曰“灯官”，执役人皆备。各铺户具贺资，以充灯火费。其城外大屯堡立竹木，设九曲黄河图，制灯三百六十一盏，名“九曲灯”。男女中夜穿逐，谓之“走百病”。又随处演戏，踩高跷，唱秧歌，节节高，以为乐，三日为度。⑤

纵观明清以来的地方志和乡土志，虽然具体名称不一，但绝大多数有关年节的记载都有元宵节城乡举办扮玩活动的内容。秧歌、竹马、高跷、旱船、滑稽戏、杂剧并辅之以“鼓乐”，这些内容古今无不同。从上述节选的地方志内容也大致可以看出，扮玩在晚清以来已经逐渐失去了以民间社祭为核心的仪式内容，或许为了遮掩这种“士女喧阗，官不禁夜”活动的合理性，按照儒家公共性可以接受的范围，文人笔下的社火便更多地给予了“乡人傩”的界定。实际上，春节是乡土社会忙闲节奏的转换器和农业劳作的缓冲阀。在将上元节、春社、祭神

① 丁世良、赵放主编：《中国地方志民俗资料汇编（华北卷）》，北京图书馆出版社 1989 年版，第 228 页。

② 丁世良、赵放主编：《中国地方志民俗资料汇编（华北卷）》，北京图书馆出版社 1989 年版，第 32 页。

③ 丁世良、赵放主编：《中国地方志民俗资料汇编（华北卷）》，北京图书馆出版社 1989 年版，第 342 页。

④ 丁世良、赵放主编：《中国地方志民俗资料汇编（华北卷）》，北京图书馆出版社 1989 年版，第 385 页。

⑤ 丁世良、赵放主编：《中国地方志民俗资料汇编（华北卷）》，北京图书馆出版社 1989 年版，第 191 页。

等内容和国家礼制赋予社火活动的合法性和有效性结合以后，重新叠加了娱乐、游戏和世俗祈福的社火，逐渐舍弃了官方意图以这种民间仪礼辅助社会教化的沉重包袱。乡民艺术的个性解放和自由精神是带动乡民们参与活动的主要动力。特别是在年景丰收之时，即使是刻板、严肃的长者也不禁放松了神态和身段，在这样一个顺乎自然天命的闲暇时间整顿心情，调节状态，释放精神。同样在这个临界点上，乡民们也暂时放下了生活琐事、个人得失、家族恩怨或宗族利益。通过参与扮玩等乡民艺术活动，让小到一个山寨或村落，大至一个民族或国家的全体民众参与到集体行动的行列中来。在这里，每一个身处其中的人都在一种狂欢式的集体氛围里达到身心的高度契合，族群内部的集体意识被主动发掘和展示，并进而进入一种水乳交融的境界。此外，与社祭仪式一般带有凝重肃穆的内在要求不同，在春节这个充满了“泛宗教性”仪式的场域中，扮玩既可以以艺术性、舞台化、超越性的“扮相”释放个体身心自在欢喜的潜质，又能以春节的特殊叙事为借口搁置日常生活的郁结和苦涩。表演者与观演者就这样处在了一种由滑稽小戏制造的诙谐、乖讹、荒谬、错位所造成的“精神解放”中。换言之，扮玩是个人精神情感表达的形式，同时也是社区调节自身的一种内在机制。对此，即使是传统社会末期的部分士绅也怀有清醒的认识：

> “上元”张灯，家家糊灯笼，群众敲锣鼓，谓之“闹元宵”。节前作龙灯、旱船、高跷种种杂耍，四民辍业，聚众玩耍。兵荒之年稍减，一岁太平，故态复作，是亦不可以已乎。古之于民也，礼以防之，乐以宣之，后世缺焉。四民终岁勤动，绝少休息机会，又无正当娱乐为之宣泄，其不至溃决焉得乎。①

① 丁世良、赵放主编:《中国地方志民俗资料汇编（华东卷）》，书目文献出版社1995年版，第193页。

实际上，在传统社会时期的主要阶段，国家在整体层面可以将社会秩序控制在有效治理的范围内，对社火狂欢引发治安隐患的防范与管理是社会控制的重要组成部分。例如，在至迟成书于明代中叶的长篇白话小说《水浒传》中，社火叙事共出现了七处。除在第五十八回用“社火”一词指代志同道合的“好汉”群体，其余六处都把元宵节社火活动设置成在夜幕和民众狂欢的掩护下，梁山好汉实现英雄聚义、抢劫法场、智取城池、趁乱放火的绝妙时机。作为一种能引发社会失序现象的隐患，社火与国家治安之间的失信现象，更是在第六十五回“时迁火烧翠云楼，吴用智取大名府”——这篇充满了阴谋、血腥与厮杀的文学叙事里展现得淋漓尽致：

> 此是正月初头。不说梁山泊好汉依次各各下山进发。且说大名梁中书唤过李成、闻达、王太守等一干官员，商议放灯一事。梁中书道：“年例城中大张灯火，庆贺元宵，与民同乐，全似东京体例；如今被梁山泊贼人两次侵境，只恐放灯因而惹祸。下官意欲住歇放灯，你众官心下如何计议？”闻达便道：“想此贼人潜地退去，没头告示乱贴，此计是穷，必无主意，相公何必多虑？若还今年不放灯时，这厮们细作探知，必然被他耻笑。可以传下钧旨，晓示居民：比上年多设花灯，添扮社火，市心中添搭两座鳌山，照依东京体例，通宵不禁，十三至十七，放灯五夜。教府尹点视居民，勿令缺少；相公亲自行春，务要与民同乐。闻某亲领一彪军马出城，去飞虎峪驻扎，以防贼人奸计；再着李都监亲引铁马军，绕城巡逻，勿令居民惊扰。”梁中书见说大喜。众官商议已定，随即出榜晓谕居民……①

由此，对待这种“风俗”超越“官治”的治安隐患，传统社会的文人们早就怀着忧心忡忡的现实主义态度冷眼旁观并表明了立场，同

① 〔明〕施耐庵著，〔清〕金圣叹评：《水浒传》，上海古籍出版社 2015 年版，第 918 页。

样大致成书于明末清初，以鲁中地域为主要叙事场景的长篇小说《醒世姻缘传》也有类似描写。在古代小说创作之外，大部分士人还发出呼吁，他们认为，对这种“非益于化，实损于民”的社火活动应该毫不犹豫地给予“禁断”：

窃见京邑，爰及外州，每以正月望夜，充街塞陌，聚戏朋游。鸣鼓聒天，燎炬照地，人戴兽面，男为女服，倡优杂技，诡状异形。以秽嫚为欢娱，用鄙亵为笑乐，内外共观，曾不相避。高棚跨路，广幕陵云，袨服靓妆，车马填噎。肴醑肆陈，丝竹繁会，竭赀破产，竞此一时。尽室并孥，无问贵贱，男女混杂，缁素不分。秽行因此而生，盗贼由斯而起。浸以成俗，实有由来，因循敝风，曾无先觉。非益于化，实损于民，请颁行天下，并即禁断。①

简单说来，旧时以儒家思想为核心准则的知识分子，向来是国家文化建构与生活实践导引的风向标，他们不但以标榜慎独的姿态独善其身，而且推己及人，试图在确立个体生活模式的同时，完成齐家、治国、平天下的生命理想。在这种“致君尧舜上，再使风俗淳”的情怀指引下，他们不但反复建构自身价值观所引领的生活文化（如雅文化），而且对乡民文化及其生活实践总是不遗余力地给予引导、规戒。文人们对待社火这种表现出较强的狂欢意识和个性解放倾向的乡民艺术活动，常常是从民众生计（经济）和社会教化（政治）的角度给予批评和规劝。但这种规劝的效果十分可疑，很多情况下只能表现为一种“奉儒守法”的政治理想，或者“穷年忧黎元”的情怀：

“元夕”张灯，前后凡三夜。宴集歌吹，竞为烟火之会。许侍郎维新尝作歌叹之，其略云：灯火市，逃亡屋。寒切肤，饥刺腹。

① 〔唐〕魏徵、令狐德棻撰：《隋书·柳彧传》，中华书局1973年版，第1483～1484页。

> 一人唱，几人哭。一架花，几石粟。一声炮，几杯粥。倾性命，娱耳目。①

这种充满了现实主义感喟的情怀是真正符合乡民的精神诉求，还是仅仅为一种见景生情的想象，以及这种歌叹在乡土社会能产生何种效应都难以测算。刘铁梁对这种现象批评道："任何一种文化，如果仅仅停留在一种精英或士大夫的言论之中，这种文化就不能成为关乎民族命运的根性文化。"②

20 世纪初，中国进入动荡多变的近现代社会急剧转型期。在这一阶段，乡土社会遭遇了剧烈震荡，但整体结构并未受到严重影响。不过，"在 20 世纪前半期的乡村中国，有两个巨大的历史进程值得注意，它们使此一时期的中国有别于前一时代。第一，由于受西方入侵的影响，经济方面发生了一系列的变化；第二，国家竭尽全力，企图加深并加强其对乡村社会的控制"③。此时，国家对社会实现控制的主要途径表现为国家政权和制度建设的现代化。

随着乡村里社制度和保甲制度的渐趋崩溃，近代警察制度的建立成为实现社会控制的重要手段。此时，国家政权不但赋予警察干预民众生活的权力，而且这种干预拥有立法形式的保障。在城市，以近代警察制度的确立为标志，国家逐渐实现了对城乡社会更为广泛、细致的控制。④ 由此，无论筹备、动员、组织还是现场表演、互动，这种能够引起大众热情和具有个性解放、集体狂欢性质的城乡社火就成了社会风气和社会治安双重标准下重点监控和治理的对象。1925 年，《甘肃警务周刊》刊登的一则新闻很能说明上述问题。这一年，全国各地工人罢工、"五卅惨案"、"浙奉大

---

① 丁世良、赵放主编：《中国地方志民俗资料汇编（华东卷）》，书目文献出版社 1995 年版，第 310 页。

② 刘铁梁：《村落生活与文化体系中的乡民艺术》，载《民族艺术》2006 年第 1 期。

③ ［美］杜赞奇著，王福明译：《文化、权力与国家——1900—1942 年的华北农村》，江苏人民出版社 1996 年版，第 1 页。

④ 相关历史背景可参考杨玉环：《试论中国近代警察制度的特点》，载《齐鲁学刊》2007 年第 2 期；沈岚：《中国近代警察职权立法扩张的背景——以违警罚法为视角》，载《学术界》2011 年第 9 期。

战”爆发等大事件频发，中国社会处于激烈的动荡时期。能够裹挟巨大人流的社火活动显然跟紧张态势下的治安要求格格不入，因此便陷入了以“观瞻不雅，摇荡人心”的名义遭遇取缔的处境：

> 照得春灯社火，原为歌舞升平。乡傩所以逐疫，兼祝年谷丰亨。意在四民同乐，遨游无间乡城。惟有一般恶俗，改良庶进文明。疯婆拉驴杂剧，手执笤帚横行。每遇稠人广众，信口乱唱邪淫。既属观瞻不雅，尤足摇荡人心。并有秧歌小曲，桑间濮上遗声。如纺棉花一出，如十八摸等名。更若摘瓜拔蒜，以及闹店送情。种种妖容秽语，登台丑态毕呈。引诱青年子弟，攸关教化匪轻……兹特重申告诫，传知各界人民：
>
> 不准装扮淫戏，不准怪状奇形。令饬各区长警，侦查格外认真。倘有故违警律，照章重究严惩。维持良好风俗，其各一体凛遵。[①]

魏斐德的研究表明，20 世纪 30 年代左右现代警察制度在中国现代化国家构建中与社会发生互动的影响在城市里体现得最为明显。[②] 相对而言，此时农村警察组织的建设更多还是流于形式，在国家控制乡村秩序层面主要依赖的还是保甲制度。[③] 事实上，如果说 20 世纪 20 年代现代国家政权建设是从“外生性”的途径实现社会控制，并给予扮玩活动以整肃性的干涉，那么这种结局常常是以民俗传统的潜行地下和“春风吹又生”而告终的——这种循环式的文化现象已经在历史上多次上演。但与那种将民间仪式表演活动的衰落视为因民族国家建立导致乡土传统割断的观点不同，本

---

① 《布告禁止春灯社火不准怪状奇形文》，载《甘肃警务周刊》1925 年第 57 期。

② 魏斐德对这一历史时期城市语境下的警察制度，特别是上海警察的研究最为知名。代表作品有：《上海警察：1927—1937》（2011 年）、《红星照耀上海城——共产党对市政警察的改造》（2011 年）以及《上海歹土——战时恐怖活动与城市犯罪 1937—1941》（2011 年）。

③ 崔明达：《地方自治与建设乡村警察》，载《地方自治（成都）》1940 年第 6 期；王国藩：《地方自治与乡村警察》，载《政治前线》1946 年第 4—5 期。

书认为，在20世纪40年代前后，华北地区的社火表演大规模呈现出信仰元素削弱、演艺元素凸显的过程，则是发生在著名的“延安文艺座谈会”前后。当时的共产党人立足民众生活实践，采取了一种融入民众生活的“改造”办法，这是乡民艺术融入政治生活并向现代化方向转变的开始。具体说来，民间文艺改造目标是共产党借助全社会的广泛参与，通过将宏大的政治意图和民间“微政治”贯通的策略和措施实现的。以针对秧歌表演的改造活动为例，精心制订了实施方略：

> 新艺术至今在群众中仍未得到充分发展，宣传封建迷信的旧艺术在群众（主要是农民）中仍占着相当的优势，所以迫切需要用大力在群众中发展新艺术和改造旧艺术，使新艺术在边区建设中，发挥它的力量。
>
> 群众艺术无论新旧，戏剧都是主体，而各种形式的歌剧尤易为群众所欢迎。应该一面在部队、工厂、学校、机关及市镇农村中发展群众中的话剧和新秧歌、新秦腔等活动，一面改造旧秧歌、社火及各种旧戏。
>
> 秧歌社火为农民艺术最普遍最重要的一种形式，它的活动主要在春节，春节是群众的艺术节日。但不论是秧歌、社火或其他形式，也不论是在春节或平时，旧基础既然尚占优势……对一切旧艺术、旧艺人，一般地都必须采取改造的方针，而不能采取简单的打倒的办法。改造应从思想上入手。此外，在分散农村条件下，发展群众艺术应特别注意不误生产与群众自愿的原则。①

从随后几期《解放日报》的宣传报道来看，当时的边区政权是这样宣传，也是按此方略稳步展开行动的。除了进行有针对性的秧歌运动，边区红色政权还因地因时制宜，采用“唱小曲、要社火”等活泼形式进行了“冬学识字班”的教学改革活动。② 实际上，在上文这篇《决议》发出一

---

① 《关于发展群众艺术的决议（一九四四年十一月十六日边区文教大会通过，边区二届二次参议会批准）》，载《解放日报》1945年1月12日。

② 雪牧：《唱曲子要社火教识字——庆阳三十里铺区是这样办冬学的》，载《解放日报》1945年3月13日。

个多月后，庆阳地区就召集全县六个区和一个市“最好的社火头”共同商议并严格按照《决议》，围绕社火内容、组织形式、经费收支等做了六条八个方面的全面改革，大家达成的主要共识有：

一、“狮子”、“龙灯”和“竹马”（是用纸扎的马头绑在人的前身，马尾绑在后身，前后有灯）人数四人或八人，进了场子之后便在场上穿花，快步疾驰，多数不唱，据说这全靠跑得快，所以很难唱，但由于跑得太猛，所以常有跑下来吐血的……当时大家都觉得可以，虽少积极意义，却红火，群众爱看，可以继续耍。

二、“小车”、“花鼓”（即陕北的梅花鼓舞）和“彩船”都可以唱新内容的曲子，不过“彩船”上的小脚必须放大，尽量减少封建的装饰。赶船和推车的人过去都是丑脚（角）的打扮，现在改成正派的老百姓装束。

三、“马故事”（用古装扮成一出旧戏的角色骑在马上，到处游行，不唱不说，只给人看的）这种形式，目前群众还爱看，且是有些社火的主要形式，故仍可耍，但必须扮演有教育意义的历史故事（如“徐州革命”等），封建思想浓厚的戏就不扮了。

四、“柳木腿”（即一般的“高跷”，也是扮旧戏如“八仙过海”等）可以扮新的，如自卫军等，并可加上唱新曲子。

五、“地故事”（也叫“地溜子”或“跑红灯”，身下挂一纸扎的花盘，上有四个灯，用碎步上场，穿花而走）也可以唱新曲子。

六、“车亭”、“抬亭”和“背亭”（大体上和延安的“高抬”相同）过去是扮旧故事的，现在要扮演新的故事。①

毋庸讳言，在这篇报道发表的短短20年后，先后兴起的“破四旧”“文革”等政治运动却采取了与上述反复强调“群众自愿”以及尊重民俗传统

① 舒非：《社火的旧形式和新活动——记庆阳社火头会议》，载《解放日报》1945年2月18日。

和民间“领头的”意愿的做法大相径庭的政策。相较而言，20 世纪 40 年代边区政权推动的社火改革，因为符合地方社会和革命实践的实际需要，尤其是借助土改前后民心安定、社会发展的形势，整个红色政权以一种崭新的姿态涵纳了农民生产、生活组织模式的调整与改变，以及与之相关的民间艺术活动。在此基础上，国家政权和民间自治传统营造了一种磋商、对话、妥协的良性姿态，从而也迎来了国家政权与地方社会、民俗传统、社会进步等水乳交融的融洽时期。此时，这种礼俗互动既符合区域社会的发展，又没有从根本上违背社火传统的文化根性，因此，20 世纪 40 年代的社火改革，取得了国家政治和地方社会双赢的局面。至此，各地社火仪式中的信仰元素被大大压缩，既符合农民意愿，又符合革命和意识形态需要并且充满激扬斗志的艺术形式则被保留、肯定和鼓励，并逐步成为后世社火表演的核心内容。反观此后的某一历史阶段，特别是极左时期的文化改造行动，因为没有从根本上融入民众现实生活的土壤，模糊并抛弃了与民间自治传统的官民对话机制，不但最终随着国家与地方社会历史进程的时移势易而偃旗息鼓，而且在改革开放以后，曾经被压制但又符合生活实践需要的那些礼俗传统，最终还是迎来了以“寻根热”“民俗热”“非遗热”为代表的文化复兴。

三、社会转型与乡土热情

人类学家罗宾·邓巴提出过一个著名理论，大意是说，每个人与之维持持久关系的熟人，数量最多不超过 200 人，通常只有 150 人左右；所谓熟人，不仅是指你认识这个人（对此常存在误解），更是指你记住了和他的交往历史，以及他和你认识的其他人之间的关系。① 事实上，即便是在村落这个熟人社会，人们对待历史传统的情感也具有流动性。乡民艺术的存亡兴衰可以成为观察国家、社会以及人们情感变化的重要窗口。吉登斯就把社会结构看作是一系列被反复组织起来的超越了时空限制的规则和资源，主张通过对社会变迁中日常生活的观察，来分析人类情感和实践的再

---

① 辉格：《群居的艺术》，山西人民出版社 2017 年版，第 8 页。

生产过程。[1] 以三德范村为例，从现有的明清时期的地方志、碑刻、族谱以及口述史资料可以确认，三德范村的民间自治传统不仅具备历史感，而且在“旧社会”曾长期占据主导性位置。本书既以年节扮玩为主要关注对象，重点捕捉它在区域社会变迁中的不同境遇，所以坚持以扮玩的兴衰史为基本依据，同时参照三德范村在鲁中地区的社会状况，对权力变迁结构下的村落历史做出了一个大致的历史分期。受张士闪教授对鲁中地区的乡土社会做“长时段”分区的启发[2]，根据笔者在三德范村田野调查获得的各类文献资料，特别是按照乡民艺术的盛衰情况，笔者将村落变迁与扮玩传承大致划分为以下三个阶段：

1. 传统稳定的乡土社会时期（明初至20世纪初）。无论是在族谱还是口述资料中，三德范村的老人常将家族的历史追溯到明初，有“因花子军之乱，老百姓十有八九迁自河北直隶真定府枣强冀州”的说法。既认同明初移民家族的身份，又认可三德范村的原住人口只有车、袁两姓，即所谓的“车、袁二家实在户”。水灾、旱灾、蝗灾、兵荒马乱等是现存章丘地区明清乡土志记载里经常出现的字眼。在传统社会末期，1906年是三德范村在修订庄志时特别强调的年份。这年，代表西方文化的基督教传入庄内，教堂、教会影响增大。同年，章丘县师范讲习所成立，18岁的村民姜隆懋入学，为三德范村进入新式“学堂”第一人。至于扮玩，这个阶段时断时续，是否举办主要取决于农业年景、庄稼收成等。

2. 动荡、渐变但组织化的乡土社会时期（1927—1983年）。这一时期，三德范村的乡土生活又可以划分为两个更小的时段。（1）1927年至“文革”前。这一时期的乡土生活遭遇了剧烈冲击，国家政治、文化、经济等上层建筑的变革深刻影响了乡土社会生活。以1927年土匪刘黑七进村“架票”（绑架），张传瀛、张万佑等村民被挟持，三德范人成立自卫团为标志，到新中国成立，“文革”发动前为止，曾经以族家为组织单元的村

---

① ［英］安东尼·吉登斯著，李康、李猛译，王铭铭校：《社会的构成：结构化理论大纲》，生活·读书·新知三联书店1998年版。

② 张士闪：《乡民艺术的文化解读——鲁中四村考察》，山东人民出版社2006年版，第25~26页。

落转向了以全村动员、应急为特征的组织机制。此外，作为鲁中地区南北交通的重要通道，1928 年“村内过南军，国民党部队走了半个多月”①，以及 1935 年因山洪暴发导致“大雨三场瑶月飘”的水灾是集体记忆中的标志性事件。在这一时期，三德范扮玩名声大震，不但以标志性文化的身份到济南、淄博等地演出，而且出现了“三德范‘扮玩’队伍大闹博山县”的民间传说。这种活跃局面甚至一直持续到开始实行农村集体化时代的前期。（2）“文革”时期到 20 世纪 80 年代初。“文革”期间，由 40 多个生产队组成的三德范大队建立了稳定、严密的集体化生活模式。这种国家政权由上及下建立的强力组织紧紧地掌控了乡民们的私人时间与公共空间，除了“八个样板戏”，扮玩活动等传统乡民艺术活动几乎销声匿迹。改革开放实施五六年后，三德范村的个别巷道才尝试着在春节期间敲锣打鼓，恢复一些民间小戏。一直到 1983 年，三德范扮玩才又走向全面复兴。

3. 乡土社会的快速转型期（1984 年至今）。1984 年，三德范大队撤销，划分为东、西、南、北四个行政村，成立经济联合社统筹管理集体经济。三德范村以煤矿企业为主，前后兴办了 13 家村办集体企业和 3 家私营企业，绝大部分村民在村内就能找到满意的工作。在改革开放带来的利好措施的影响下，三德范村成了远近闻名的富裕村，乡民们的钱包率先在四邻八乡鼓了起来。此时，扮玩红红火火。但是好景不长，20 世纪 90 年代末，文祖地区的镇办企业、村办企业陆续倒闭，习惯了以下井采煤和简单加工为主业的乡民陆续外出打工。随着市场竞争趋于白热化，此时国家紧缩银根、控制信贷，兼之货款回收困难，一批乡镇企业、村办企业宣告破产。2003 年，以文祖镇政府、三德范经济联合社和民营企业签订期限为 50 年、对外出租锦屏山的《合作开发旅游风景区协议书》为标志，一方面，村办企业陆续对外宣布破产、分割和变卖，另一方面，煤井关停、企业倒闭、山场外包、工人失业。就这样，走进“后集体时代”、曾经一度呈现出喧嚣与繁荣的乡土社会终于向体系完善、管理规范的资本市场溃退，高

---

① 根据乡民们的描述，“过南军”大致应该是指国民革命军第二次北伐。群众将北方张宗昌的军队称为“北军”，将国民革命军称为“南军”。

度依赖矿产资源开采和加工的三德范村，最终没有转型为一个社会学意义上的“超级村落”①。

在20世纪80年代，随着“寻根热”“民俗热”社会潮流的涌动，三德范扮玩开始以“民间艺术”的身份从乡野走向殿堂。从1986年春节开始，多次参加山东省、市、县“农民艺术节”“文化艺术节”。参加各类“民间艺术会演”成为扮玩在社会转型期的新任务。1980年以来，国家意志在文化政策方面不断变化，并以一种名誉、奖项、身份及其评价机制相结合的方式不断对乡民艺术施加影响。从“农民艺术”“民间艺术”，再到“非物质文化遗产”“乡村记忆工程”，各方力量合力，共同将以扮玩为代表的各类艺术推向了象征资源争夺和乡土文化操持的舞台。

值得注意的是，20世纪80年代以来，中国农村改革的推进使得乡村社会初步建立了现代化的基层自治组织。村落内部实现了国家与农民权利的重构，村民成为乡村秩序生成的主体力量。像许多村庄一样，村民钞票越挣越多，但时间越来越少，参加年节扮玩的积极性也随之越来越淡。这种种现实状况，经常让“上了年纪的”村民发出“还不如大集体那时候”的感叹，有村民说：

> 生产队的时候虽然说是吃不饱，可不像现在整天让钱给急得慌。那年代北头庙（泰山行宫）后面还没盖房子，叫“庙园子”。入冬以后，都要准备过“革命化”的春节，叫“讲革命斗争史、开诉苦会、演忆苦戏、吃忆苦饭、唱忆苦歌”，每个人演节目还算工分。白天不能耽误干活，生产劳动有十个工分，晚上演节目还有两个工分。当时

① “超级村落”是20世纪80年代随着中国农村联产承包责任制和乡镇企业崛起而被社会学家总结出来的概念。“作为一种新的社区形态，超级村庄存在的方式既不同于传统意义上的‘乡’，又不同于现代意义上的‘城’，而是表现出诸多的中间性特征。可以看到，超级村庄既以企业或企业集团的方式存在，又保留有典型的村社区特点；既是自治性的民间社会，又执行着‘准政府’的各种职能，还在国家与农民的关系中起着中介的作用；既是工业化的社区，又保留着乡土社会的某些生活秩序和原则，表现出非城非乡又亦城亦乡的特点。”折晓叶、陈婴婴：《超级村庄的基本特征及“中间”形态》，载《社会学研究》1997年第6期。

演出有30多个演员，面对我们村6000多口子人——啥叫万众瞩目？这就是万众瞩目！你演得好就尽赌着你将来去挑媳妇吧！……

到了（20世纪）80年代扮玩重新热起来，大家还是抢着出节目，抢着上节目。刚进腊月，年轻的就坐不住了，盼着矿上（煤矿）放假，下了班就开始到处窜：“叔，今年扮玩你可得让我上啊！”“叔，就是抬杆（注：力气活）你也别忘了我啊！”大家争着上，抢着上！为什么，没什么分心的事啊！都是在家里种地，在村里挣钱，你不在家干，也不兴到远处打工。（那时候）有的是人，有的是时间。你看看现在，有的人你花钱请他在家扮玩，他还不回来咧！

每当此时，村民们总是在列举“那个时代的人有精气神”之后，对现实生活再发一通人心不古的牢骚和批评。而这些负面情绪又极容易从扮玩活动的筹备和组织中找到一一对应的例子。很多巷道的“领头的”分析，现在青壮年时间紧张，即使年节期间也是处于时刻准备着打工挣钱的状态。扮玩期间，几乎每个青壮年随时有可能接到电话，然后收拾行李，向着务工的地点出发。他们认为，1999年以后，这种“大家伙儿时间都不够用的，天天都得忙着打工”的情况才开始愈演愈烈。问题在于，“大集体”时代的时间就宽裕吗？这种心理落差与劳动时间的多寡存在因果联系吗？事实上，在单纯以20世纪60年代前后的集体生活为谈话内容时，乡民们似乎一瞬间又忽略了对那个时代的肯定和赞美。物质生活的匮乏和高强度的劳动又转眼间成了忆苦思甜时的反面典型：

1956年，俺村成立了高级社，分了17个生产队和75个作业组。那时候往后就越来越不轻快了。当时的口号是“睡眠8小时、吃饭休息4小时、劳动12小时”，男劳力一个月出勤28天，农闲的时候也得至少27天，女整劳力一般也得25天。你就是散了工也得尽量多干点，叫作“下坡不空手”，得顺路拾点粪。“回家不空篓”，你还得顺路割点杂草做饲料或者沤肥使。

妇女也得参加劳动。那时候妇女不结婚不下地，结了婚干活更少了。就是看孩子、纳鞋底子、做饭。成立了高级社以后慢慢这些习惯都改了，孩子也不用你看了，有托儿所，有保育员。后来又搞了幼儿园和育红班，妇女就都跟男的一样下地干活去咧。①

三德范人就像笔者所接触到的其他地区的大部分乡民一样，一方面，人们承认近30年是自己有生以来生活水平提高最快的时期，各种家用电器、生活用品眼花缭乱，“日子越过越幸福”；另一方面，“钱挣得一年比一年多，可是一年比一年不够花”又成为所有村民的共同感受。他们普遍认为，在物质生活快速提高的同时，几乎所有人的生活满意度和幸福感在不断下降，给老人看病、给孩子买房几乎是每个成年人难以摆脱的压力。因此，即使刚才那些发牢骚的老人，只要身体还能干得动，他们也很少在冬天悠闲地“猫”在墙根晒太阳了——在建筑工地做“小工”或者在村内外的作坊和养殖场做“钟点工”成为他们很满足的工作。如果不是年龄偏大，导致很多企业和工地不愿意招收他们，他们也会早出晚归，在脚手架上爬上爬下，“像年轻人一样去挣大钱”。每个村民都在抱怨“没时间”，但人们又承认现在没有任何人像集体时代那样“白吃、白干、磨洋工”了。尽管农民们有更多可以自由支配的时间，但假如以“没农活的时候可以随便玩几天”作为衡量幸福与否的最低标准，那几乎没有村民敢承认自己符合。

毋庸置疑，当凯恩斯“有了经济就有了一切”的观点被解读为“金钱不是万能的，但没钱是万万不行的”时，西方社会的那种物化幸福观也成了时下中国乡土社会“人的发展”的重要目标和价值标准。换言之，在当前这样一种以“有机联系”为基础的现代社会，“理性”成为社会生活的指南。与传统社会时期的人际关系相比，即使是“熟人社会”，人们以传统或情感的取向为前提的惯习也在变弱，并逐渐被理智的考虑，即以成本和利润作为目标取向的价值观所代替。换言之，韦伯所指出的那种理性

---

① 讲述人：单象厚，84岁，单家巷村民，历任初级社社长、生产队长；讲述时间：2016年6月20日。

化，同样发生在中国农村经济生活领域，然后弥散到社会生活的各个方面，从而使得村落社会也逐步走向了世俗化，即用理性、科学的态度对待生活的状态。

在传统意义上，人与人之间建立的彼此以信任为基础的社会关系网络原本是任何一个社会组织凝聚人心，进而产生集体行动的基础，并且在人们自我评价幸福感的时候发挥重要作用。而中国传统价值观念又恰恰强调物质欲望满足的正当性，在个体欲望与集体利益产生冲突时，压抑个体欲求而“义以建利”的德行常成为树立个人威望的重要标准。在三德范村，改革开放让乡民们不但填饱了肚子，而且走向了富裕和小康。从三德范村的人均收入看，据不完全统计，1986 年是 611 元，1996 年是 2746 元，2005 年是 4490 元，已经达到 1949 年的 22 倍。同时，20 世纪 90 年代后期，村内的贫富差距逐渐扩大。在 1992 年，三德范经济联合社曾统辖“一矿四厂”，有职工 800 余人，年创产值 1500 万元，利税 150 万元，每年工资总额达 320 万元，工人工资总额超过了农业总收入。至 2000 年初，村办企业陆续停产、清算、售卖，在相当数量的村民积攒起个人和家庭财富的同时，传统意义上德高望重的“乡贤”却又乏善可陈——这也是扮玩活动“报官”仪式选不出“灯官”的内在原因。

第二节　礼物、传承人和象征资源

从乡土社会与文化变迁的动态结构观察，改革开放以来，三德范扮玩的起起伏伏实际上是传统节日衰落、失语的一个缩影。随着社会转型、劳作模式转换、传统节日被忽视，以及西方节日的冲击，许多地区的传统节日及民俗活动遭遇了中断、冷寂或失传的现象。由此，不仅许多 1980 年以后出生的孩子错过了在童年时代观察、参与传统节日活动的最佳时机，丧失了对民俗传统的感情和理解，而且在他们成长为社会中坚力量的关键时刻，更是失去了守望、传承、创新民俗传统的动力和热情。此外，21 世纪以来的国家非物质文化遗产保护运动，因为在探索和构建过程中走了一些弯路，在具体的村落及其传承人群之间也出现了许多负面影响和作用。

以三德范村扮玩为例，年节期间，无论是活动组织还是文艺表演，村内的十条巷道各不统属，每条巷道都有自己的拿手节目。但是，作为一种集体表演的社火活动，只有集全村之力才能完成的国家级非物质文化遗产，偏偏将荣誉给了“张家巷的俩老人”。每次访谈，这个话题都最容易引起村民的争议和负面情绪。受访者认为，自己应该得到这个“国家级传承人”的荣誉，强调自己同样具备获得这个头衔的水平和能力。于是，社区内部成员就在纯粹的政治、经济生活之外，产生了表演文本层面价值能力和价值期望的脱节，从而出现了一种有悖于这项乡民艺术于公共精神层面向来只强调在表演本体上竞争的传统。问题在于，“当被剥夺的感受被社会成员广泛认同，并且，价值期望与价值能力的背离加剧时，政治不稳定最有可能发生”①。虽然这种层面的心理落差尚不至于动摇村落秩序的稳定，但许多学者的田野调查发现，村落内部因此而造成参与群体之间的消极、对抗情绪，甚至进而打破原本平衡的内部组织结构，出现分裂、解体、加速乡民艺术消失的现象也愈演愈烈了。② 但总体来看，在庄大姓多的三德范，这种不满情绪整体上还是呈现出一种相对温和的态度。例如，虽然小部分村民表示“爱谁谁去吧，不太操心这个”，但大部分村民表示“没听说过这事”，“服从国家安排”，“说实话，真没意见”等。较处于相同处境的其他村落，村民的这种反应多少显得有些令人意外。究其原因，从村落内部组织体系的视角观察，超越三德范东、南、西、北四个行政村基层组织的局

---

① 田为民：《政治稳定的社会心理条件研究》，载《江苏社会科学》1999年第2期。

② 在这方面较有代表性的观察和讨论有：刘锡诚：《传承与传承人论》，载《河南教育学院学报（哲学社会科学版）》2006年第5期；方李莉：《请关注非物质文化遗产的拥有者》，载《艺术评论》2006年第6期；祁庆富：《论非物质文化遗产保护中的传承及传承人》，载《西北民族研究》2006年第3期；乌丙安：《非物质文化遗产的界定和认定的若干理论与实践问题》，载《河南教育学院学报（哲学社会科学版）》2007年第1期；苑利：《非物质文化遗产传承人保护之忧》，载《探索与争鸣》2007年第7期；萧放：《关于非物质文化遗产传承人的认定与保护方式的思考》，载《文化遗产》2008年第1期；刘铁梁：《民俗文化的内价值与外价值》，载《民俗研究》2011年第4期；李向振：《“非遗”传承人认定与集体性乡民艺术的保护——以冀南GY村“捉黄鬼”活动为个案》，载《贵州大学学报（艺术版）》2015年第2期等。

限，将所有局部统筹为整体的管理区实际上发挥了关键作用。在某种意义上，当年的这个以办事处名义存在的组织，实际上在村落内部的文化、权力网络中一直发挥着调和的作用。此外，从村落外部空间观察，现代传媒艺术也在村落社会的公共性问题上发挥了十分微妙的作用。

一、礼物流动的叙事

作为一项广为人知的国家级非物质文化遗产，年节期间的三德范扮玩，还经常涉及村落地缘关系以及如何展示村落形象等问题。如前所述，由于庄大姓多，三德范村的地缘组织和亲缘关系紧密，它们是人们社会交往体系的主要组成部分。因此，在传统意义上，扮玩活动以拜年的名义进行“礼物流动”的圈子主要在村落内部，只有有社会应酬或上级布置的任务时，村落或巷道的扮玩队伍才单独外出表演。笔者田野调查时发现，三德范年节扮玩的演出场合主要有以下五种：

1. 面向巷道内部“经济能人”的表演。一般正月十二的上午，在“领头的”提前联系好拜访对象后，每条巷道会各自组成小队到店铺、作坊、养殖场、农场或工厂等地进行表演，因为这种表演主要是进一步为即将开始的重头戏凑集活动经费。此时，演出队伍的人数、规模尽量缩减，一般控制在二三十人；演出难度和技巧则尽量降低，行动不便的高跷和容易暴露实力的“芯子”都不上场。

2. 面向街道办事处的表演。正月十三上午，各条巷道都会前往村北约2.5公里的文祖街道办事处进行表演，这个表演时间是约定俗成的，所以也不需要提前联系。当然，也有个别巷道出于“早起的鸟儿捉虫多”的想法，提前一天就到街道办事处演出。表演队伍的规模会比前一天给巷道内居民拜年时稍多一些，但与正式表演还是有很大差距。每条巷道的表演队伍会获得100元或200元的“赏钱”（红包）。因为得钱多少主要取决于巷道“拜年”队伍准备得充分与否，加之各巷道获得的钱数差别也并不明显，所以现场从没有因“赏钱”问题闹出不愉快。更多时候，文祖街道办事处还会以“文祖镇民间文艺表演比赛”的名义鼓励、组织所有有春节演出项目的行政村进行会演，优胜者可以代表文祖街道到章丘区政府演出。

此时，三德范村的扮玩经常没有悬念地拔得头筹。

3. 面向“文艺会演”的表演。从 1990 年起，每年正月十四和正月十五三德范村都要组织扮玩队伍，在八点之前赶到章丘区政府所在地明水百脉泉广场进行全区会演。这种会演经常冠以“第几届民间艺术表演”或者“章丘芯子大奖赛”的名义。因为是选拔性的比赛，为了稳操胜券，三德范村一般会在管理区的精心布置下打破各条巷道的界限，在全村组织起一支精干的队伍赶赴明水演出。同时，从观赏性和代表性的角度出发，张家巷的两架“芯子”——“王小赶脚”“三打白骨精”——每次都是三德范村参加会演的保留节目。

4. 面向本村乡民的表演。在上述三种情况下，从 20 世纪 90 年代初到 2014 年春节止，由实力较强队伍表演的拿手节目元宵节时在本村演出的时间并不多，他们白天奔向街道办事处、市（今章丘区）政府参加会演，晚上才能挤出时间玩玩龙灯、耍耍狮子。不过因为三德范庄大姓多，不能外出参加会演、比赛的村民就在村内自娱自乐。虽然演出人数、规模、难度、观赏性和吸引力降低了不少，但好在扮玩杂项很多，村内的妇女、少年、儿童还是玩得不亦乐乎。2014 年，章丘区及文祖街道不再搞群众会演，三德范扮玩的所有项目从此彻底回归村落内部表演的舞台，并一直延续至今。

5. 日常“任务型”表演。随着近年方兴未艾的民俗热，各种旅游节、狂欢节等层出不穷。此外，从国家文化组织到省市文化事业单位也常以各种名义举办博览会、艺术节、文艺会演或比赛。这两者的共同点是都有政府邀请、派任务或指令的性质，三德范管理区往往都得联系村民组团参加。不同点就是前者往往由邀请单位出资给予参与者数额不高的补助，而后者是管理区自己想办法，或是报销车费，或给予一定补助，虽然分摊在每个村民身上的并不多，但往往也是一笔不小的开支。

除了日常“任务型”表演具有不确定性，前四种情况几乎成了三德范扮玩的演出常态。到政府机关的演出相沿成习，这种“拜年”属于离土不离乡的社会应酬；日常生活中到外地参加节日庆典和比赛会演则有较强的行政化指令特点。村民们认为，日常生活中的邀演活动是不得已而为之。三德范人似乎有点“为声名所累”，但因为扮玩在村内有争光斗胜的传统，所以但凡被组织外出参加比赛，大家还是会打起精神力争上游。事实上，出远门参加表演并不是问题，除了时间、地点要对，演出的对象也要跟村庄有一定的历史渊源。例如，直至今天，关于扮玩唯一可以引起村内共识的“故事”就跟地理边界接壤但直线距离很远的博山县①有关。作为淄博市的辖区，在很长一段历史时期，博山都是鲁中地区经济发达和文化荟萃的代名词。三德范村扮玩演出的跨乡土文本及其民间叙事就发生在博山。当然，故事的版本多有差异。在田野访谈中，赵介武、单象厚、赵介平等人讲述的故事最有代表性②：

> 有这事时我还不记事，听老人们讲起来，也就都知道了。每年扮玩，村里要先选“官”，也就是“领头的”。扮玩“官”首先自己家里要有吃不完的粮食，因为得有能力承担出点粮食路上给大家吃。那年扮玩，先推选出“官”来，“官”又选了“书办”王东岭，王东岭当选了后就指定村里各个巷道的“地方”（各村头目）和每个巷道出演的节目。王东岭心眼多，知道自己村里演完了还得被邀请去博山县演出，心里就做好了一切准备。
>
> 正月十六本村扮玩结束后去博山，白天表演彩船花轿、竹马高跷、狮子秧歌、刀枪剑戟花棍、棍棒流星鞭；晚上玩灯，有龙云彩灯、八卦八仙灯、鲳鱼蛤蝼灯。到了哪里都受欢迎，一直演到农历四月初，博山老百姓还不让回来。这天回到博山县城演出，博山县本地的扮玩头目看到三德范的竹马太出风头，偷偷派了七个壮汉，骑着高头大马就闯进表演场地破坏三德范的演出。那竹马怎么能跑过真马呢，一会儿竹马的步子就乱套了，演员气得不行。王东岭就给“地

---

① 博山县（今属淄博市博山区），与章丘区相距约40公里，民间传统厚重，向以颜文姜孝文化、博山菜和陶瓷、琉璃制作工艺著称。处于淄博、济南交界地带，至今博山区许多社区仍盛行春节扮玩。一般认为，“淄博”作为地域名称，是随着淄川、博山煤矿开发于20世纪20年代初形成的。

② 访谈人：朱振华；访谈对象：赵介武；访谈时间：2015年3月14日；访谈地点：三德范。

方”使了一个眼色，“地方”拿起军棍在桌上一敲，大喊一声：“单家巷的棒槌伺候！”单家巷几个练武的早就忍不住了，听到“地方”一声令下，就手提棒槌，就地十八滚，滚到七匹马底下，将马腿打伤、打断，博山县的头目赶紧把人马拖下场跑了。好歹竹马演完了《双锁记》，扮玩队伍连夜撤回三德范。从正月到四月初六，在博山整整扮玩了八十一天。①

但是以上文字并不能令人信服地解释为什么“从正月到四月初六，在博山整整扮玩了八十一天”的逻辑，实际上存在时间误差的问题。主编《三德范庄志》的张福经先生则以一种极富文采的方式从“礼物流动”的角度对“在博山扮玩八十一天”的缘由给予了补充：

博山向来是商业重镇，城内街道纵横，商贾云集，店铺林立。扮玩期间，街上商店的人员大增，凭空生出无限商机。三德范扮玩队伍的到来，将当地的节日气氛推向高峰，波及全县的每个角落。于是，邀请去乡下扮玩的请帖连夜而至，金家巷的“书办”王东岭既高兴又为难，高兴的是演出得到群众的认可，为难的是到乡下演出必有诸多生活困难。博山县令吩咐，三德范扮玩队伍可逐村演出，管吃管住，认真伺候，违者本县不恕。有此口谕，王东岭大为放心，与县里的随员共同商议后，根据村庄大小、远近依次安排。扮玩队伍所到之处受到老百姓的热情款待，其演出更加卖力。村民则扶老携幼争相围观，万人空巷，随队逐村观赏者无以胜记。

从正月十五开始，至四月初六，扮玩队伍在博山整整演出 80 天，所到村庄及演出场次不计其数。农历四月已是农忙之际，队员们牵肠挂肚放心不下家里。再说长时间演出，渐显疲惫，回乡之念顿生。王

---

① 该叙事结构的三德范故事也可以在《章丘民俗（文史资料第十二辑）》（1996年）里找到，但文史资料内的故事情节记录更为复杂，增加了“书办”金运鲁智斗县官和出谋划策的叙事。

东岭多次提出回籍的要求，县令总是真诚挽留。加上请帖频频而至，应接不暇，演出队伍处于进退两难的境地。王东岭与众人商议说："常言道，天下没有不散的宴席，送君千里终有一别，我们浩浩荡荡而来，增加了友情；静悄悄而去，省了人家的麻烦。"大家一致同意放下道具连夜回家。四月初六深夜，全体人员悄悄踏上了回乡之路，四月初七安然到家，王东岭心里的一块石头总算落地。此时地里的谷苗已呈老黄状态。

博山县令闻之，深感遗憾，为未能酬劳送行而扼腕叹息。博山民众也为之留恋，并将扮玩队遗弃的部分道具收于庙内妥善保管。几十年后，庄内去博山谋生的人尚见道具置于庙内的横梁之上，当地长者对那次扮玩仍交口称赞。①

在田野访谈中，令笔者感到比较惊讶的是，无论是老一代村民还是年逾四旬的中年人，都能讲一段"三德范'扮玩'大闹博山县"的故事。虽然这则故事不同的人在讲述时会有异文，但这则故事的母题和链条一般没有太大的区别。在笔者看来，三德范村的这则民间故事文本背后的文化心理是十分值得分析的。这与张士闪长期观察的鲁中地区"小章竹马"的表演文本不同。小章竹马的演出场合主要表现为一种"家族内部文本"，有限的跨乡土文本演出也是一种带有血缘关系的"寻根"行动，本质上没有超出"家族内部文本"的范畴。因此，小章竹马的"礼物流动"首先与其呈现为单姓村的"家族在场"是分不开的。②

而作为一个庄大姓多且同姓不同宗的人口大村，三德范春节扮玩的组织机制本身就具有实现村落内部家族融合与构建村落秩序的功能，而且这种功能首先是以巷道为单元产生的。换言之，作为"整体的"三德范实际上是辖属着十条独立单元的聚合村落，因此不同巷道之间比拼、斗胜的意味自然而然地上升到第一位，并因此产生了集体行动如何保障秩序的问

① 张福经主编：《三德范庄志》，中国文化出版社 2006 年版，第 489 页。

② 张士闪：《乡民艺术的文化解读——鲁中四村考察》，山东人民出版社 2006 年版。

题。与此同时，实现村落整体团结和族群凝聚的目标就优先落实到与外部世界的社会交往中。事实上，即使在今天，大部分三德范村的乡民对章丘地区以外的世界仍然充满了陌生感和顾虑。这种现象在田野调查过程中一次次令笔者感到惊愕，因为不仅是在老年人身上，即使那些早早买了摩托车、面包车和小汽车的年轻人，在日常生活中其出行半径也几乎不会超出章丘区的范围。省会济南近在身边，但直到现在，乡民们去济南“办事”时，还是会有一种“人生地不熟”的惶恐。这种现实是建立在长期以来三德范村经济、教育、家庭、婚姻乃至基础医疗条件相对自足的村落体系的基础上的。因此，由于煤矿经济需要外联内交关系，部分村落能人走南闯北，他们的见识就成为村民在封闭世界津津乐道的话题。由个体上升到群体，扮玩演出的跨乡土文本就成了乡民们名正言顺地抱团外出，代表一个族群探索陌生世界，并进而走出区域社会，在更大范围内树立村落形象的最好机会。首先，这种心态是建立在很长一段时间内三德范是区域社会内外的“富村”“大村”的优越感上的，水涨船高，民间叙事的挑战对象也就换成了地方经济和文化的无冕之王“博山”。“扮玩大闹博山县”的民间叙事当然不等同于真正的历史，但人们超越村落内部的矛盾斗争上升到集体认同的境界恰恰是在这种跨乡土文本的集体记忆中实现的。这种集体记忆可以在未来不断被重复和言说，而且总能在现实生活里找到共鸣，这也从侧面说明了一种村落传统或生活模式的文化根性何其顽强。张烈民曾于2006年带领三德范扮玩代表队远赴广州市参加文艺会演，他曾以一种十分激动、自豪的口气讲述了“三德范扮玩轰动广州城”的故事。随着老人逸兴遄飞的讲述，笔者似乎穿越回了三德范先民们“大闹博山县”的传说时代：

那年我们去广州比赛——就是获了“山花奖”那次！我们住在一个湖里面，湖心岛上，四面全是水，住了一个多星期也没敢出来玩玩。我们比赛那天那个场面，人山人海，全场的群众都包围着咱。别的地方也来参加比赛，人家叫“飘色”，叫“抬阁”，人家不叫“抬杆”，也不叫“芯子”，咱也是知道“芯子”原来叫“飘色”啊。他们演得都好，可咱们一上场，把他们全给比下去了！比赛结束，人家有人就宣布了，三德范，第一名！当时有人就说，咱们得了第一了。上场领奖，那个掌声激烈啊，所有的人都“呱唧呱唧”给咱拼命地鼓掌！你不在那个地方，给你说，你也想象不出那个场面来啊！①

二、消弭“非遗”争端

近年来，在国家非物质文化遗产保护运动的影响下，全国各地的乡民艺术活动都经历了一次从物质层面、表演文本到民众精神的冲击和洗礼。很多乡土艺术因为非物质文化遗产的认定和表述摘掉了“四旧”或“迷信”的帽子，大大方方地走向了现代社会。还有的乡民艺术活动，因为“非遗”资金拨付到位而从濒临死亡的绝境恢复了一线生机。但从更广泛的视野来看，非物质文化遗产的界定和认定工作，在具体的操作和实践层面也遭遇了许多理论和实践相悖的困扰。例如，因为“传承地”归属问题，不同地域之间隔空叫板；因为“传承人”认定问题，族群内部引发质疑、分立和对抗；因为“非遗”认定、保护、利用或开发的话语权问题，试图“分一杯羹”的所谓学者、专家斯文扫地……诸种乱象不一而足，早已成为引发社会广泛关注的“文化事件”。

三德范年节扮玩经历了“非遗保护”的浪潮，其标志性节目“芯子”还较早获得了“国家级非物质文化遗产”的称号。② 事实上，章丘地区的扮玩活动曾十分普遍，即使在三德范所处的文祖街道，不远处的大寨、马家峪、文祖、长水等村落至今在春节期间还可以看到敲敲打打的扮玩队伍——只不过人数、规模和节目内容远没有庄大姓多的三德范村丰富罢了。此外，章丘区辛寨的漯河崖村、绣惠的回村也一向以扮玩著称，这些

① 访谈人：朱振华；访谈对象：张烈民，65 岁；访谈时间：2016 年 12 月 7 日；访谈地点：三德范。

② 2008 年，国家文化部公布了“第二批国家级非遗名录”，章丘“芯子”以“传统舞蹈（民间舞蹈）”的大类同临泉县阁子里“芯子”、周村“芯子”等一同归属在“抬阁（芯子、铁枝、飘色）”的小类之下，分类编号：X—87。

地方所表演的“扛芯子”是所谓的章丘“芯子”的主要组成部分。目前，能够找到的“非遗”申报书上关于“芯子”的描述也大致符合文祖、辛寨和绣惠三种风格不同的“芯子”在乡土社会里的真实样貌。但是，最终国家级“非遗”荣誉的认定以及近十年来“上镜”的机会主要还是给了三德范村的“芯子”。同时，在各种具有“外事交流”性质的场合，政府对外展示的乡民艺术经常也是三德范村的“芯子”。相对而言，无论是遥远的辛寨还是绣惠，也无论是近处的大寨、文祖、马家峪，三德范村的扮玩都要比这些村落更富有活力和生机。当然，这种所谓的活力和生机相对于乡民艺术在过去岁月里所体现的热情、热烈和热闹来讲，现在无不处于一个较低的水平。例如，2016 年正月十四这天，在三德范村东北方向约 8 公里的大山深处，马家峪村的扮玩就更多地显示出了一种对春节期间精神生活点缀的意味。当天笔者记下的一则田野日记很能反映文祖街道大部分村落春节时娱乐活动的景观：

正月十四，天晴，冷，北风刺骨，零下 13 度

上午 10 点 20 分，我们一行六人从蜿蜒的羊肠小道一路寻到马家峪。村落的四周都是大山，草木荒疏。远远望去，东南侧的山体被整齐地削去了半个脑袋，那是水泥厂的杰作。迎在村口的是一堵青石砌就的断墙，走近了从正面才看出是旧时圩门的遗迹。倒写的“U”字形圩门在接近平顶处的正面刻着“文昌阁”三字，门后已被荒草覆盖，拨开乱荆棘还能依稀辨认出“永清”的字样。跨过圩寨门口不远，锣声、鼓声、笑声和说话声就钻进了耳朵。原来在村落中央胡同口的空地上，正有一伙乡民在扮玩。

扮玩的演员加起来总共 17 人，而且都由妇女组成。① 在这块 30 平方米大小的椭圆形空地上，以青年妇女为主，大家身上统一穿着暗红色的演出服，但总体十分随意。这多少说明有过认真准备扮玩的历

① 在后来的访谈中得知，马家峪总共才有 184 户，523 人。全村耕地有 1100 多亩，荒山 7000 亩。不算外出打工的村民，平时村内常住的人口据说不到 350 人。

史。或许是因为现场人数原本就不多，村民们三三两两地散坐在演员脚前两米多的位置，且基本是贴着墙根坐下的，这些观众以中老年妇女为主。在五六米开外，吸着烟卷聊天的男性观众则以老年人居多。令人惊讶的是，看不到一个男青年的身影。我们赶到时，妇女们正在扭秧歌，手上拿着一块手帕或半旧的彩绸。每个人脸上都是红扑扑的，不知道是天冷还是兴奋。因为场地内的乡民本就不多，还没等我们走近，就非常扎眼地引起了所有人的注意。这在三德范村扮玩时的人山人海里可不常见。此时，女人们的脚步开始乱了，她们明显是受到了我们的影响。个别青年妇女索性停下动作，以一种好奇的眼光直视着我们，其他演员也停了下来，叽叽喳喳地指点着我们几个"陌生人"。我怀疑这不是好奇，是在消除因为刚才在外人面前表演而造成的紧张。在这种氛围里，访谈任何一个人都会成为"焦点访谈"，试了几次都被婉拒，理由是"俺们自己跑秧歌呢，没啥没啥"或者"村里的事你问问他们吧"，然后一指远处的那几位吸烟卷的男人。正在狐疑时，一个似乎见多识广的大爷走了过来说："你们是来看俺们村的古井和古碑的吧——喏，就在恁身后头。"

如果真正从"濒危"的角度出发，马家峪以及那些在表演文本上远比它丰富但传统活动同样衰败的村落并不在少数。辛寨、绣惠的"扛芯子"，在技巧和观赏性上就与三德范村不分伯仲。但是，这种非物质文化遗产项目的认定，似乎在面对广泛分布于区域社会内部不同地域的乡民艺术活动时，在强调"原真性"概念时，"完整性"就会捉襟见肘。以"章丘芯子"为例，该项目在申报时十分重视章丘地区所有相关村落的代表性，密密麻麻的申报表格也极尽完备地列举了不同村落及"传承人"的"谱系"。但最终相应的项目批下来后，往往变成了"一家欢喜几家愁"，因为最终作为"保护单位"的只能是其中的一个村落。曾长期主管山东省非物质文化遗产申报、保护工作的王丕琢解释了这种非典型现象背后的行政逻辑：

很多时候都会遇到这个问题，一个地区不止一个村有同类的项目。在上报的时候，申报书上写的各个村以及传承人都很全，叫作“以点带面”。这个前期上报工作其实老百姓一般人做不了，省、市的文化部门会让文化局、文化站，层层下发文件去做要求。除了个别村有这个能力写出申报书的文本来，大部分是乡镇文化站以及以上的政府机关在做这个事。但是在项目评下来，落实的时候就不是这样了。为了避免出现“撒胡椒面，吃大锅饭”的现象，那么就得“优中选精”，谁最有代表性，同时谁的村落最有保护能力谁上！所以，虽然名称是某某地区的某某项目，但是项目、传承人、资金就不再是一个面了，就成了一个点了。比方说你说的这个“芯子”，最终就得落实到有能力保护这个项目的某一个村里去了。至于在过去有段时间，钱能不能到位，到谁手里，那就是另外一码事了。①

也就是说，这种集体性的、依赖族群表演的乡民艺术活动，虽然冠之以完整的地域名称，但在项目申报过程中就基本违背了所谓的“非遗保护的完整性”原则。随之，当保护措施到达村落后，同样会在第二层级面临“完整性”的撕裂问题。以三德范村“芯子”为例，它本身是整个社区公共活动——扮玩的一部分。例如，一个钟表的零件有千万个，但引起我们全部注意的主要是最能满足人们现实需要的表盘和指针。同样的道理，因为“芯子”在表演层面最富有观赏性和技巧性，因而成了“代表性”项目。其他同样具备社区文化功能和意义的活动就隐藏在代表性项目的背后了。所以在第二层级的表演文本层面，所谓的“完整性”又一次残缺不全了。接下来，关于“传承人”的问题，看起来更是一笔糊涂账。笔者曾询问西道巷的王延训老人：

问：大爷，你听说过传承人吗？

---

①　访谈人：朱振华；访谈对象：王丕琢，2011 年退休前任山东省艺术馆副馆长，山东省非物质文化遗产保护中心常务副主任；访谈时间：2016 年 12 月 17 日；访谈方式：电话。

王：什么东西？

问：就是扮玩里那个可以代表大家的人。比如“抬杆”（“芯子”）。

王：哦。那个没有什么传承人不传承人。今天你是演员，明天我是演员。

问：我是说国家认定的那种，你知道吗？

王：我反正没听说这事，联社（管理区）也没通知过。

问：大爷，你认为咱们村谁可以算是传承人？

王：这个谁也说不准。十根胡同都在玩，一代代的，又没人专门教，也没人专门学。很多时候不是你“领头的”上场，你就是个呼拢人的，并且这个“领头的”也不是一个人。一根巷道至少得五六个骨干成员商量，这才能成事啊。我们十根巷道，有七八条巷道都有“芯子”，你说谁是传承人？①

从话语分析的角度看，老人的表述其实是从组织现象的层面说明了作为一种社群活动的乡民艺术所具备的复杂性特点。乡民艺术活动无论从活动组织、经费筹备到表演文本，从来不会像市民艺术那样有着从一而终的角色分工。尤其在表演场域方面，与传统艺术、市民艺术那种“作者、演员、观众”的审美场域大相径庭，不同角色之间的转换极其自由、灵活，同一条巷道的演员和观众经常在大汗淋漓之际交换“舞龙灯”角色；“抬杆”的演员也会将“抬杆”从这个肩头换到另一个肩头；而“芯子”上万众瞩目的小演员更是换了一茬又一茬。因此，要在这种集体性的乡民艺术表演活动中寻找大家一致认可的“传承人”是很难的。事实上也是如此：从表演场域中的乡民评价看，除了滑稽戏演员因现场表演的夸张性造成人们对其日常生活中印象的反差而引起观众热评，人们的议论更多地集中在扮玩表演的动作、化妆、服装等整体感或者表演细节等方面。作为集

① 访谈人：朱振华；访谈对象：王延训，63岁；访谈时间：2015年9月18日；访谈地点：三德范。

体荣誉，“某某巷道人家今年弄得真不孬”就是最高评价了，人们似乎从未想过去刻意凸显某一个“传承人”的作用。

尽管如此，三德范村的“芯子”早在2008年便同临泉县阁子里“芯子”、周村“芯子”等一起以“传统舞蹈（民间舞蹈）”的大类归属在“抬阁（芯子、铁枝、飘色）”的小类之下，从而入选“第二批国家级非物质文化遗产名录”。“非遗”项目的保护单位属于文祖街道三德范村，代表性传承人则是三德范张家巷的张烈民、李景兴。田野调查发现，自从获得“非遗”评定以来，传承人的归属话题在三德范村没有引起什么实质性的矛盾或冲突，个别村民的议论也远远没有达到可以影响扮玩正常举行的程度。

实际上，作为一种民俗传统的村落集体展演活动，公益或互惠的性质往往是调和组织运作的润滑剂。即便如此，在扮玩活动结束前后，扮玩队伍所获得的瓜子、香烟和糖的细微分配都可能引起诸多摩擦或不快。可以想象，这种现实境况下的“传承人认定”非但不是雪中送炭，在某些层面上倒更像是一种负薪救火的行为。有学者建议：“在这种制度框架中，我们不妨让参与集体进行投票，选出负责人或实行负责人任期制等等，这样就有可能在保证组织结构的内部平衡和人际关系的稳定的基础上，最终有利于‘非遗’的保护与传承。”① 但最近的田野观察又说明，这种提议忽略了中国民间社会及其组织机制的复杂性。那么，三德范村是怎么对待和解决这个问题的呢？三德范村的主政者曾经这样回答笔者的疑问：

问：有个话题我不知道该不该问？比较敏感。

答：你说就行，我觉得没有什么不好开口的问题。

问：我发现咱们村的这个国家级传承人引起的争论不大，好像都不太敏感，为什么呢？

答：呵呵，这个问题其实很敏感，我也不希望你在老百姓那里多

---

① 李向振：《“非遗”传承人认定与集体性乡民艺术的保护——以冀南GY村“捉黄鬼”活动为个案》，载《贵州大学学报（艺术版）》2015年第2期。

问。但是你现在发现的这个状况，就是说没有村民因为这个问题打架，也没有找到联社里来，不是偶然的，这里面有我们做工作的事儿。

问：做工作？

答：那时候我就在联社，参与了申报书和后续的工作。当时上面一来通知（“非遗”项目及传承人），我们读了读文件，（上网）查了查资料，就知道这是明摆着让老百姓打架的事儿。你说这个扮玩谁是传承人，是我们自己能认定的吗？每年过年，老百姓都说“哪根胡同递的脸子（化妆）不孬”，就是从演员到化妆的都表扬了，老百姓又不是专门学，一代代的都是过年在胡同里一边玩一边学会的，怎么确定传承人？

问：但是最后还是确定了传承人。

答：这是我们管理区商量的结果。但是说难选也好选，因为当时正好到广东比赛拿了一个“山花奖”，获奖节目的主要组织者就以“代表”的身份报上去了。

问：这是大家不争的主要原因吗？

答：我感觉这不是主要原因，如果村民都知道这事，而且里面还有什么好处，很多老百姓还是会争。我觉得最大的原因是村庄太大，大家谁也不能合起伙来反对这个事儿。说白了就是通不起气来。

问：那如果有别的胡同的村民来要个说法呢？

答：很简单，一句话就堵回去了——你也拿个“山花奖”试试，拿了就给你！①

三、现代传媒的话语权

以电视、电脑、手机等为代表的现代传媒及其传播效应给三德范人的

① 访谈人：朱振华；访谈对象：匿名；访谈时间：2016 年 11 月 17 日；访谈地点：三德范。

文化生活造成了复杂而微妙的影响。如上所述，我们容易产生一种错觉，如认为三德范管理区将“传承人”的认定和扶助问题以一种“信息不对称”的办法息事宁人了。进而，又会让读者有一种村庄发展落后，信息流通闭塞，与外部世界的联系隔绝的印象。实际情况并不是这样：一方面，20世纪80年代以来，广播电视的普及早已将国家和民众勾连在一起，并深刻影响了农民们的世界观与价值观。另一方面，21世纪以来，特别是近年随着视听技术和现代传播的发展，普通大众可以通过便携式设备随时随地向外发布消息，私人化、平民化、普泛化、自主化的信息传播方式已经成为一道随处可见的文化风景线。

毋庸置疑，高度发达的现代传媒对乡民们的影响是非常广泛的。当前，至少完整地接受过九年义务教育的“80后”“90后”“00后”陆续成为村庄发展的骨干力量。他们的文化基础和知识结构遥遥领先于自己的父辈。此外，因为近十年来家用电器和电子设备价格的直线下降，质优价廉、品牌款式多样的电脑、手机早就成为青年人的生活必备品。即使是年近耳顺之年的中年人，熟练地操控微信、微博乃至各种直播平台都成了令人见怪不怪的现象。乡村的娱乐设施和消费文化空间相对单一，儿童“网络成瘾”的现象同样是令农村家庭头疼的问题。在父母成为“低头族”的同时，孩子们也爱打游戏、整天待在电脑跟前。实际上，现代传媒对村落生活的影响，以及这种影响反作用于乡土生活的事实，要远比那种“人们的口头交流削弱了”，或者“农民与外部世界的联系增强了”等判断复杂得多。体现在三德范扮玩期间，所谓的“现代传媒”主要是以摄影、广播电视及新媒体艺术（自媒体）等可以总称为“传媒艺术”① 的面孔出现的。

---

① 刘俊认为：“在狭义上，传媒艺术指自摄影术诞生以来，借助工业革命之后的科技进步、大众传媒发展和现代社会环境变化，在艺术创作、传播与接受中具有鲜明的科技性、媒介性和大众参与性的艺术形式与族群。传媒艺术主要包括摄影艺术、电影艺术、广播电视艺术、新媒体艺术等艺术形式，同时也包括一些经现代传媒和传媒技术改造了的传统艺术形式。”刘俊：《融合时代的传媒艺术》，中国传媒大学出版社2017年版，第8～9页。

根据村民们的口述资料和可以查阅到的影像资料，最迟在 2007 年，三德范村就有了从济南市其他区、泰安市等地赶来采访、拍摄的媒体。当时，这些媒体大部分隶属于本地的章丘电视台或《章丘日报》。每当记者们走后，总有细心的村民在当天或次日的报纸、电视台上看到或从电台听到相关新闻，少数村民还十分幸运地“上了电视，露了小脸”。在信息交流不十分发达的年代，能够上电视、报纸是一件十分光荣的大事，因此村干部和村民们对待记者的采访、拍摄和场面调度的热情很高。由于三德范扮玩的影响越来越大，新闻媒体的采访也逐渐拓展到了与之相关的方方面面。因此，春节期间收看章丘电视台的节目逐渐成为三德范村的一种风尚。渐渐地，随着非物质文化遗产名号越来越响，从中央电视台到地方电视台，从传统媒体到自媒体，各种有采访、拍摄诉求的传播者越来越多。三德范村开始是疲于接待，后来干脆让熟悉村落情况的村干部冯昭宝当“新闻发言人”。就冯昭宝的个人感受而言，自认为对待媒体也有一个“先热后冷”的过程。

问：我经常能在网上查到您的资料，好几年以前的都有。现在怎么越来越少了？

冯：一开始是很新鲜，现在是有点怕了。

问：为什么呢？

冯：因为三德范这么多能人，很多老百姓说我：你太能（精明）了。章丘电视台、济南电视台、山东电视台，放出来的都是你。三德范就是你能耐啊？所以现在采访我，我是高低不录像的。

问：那也就是说，您对媒体的态度从新鲜变得冷淡了？

冯：这可是你说的。我心里可能这么想，但我绝对没这么说。

问：那么这种态度有一个变化的时间点吗？比方说哪一年呢？

冯：（沉默，笑）我的回答完毕了。

因媒介文化受到改变的不仅仅是冯昭宝个人，在三德范扮玩项目“芯子”被评为国家级非物质文化遗产之后，特别是随着 2014 年三德范村入选中央电视台中文国际频道《记住乡愁》栏目，章丘电视台、济南电视台、齐鲁电视台、山东电视台、中央电视台等，从电话访谈到实地拍摄，年节期间光顾三德范村的各类媒体出现了几何级的增长。此外，除了新闻记者，从全省各地，特别是省会济南主城区专程赶来拍摄扮玩的各类摄影爱好者逐渐增多。这些摄影爱好者通常由各类协会组织，集体乘坐大巴车，以“组团访问”的形式进入村落。他们年龄在60岁至70岁之间，虽然着装很少统一，但是身上的各种“衣兜”非常多（指摄影背心）。村里的老人们认为衣裳裁这么多衣兜，“是很邪乎的一个事”。2015年正月十五大扮玩，就一次性来了五辆大巴车，三百多位摄影爱好者。有时为了拍摄一个镜头，这些城里人会在冬日凛冽的寒风里，蹲在、坐在或躺在地上拍摄，这让很多年龄相仿的村民在很长一段时间感到不可思议。此外，这些摄影爱好者们通常会十分热情地跟村民搭讪，一般在打听好活动细节后，各条巷道正在筹备“化装”的住宅就成了他们最爱光临的地点。大概从这年起，人们才真正熟悉并逐渐总结出这些摄影爱好者的特点：他们大多是退休前后开始喜欢摄影，而且退休后还有不菲的退休金。他们之所以能集体活动，是因为他们本身就属于各种“摄影家协会”。

摄影爱好者对扮玩活动以及村民们的生活观念产生了某些微妙的影响。① 此前，村民们习惯在电视里偶尔看到扮玩队伍的身影，但是因为这种新闻报道取景时侧重全景，仰拍、俯拍的远景镜头比较多，除了个别受访者，很少有人能够“上镜头”。而这些摄影爱好者们拍摄时侧重艺术性，各种近景、特写镜头会将很多村民拍摄得熠熠生辉。但遗憾的是，只有少数摄影爱好者会在元宵节后将自己的作品寄给村民。这种近乎“忘恩负义”的行为让很多村民愤愤不平，当然在某种程度上也打击和消磨了村民们接待外乡人的热情。

更有甚者，在扮玩队伍按照次序、队形和节奏正常演出的时候，有的

---

① 对村内的老年人而言，这些城市同龄人的“活法”，会在春节过后，被大家长久地评价和议论。孙绪庭说：“咱也是一辈子，你看人家也是一辈子，都六十多了穿的还跟年轻的似的。嗨，人家这日子！”

摄影者为了抢拍一个满意的镜头，闯进队伍里面，要求演员们重复甚至定格某一个动作的造型，以便自己以最合适的角度重拍错过的瞬间。这种“为艺术而艺术”的创作追求不但容易给组织者和表演者造成困扰，有时甚至还违背文化事实，造成“外行看热闹，内行看了笑”的情景。例如，笔者就曾注意到这样一个富有戏剧性的场面：

2016 年 2 月 20 日是农历丙申猴年正月十三。下午五点左右，村民们正在准备天黑后以“游灯”为主题的演出。此时，留守在村内的摄影爱好者有的坐在大巴车里取暖，有的忍着寒冷在村内溜达着寻找一些精彩的瞬间。有摄影爱好者发现在落日的余晖里，有位五十岁上下的乡民背朝着高大的玄帝阁，身上裹着厚厚的军大衣，正端坐在巴漏河东岸桥头的大青石上，遥望着远方呆呆出神……大概这几位摄影爱好者觉得乡民、落日、晚霞的画面确实是可遇而不可求的构图，所以几个人从不同的角度“嚓嚓嚓”一阵乱拍。这位闲坐的村民听到身后的动静后张望了几眼，赶忙起身走了，脸上的表情很不自在。摄影爱好者们则看起来并不以为意，他们大概已习惯了这种抢拍、抓拍的方式。几个人打开各自的数码显示器比较着，仿佛在互相评论各自抓拍技巧的高低。

从传播的角度看，传统乡土社会的媒介形式很难界定，无论是故事还是新闻，熟人社会的消息传递几乎都是通过部落文字、图像进行的。“口耳相传”是一种近乎单一的媒介文化和表现形式。改革开放以来，广播、电视、电影等新兴媒介将乡土世界重新进行了切割、建构，这类现代媒介对乡土世界造成的影响已被诸多研究揭示。21 世纪以来，尤其是近十年来，随着自媒体的萌芽、兴起与壮大，传媒艺术和乡土文化之间的互动发展更是引起了史无前例的磁场效应。一方面，发生在乡土社会的艺术民俗活动，在艺术效果上往往能引起观众的共鸣，使人情动于中而发于“外”。在自媒体时代，人人都是传播者。另一方面，媒介文化又促使以扮玩为代表的民俗出于适应消费社会的需要凸显为一种文化资源。借此，艺术民俗加速表现出商业性、政治性与娱乐性等特征，最终使得它从“神圣”价值向世俗价值实现了全面转变。

小　结

本章梳理了中国传统社会时期以来，在人地关系和基层组织设置普遍发生变化的情况下，村落语境里文化、权力网络运作的内在逻辑，以及人们赋予扮玩叙事的各种社会意义。纵观年节扮玩的演出史，我们发现，国家从未放弃对包括乡民艺术在内的乡土社会组织形态的关注与参与。同时，扮玩也并非一成不变，它因国家制度、社会结构的变迁而处于不断沉潜、起伏中。以三德范村为例，从社火到扮玩的演变，绝不是某种民俗语汇的变化，表述差异的背后其实质是民间信仰元素不断削弱，审美艺术化元素逐渐被抬高、强调的过程。从酬神娱人的傩仪到偏重以情感释放为特征的节日狂欢活动，这种转变同国家力量对民俗传统的干涉、利用、改造，以及民间自治传统企图借用国家力量，完成自身在新的历史时期的“生存、合作、转型”有着因果关系。如上所述，20 世纪 40 年代以来，陕北地区作为社火主要构成部分的秧歌改革运动就是很好的例证。秧歌所牵涉的族群和社区，以及秧歌活动的组织机制和宣介作用，就引起了国家力量对其进行调适、借用和改造，而秧歌表演也不断借助国家的建构行为以“象征资源”的形式满足自身文化建设的需求，只不过这种互动模式偏向了“文化搭台，经济唱戏”① 的窠臼罢了。

在三德范村，这种国家、民间社会和乡民等多元主体的互动模式在“芯子”经历“非遗”保护运动，以及参与各种跨乡土文本的“上级演出任务”中体现得最为明显。因此，扮玩不仅是表演者个人情感与村落集体行动的和谐统一，更是乡土社会在国家政治的框架内运转自治逻辑并实现目标期待的重要媒介。“集体记忆在本质上是立足现在而对过去的一种重构。”哈布瓦赫就指出，在每个历史时期分别体现出来的对过去的各种看

---

① 耿波认为，20 世纪 80 年代流行“文化搭台，经济唱戏”的说法，但此处“经济”的内涵实质上是国家意识形态叠加生成的一种“经济政治”。此时，“经济政治”代替“民族国家”成为强势的“他者”，实际上进一步“剥夺”了乡民艺术原真性的生存境遇。耿波：《从现代性到后现代：中国乡民艺术的“去语境化”》，载《齐鲁艺苑》2006 年第 4 期。

法，都是由现在的信仰、兴趣、愿望形塑的，于是集体的传统或回忆“只承认在现在的条件下有用的东西”。此处，对这种集体记忆的强调是建立在村落主体的老龄化观察的基础上的。20 世纪 50 年代前后出生的乡民是当下村落日常生活实践和公共文化活动的主要领导者、组织者。在乡土社会急剧转型的过程中，他们的精神世界里既保存了一套父辈传承下来的道德伦理秩序，又有现代国家权力对村落集体和个人命运影响的切身体察。抱持着这种国家、社会和个人命运自古以来就充满“变数”的生活经验，似乎像大海中的一叶扁舟，他们希冀在庄大姓多的三德范村形成血缘、地缘或趣缘方面较为密切的联结纽带或较为常态的组织形式，并为此找寻能够自我实现的象征资源或集体活动——他们组织、参与年节扮玩的心理基础和组织基础正是奠基于此。

村落内部“非遗”传承人的认同以及现代传媒对乡土生活的介入则是说明上述结论的另一维度。笔者对三德范“国家级非遗传承人”的认定似乎没有引起绝大多数村民批评的结论，理论上存在因访谈数量不足、访谈对象偏差以及访谈人的心理等问题而掉入“多元无知”① 陷阱的可能，但从三德范扮玩近十年来从未因传承人归属问题产生内部纷争或对立的事实来看，村民与村民之间、村民与集体之间具备互相信任的基础，或者说传统的信任机制没有因现代性问题而一溃千里。个体与集体之间的信任是持续实现农民集体行动的必要条件。毕竟，“信任是合作的前提，有信任才会有合作。只有信任与合作完全一体化的时候，即当合作型信任关系出现的时候，人类才真正进入一个普遍合作的社会，人们之间的合作才不只是工具和手段，而是稳定的社会关系”②。从三德范村作为国家实现乡村治理目标实施主体的角度看，作为国家政策落地的执行者，他们以村落生活“局内人”的出发点，借助一种庄大姓多造成的信息不对称，来

---

① “多元无知指大众易对其他人的态度和意见产生错误理解和判断，大众可能私下不赞同某种规范或观点，但常常误认为大多数人赞同这种规范或观点，因而顺从或接受这种规范。”李淼、罗文军：《民意和多元无知理论》，见魏然、周树华、罗文辉《媒介效果与社会变迁》，中国人民大学出版社 2016 年版，第 129 页。

② 张康之：《行政伦理的观念与视野》，中国人民大学出版社 2008 年版，第 205 页。

调适国家一体化政策与村落内部的复杂关系。尽管这种地方策略多表现为一种“善意的谎言”，但从根本意义上看，这未尝不是一种乡民谋求国家生产的“文化文本”与自身当下的生存状态恰当对接的有效方式。

此外，现代传媒使乡土社会的日常生活乃至节日生活都发生了根本性改变。这种改变既变革了私人领域传统的生活方式，更冲击了村落社会内部的交流与交际方式。那种借助口头表达与肢体互动而进行的情感交流在年轻人那里呈现出衰退的趋势。悲观的是，这种缺乏文化个性的传媒艺术正在消解村落主体的文化创造性，在强势媒介的影响下村落的精神生活面临均质化的危险。更重要的是，承载这些现代性问题的群体恰恰又代表着村落的未来。从乐观的角度看，现代传播媒介的介入，又使村落呈现出开放性、多元化的特征。有关社会公正、公平、民主的理性思想越来越成为乡民有关现代国家实现执政合法性的共识。在此基础上，面对偶尔“过激”的管理，民间自治机制也会有效而充分地利用其运作逻辑与应对办法。幸运的是，这种机制的运作特点首先不是选择对抗而是对话或协商。在此基础上，国家政治多会选择以一种互益互补的姿态顺应民间力量的文化根性及其艺术表达的组织机制——这大概是国家与地方的关系始终富有动态活力的原因之一。

余 论

在现代民族国家形成之前，三德范村就像华北地区的其他村落一样，基本上处于一种民间自治发挥主导作用的状态。从村内残存的碑铭、文书和故事传说来看，“乡约”“地方”“族长”等人物是当时村落现实生活秩序的最高权力代表。国家在处理公共资源分配、刑事、民事案件侦缉等方面处于若隐若现但非遥不可及的位置。此时，扮玩同其他乡民艺术活动一样，在元宵节这一符合乡土社会时间制度和礼俗设计的非常时段里尽情释放着热闹、狂欢的乡土精神。同时，它还以符合国家礼治（“圣人以神道设教”）的文化传统，较为完整地保留着华北地区春节社火普遍存在的象征仪式、民间信仰等构成元素。在治平时节，民间与国家是一种既若即若离又互补互益的关系。三德范村元宵节扮玩的“报官”仪式，彼时不仅是民间对帝国官僚体系的想象、理解和模仿，它还是建立在地方性社会、文化基础上的发明和创造。那种既庄重又富有等级秩序感的表演，在充分糅合了民间自治传统的组织机制和文化功能的同时，实则也是乡民们对国家与民间关系的一种象征性演绎。

20 世纪上半叶，随着中国现代民族国家结构和实体的形成，国家权力对民间的渗透全面而深入。于民间自治传统之外，在地方上出现了“旧名号、新制度”或“新制度、新身份”的国家权力代理人，这使得村落权力结构分化为两种类型——国家正式权威和地方非正式权威。此时，绵延逾千年的“民间自治传统”从地方社会正式制度下降为非正式制度，国家权力则一跃迈向了村落社会结构的前台。特别是在 20 世纪 50 年代以后直至改革开放，集体化时代的社会生活及其一切精神、物质资源都被统一支配，经济成为政治的附庸，精神生活也被高度政治化。随着以血缘关系为纽带的社会关系网络的消解，乡土社会被整合到民族国家的权力结构中。此时，属于旧文化传统的扮玩不但随着“革命化的春节”被扫进了垃圾堆，而且它曾蕴含的民间信仰元素也在这一时期几乎被彻底清理。文化传统的力量虽被遏制，民间自治传统却以一种蛰伏的方式弥散在村落权力结构中，例如，以“乡规民约”为代表的民间自治机制就仍然以符合革命话语表述规范的方式与村落权力结构糅合在一起，并在村落公共空间的管理中延续了历史传统。因此，民间自治传统与乡民艺术活动在集体化时代国家权力的管控之下，虽隐而不显却又静水流深。

改革开放之后，市场经济飞跃伴随着国家权力在乡土社会的短暂失语状况，在三德范这个大自然村面临着东、西、南、北四个行政村分立并要实际“分家”的关键时刻，三德范人不约而同地想到了远去的文化传统。此时，扮玩活动的复兴就绝不仅仅是财富积累和精神释放的原因——现代经济和社会转型对文化传统的内在需求才是根本缘由。此时，“三德范办事处（管理区的前身）”“三德范联合社”的设立实际上是社会转型时期，国家权力和民间自治传统在地方政治舞台上的一种经过社会体制检验、磨合、试用后的结果。其现实的必要性在于，国家权力在民间社会的实施无法脱离地方社会的礼俗传统，因此它必须在族群内部找寻地方代理人并借此实现国家意志——三德范办事处常由三德范人且是三德范村的大姓家族成员担任“掌权者”的现象就是这种历史的必然性和现实合理性共同作用的结果。作为国家权力的地方代理人，“管理区书记”扮演着双重角色，既要使国家权力意志在村落得到及时有效的实施，又要从家族特别是村落的角度考虑为家乡谋求利益。乡民们则通过舆论、媒体和某种“弱者的反抗”形式行使着对地方代理人认同或排斥的权利。因此，包括后来的管理区及其掌权人物，虽然表面上是一种现代的、统一的国家权力在基层社会的设置，但在某种意义上，是符合这个村落实际的，以国家权力符号设立和以国家在地方的代理人面目出现，又能为多元主体所共同接受的一种民间自治传统及其组织机制的现代化设计。从实施效果看，如以扮玩活动在非物质文化遗产保护运动中的表现为试金石，我们可以发现，管理区不但在文化功能上与传统民间自治机制发挥的力量一致，而且更加“入戏”地沟通民间与国家的关系，从而使村落能够充分利用国家可能给予的资源、利益和荣誉，进而达成让三德范村的政治、经济和文化资源在区域社会处于优势地位的目的。

进一步说，表面上作为年节活动的扮玩实则并非孤立于村落的权力体系之外。扮玩不但与三德范村的政治、经济和历史传统密切相关，它们之间的相互作用还应成为我们理解国家与村落秩序、家国关系的一个整体。换言之，以胡同为单元，全村合办的扮玩，不仅仅是为了凝聚村落力量或赋予乡民村落地域共同体的意识，它还是作为四个行政村之上的，作为整体的“三德范人”基于共同利益向外部世界展示社会团结以及相互之间政治、经济互助的象征性体系。走进“非遗”时代，在传媒艺术、自媒体的推波助澜下，扮玩还在客观上具有一种富有现代意味的、关于自身文化资本和社会资本的宣示。田野调查发现，这种国家与乡村秩序现代景观的生成，绝不是在一种国家与社会的分析框架下，某一方因“控制与反控制”“治理与被治理”的二元对立而被动对抗、碰撞、失控的产物。从长时段、大区域和民间社会“微政治”的视野观察，三德范村能够基本保持乡土秩序“变与不变”之间的微妙平衡，恰恰是由中国社会以“礼俗互动”作为社会运作机制的文化根性，并以此使得国家政治、村落传统、人民大众等多元主体共同建构、磋商对话、相依共情的结果。因此，在笔者看来，在将国家主导作为治理体系现代化前提的同时，必须注意到面向中国农村的“乡村治理”不应该局限于自上而下的单一向度，而应是国家、社会、社区、村落和民众，乃至资本、学者、媒介等外部力量横向联动、纵向互动的过程。

要言之，三德范村包括扮玩传承在内的乡村社会发展，既因应着国家政治意识形态的落地，又在很大程度上契合了村落民俗传统的特殊性基础和自治逻辑，这是国家意志、村落传统、民众生活实践复杂对接、实事求是的结果。由此观之，在当前如果要真正实现以国家为主导的乡村振兴，在坚持政治原则的同时，既要坚持以问题为导向，着眼中国社会主要矛盾的转化，更要以合法性与能力性为价值尺度的“协同治理”理念作为前提，借助全社会的广泛参与，将国家制度权威与各类基于民间自治传统为特征的非正式组织、非正式制度结合起来，因地制宜地培育社会自治的制度架构和机制保障，从而真正打通社会内部的运转症结。唯有如此，我们才可能准确理解和把握中国社会的现代性问题，超越“乡村终结”的疑问，达成国家治理能力体系现代化以及新时代国家治理真正实现良政、善治的愿景。

参考文献

一、地方文献

张福经主编:《三德范庄志》，中国文化出版社 2006 年版。

赵兴林主编:《守望文祖》，黄河出版社 2013 年版。

中国人民政治协商会议山东省章丘县委员会文史资料组编:《章丘文史资料》(1—13 辑)，内部资料。

济南市水利志编纂委员会编:《济南市水利志 (1986—2005)》，济南出版社 2011 年版。

张育曾、刘敬之编:《山东政俗视察记》，山东印刷局 1934 年版。

林修竹编、陈名予校:《山东各县乡土调查录》第一册，山东省长公署教育科，1919 年版。

〔清〕杨学渊总编:《章丘县乡土志》，清光绪三十三年刻本。

周巍峙主编:《中国节日志 · 春节 (青海卷)》，光明日报出版社 2014 年版。

山东省地方史志编纂委员会编:《山东省志 · 民俗志》，山东人民出版社 1996 年版。

山东省地方史志编纂委员会编:《山东省志 · 民政志》，山东人民出版社 1992 年版。

此外，全国各地地方志的选读和使用主要来自《中国地方志民俗资料汇编》华北卷、华东卷，正文已按学术规范做出注解或说明；晚清以来报纸文献主要源自山东大学图书馆“晚清期刊全文数据库”；三德范村档案馆提供了20世纪40年代末至今以本村为主体的各类民间文献资料。

二、学术著作

陈泳超:《背过身去的大娘娘——地方民间传说生息的动力学研究》,北京大学出版社2015年版。

陈潭等:《治理的秩序——乡土中国的政治生态与实践逻辑》,人民出版社2012年版。

邓正来:《国家与社会——中国市民社会研究》,四川人民出版社1997年版。

费孝通:《乡土中国 生育制度 乡土重建》,商务印书馆2015年版。

刘魁立:《刘魁立民俗学论集》,上海文艺出版社1998年版。

梁漱溟:《乡村建设理论》,商务印书馆2015年版。

[德]马克斯·韦伯著,王容芬译:《儒教与道教》,商务印书馆1995年版。

[英]维多利亚·D.亚历山大著,章浩、沈杨译:《艺术社会学》,江苏美术出版社2013年版。

郭于华主编:《仪式与社会变迁》,社会科学文献出版社2000年版。

刘晓春:《仪式与象征的秩序——一个客家村落的历史、权力与记忆》,商务印书馆2003年版。

[法]皮埃尔·布迪厄、[美]华康德著,李猛、李康译,邓正来校:《实践与反思——反思社会学导引》,中央编译出版社1998年版。

施爱东:《中国现代民俗学检讨》,社会科学文献出版社2010年版。

[德]马克斯·韦伯著,康乐、简惠美译:《经济行动与社会团体》,广西师范大学出版社2011年版。

王杰文编著:《民间社火》,中国社会出版社2006年版。

王杰文:《仪式、歌舞与文化展演——陕北·晋西的“伞头秧歌”研究》,中国传媒大学出版社2006年版。

[日]西村真志叶:《日常叙事的体裁研究——以京西燕家台村的“拉家”为个案》,中国社会科学出版社2011年版。

费爱华:《话语交易：乡村社会及其治理中的人际传播》，浙江大学出版社2013年版。

刘统霞:《被表述的民俗艺术——对商河鼓子秧歌的历史人类学考察》，知识产权出版社2011年版。

徐勇:《乡村治理与中国政治》，中国社会科学出版社2003年版。

贺雪峰:《新乡土中国（修订版）》，北京大学出版社2013年版。

吴理财等:《公共性的消解与重建》，知识产权出版社2014年版。

[英] 罗伯特·D. 帕特南著，王列、赖海榕译:《使民主运转起来——现代意大利的公民传统》，江西人民出版社2001年版。

王笛著，李德英、谢继华、邓丽译:《街头文化：成都公共空间、下层民众与地方政治（1870~1930)》，商务印书馆2013年版。

彭泽益编:《中国近代手工业史资料（1840—1949）（第二卷)》，生活·读书·新知三联书店1957年版。

[美] 沃尔特·李普曼著，阎克文、江红译:《公众舆论》，上海人民出版社2006年版。

[英] 麦嘉湖著，秦传安译:《中国人的生活方式》，电子工业出版社2015年版。

夏建中:《文化人类学理论学派——文化研究的历史》，中国人民大学出版社1997年版。

行龙:《走向田野与社会》，生活·读书·新知三联书店2007年版。

杨懋春著，张雄、沈炜、秦美珠译:《一个中国村庄：山东台头》，江苏人民出版社2012年版。

[美] 杜赞奇著，王福明译:《文化、权力与国家——1900—1942年的华北农村》，江苏人民出版社1996年版。

周雪光:《组织社会学十讲》，社会科学文献出版社2003年版。

李正东:《河村水会：日常生活、集体行动与生存文化：1978—1987》，光明日报出版社2013年版。

[美] 黄宗智:《华北的小农经济与社会变迁》，中华书局1986年版。

王建革:《传统社会末期华北的生态与社会》，生活·读书·新知三联书店2009年版。

刘德增:《闯关东——2500万山东移民的历史与传说》，山东人民出版社2008年版。

顾颉刚编著:《古史辨》，上海古籍出版社1982年版。

洪治纲主编:《顾颉刚经典文存》，上海大学出版社2003年版。

[英] 安东尼·吉登斯著，李康、李猛译，王铭铭校:《社会的构成:结构化理论大纲》，生活·读书·新知三联书店1998年版。

张康之:《行政伦理的观念与视野》，中国人民大学出版社2008年版。

容世诚:《戏曲人类学初探：仪式、剧场与社群》，广西师范大学出版社2003年版。

翟学伟:《人情、面子与权力的再生产》，北京大学出版社2005年版。

丁广惠:《中国传统礼俗考》，黑龙江教育出版社2012年版。

从翰香主编:《近代冀鲁豫乡村》，中国社会科学出版社1995年版。

[美] 乔尔·S. 米格代尔著，李杨、郭一聪译，张长东校:《社会中的国家：国家与社会如何相互改变与相互构成》，江苏人民出版社2013年版。

傅谨:《草根的力量——台州戏班的田野调查与研究》，广西人民出版社2001年版。

高丙中:《民俗文化与民俗生活》，中国社会科学出版社1994年版。

任剑涛:《公共的政治哲学》，商务印书馆2016年版。

韩明谟编著:《农村社会学》，北京大学出版社2001年版。

[美] 洪长泰著，董晓萍译:《到民间去——1918—1937年的中国知识分子与民间文学运动》，上海文艺出版社1993年版。

胡潇:《民间艺术的文化寻绎》，湖南美术出版社1994年版。

金泽:《宗教人类学导论》，宗教文化出版社2001年版。

[美] 保罗·康纳顿著，纳日碧力戈译:《社会如何记忆》，上海人民出版社2000年版。

魏然、周树华、罗文辉:《媒介效果与社会变迁》，中国人民大学出版社2016年版。

［日］井口淳子著，林琦译，朱家骏校译：《中国北方农村的口传文化——说唱的书、文本、表演》，厦门大学出版社 2003 年版。

［美］理查德·鲍曼著，杨利慧、安德明译：《作为表演的口头艺术》，广西师范大学出版社 2008 年版。

［美］克利福德·格尔兹著，纳日碧力戈、郭于华、李彬、罗红光、田青等译，王铭铭校：《文化的解释》，上海人民出版社 1999 年版。

［美］克利福德·吉尔兹著，王海龙、张家瑄译：《地方性知识：阐释人类学论文集》，中央编译出版社 2000 年版。

金一虹：《中国新农村性别结构变迁研究：流动的父权》，南京师范大学出版社 2015 年版。

李正华：《乡村集市与近代社会——20 世纪前半期华北乡村集市研究》，当代中国出版社 1998 年版。

刘锡诚主编：《妙峰山·世纪之交的中国民俗流变》，中国城市出版社 1996 年版。

韩晓莉：《被改造的民间戏曲——以 20 世纪山西秧歌小戏为中心的社会史考察》，北京大学出版社 2012 年版。

［法］马塞尔·莫斯著，汲喆译，陈瑞桦校：《礼物——古式社会中交换的形式与理由》，上海人民出版社 2005 年版。

［法］莫里斯·哈布瓦赫著，毕然、郭金华译：《论集体记忆》，上海人民出版社 2002 年版。

［美］欧达伟著，董晓萍译：《中国民众思想史论——20 世纪初期～1949 年华北地区的民间文献及其思想观念研究》，中央民族大学出版社 1995 年版。

乔志强主编：《近代华北农村社会变迁》，人民出版社 1998 年版。

叶涛：《泰山香社研究》，上海古籍出版社 2009 年版。

［加］西佛曼、格里福编，贾士蘅译：《走进历史田野：历史人类学的爱尔兰史个案研究》，台湾麦田出版有限公司 1999 年版。

［美］施坚雅著，史建云、徐秀丽译，虞和平校订：《中国农村的市场和社会结构》，中国社会科学出版社 1998 年版。

［日］田仲一成著，钱杭、任余白译:《中国的宗族与戏剧》，上海古籍出版社 1992 年版。

李晓斐:《民间权威与地方政治——一个中原乡村的传统蜕变》，知识产权出版社 2016 年版。

李静等:《城市化进程与乡村叙事的文化互动》，中国社会科学出版社 2015 年版。

［美］西奥多·舒尔茨著，郭熙保、周开年译，郭熙保、刘有锦校:《经济增长与农业》，北京经济学院出版社 1991 年版。

［美］曼瑟尔·奥尔森著，陈郁、郭宇峰、李崇新译:《集体行动的逻辑》，人民出版社 1995 年版。

［法］H. 孟德拉斯著，李培林译:《农民的终结》，社会科学文献出版社 2010 年版。

［美］卡罗尔·佩特曼著，陈尧译:《参与和民主理论》，上海人民出版社 2012 年版。

李培林:《村落的终结——羊城村的故事》，商务印书馆 2004 年版。

萧放:《岁时——传统中国民众的时间生活》，中华书局 2002 年版。

季中扬:《民间艺术的审美经验研究》，中国社会科学出版社 2016 年版。

阎云翔著，李放春、刘瑜译:《礼物的流动：一个中国村庄中的互惠原则与社会网络》，上海人民出版社 2017 年版。

钟敬文:《建立中国民俗学派》，黑龙江教育出版社 1999 年版。

赵世瑜:《狂欢与日常——明清以来的庙会与民间社会》，生活·读书·新知三联书店 2002 年版。

赵旭东:《权力与公正——乡土社会的纠纷解决与权威多元》，天津古籍出版社 2003 年版。

张士闪:《乡民艺术的文化解读——鲁中四村考察》，山东人民出版社 2006 年版。

王加华:《被结构的时间：农事节律与传统中国乡村民众年度时间生活——以江南地区为中心的研究》，上海古籍出版社 2015 年版。

张蔚：《闹节——山东三大秧歌的仪式性与反仪式性》，中国传媒大学出版社 2009 年版。

［美］黄宗智主编：《中国乡村研究（第一辑）》，商务印书馆 2003 年版。

李昌平、董磊明主编：《税费改革背景下的乡镇体制研究》，湖北人民出版社 2004 年版。

三、学术论文

格尔茨：《深描说：迈向文化的解释学理论》，载《国外社会学》1996 年第 1—2 期合刊。

廖明君、巴莫曲布嫫：《田野研究的“五个在场”——巴莫曲布嫫访谈录》，载《民族艺术》2004 年第 3 期。

巴莫曲布嫫：《叙事语境与演述场域——以诺苏彝族的口头论辩和史诗传统为例》，载《文学评论》2004 年第 1 期。

赵世瑜：《传承与记忆：民俗学的学科本位——关于“民俗学何以安身立命”问题的对话》，载《民俗研究》2011 年第 2 期。

刘铁梁：《村落集体仪式性文艺表演活动与村民的社会组织观念》，载《北京师范大学学报（社会科学版）》1995 年第 6 期。

刘铁梁：《村落——民俗传承的生活空间》，载《北京师范大学学报（社会科学版）》1996 年第 6 期。

刘铁梁：《村落生活与文化体系中的乡民艺术》，载《民族艺术》2006 年第 1 期。

刘铁梁：《感受生活的民俗学》，载《民俗研究》2011 年第 2 期。

刘铁梁：《劳作模式与村落认同——以北京房山农村为案例》，载《民俗研究》2013 年第 3 期。

万建中：《民俗志写作的缺陷与应有的追求》，载《民间文化论坛》2007 年第 1 期。

高丙中：《“民俗志”与“民族志”的使用对于民俗学的当下意义》，载《民间文化论坛》2007 年第 1 期。

高丙中:《民间的仪式与国家的在场》,载《北京大学学报(哲学社会科学版)》2001 年第 1 期。

王杰文:《民俗志对于民俗学意味着什么》,载《广西民族研究》2008 年第 1 期。

谢立中:《结构—制度分析,还是过程—事件分析?——从多元话语分析的视角看》,载《中国农业大学学报(社会科学版)》2007 年第 4 期。

吕微、刘锡诚、祝秀丽、安德明:《家乡民俗学:从学术实践到理论反思》,载《民间文化论坛》2005 年第 4 期。

叶涛:《民间文献与民间传说的在地化研究——以沂源牛郎织女传说为中心的探讨》,载《民族艺术》2016 年第 4 期。

吕微、刘宗迪、施爱东:《两种文化:田野是“实验场”还是“我们的生活本身”(续)》,载《民间文化论坛》2006 年第 1 期。

廖明君、施爱东:《学术研究是自戴脚镣的体力活——施爱东博士访谈录》,载《民族艺术》2011 年第 4 期。

方李莉:《后现代主义背景下的西方艺术人类学述论》,载《江南大学学报(人文社会科学版)》2011 年第 4 期。

黄燎宇:《〈艺术社会史〉:堪称“孤本”的艺术史经典》,载《光明日报》2015 年 7 月 14 日。

何明、洪颖:《回到生活:关于艺术人类学学科发展问题的反思》,载《文学评论》2006 年第 1 期。

陈春声:《走向历史现场》,载《读书》2006 年第 9 期。

陈潭、罗晓俊:《中国乡村公共治理研究报告(1998—2008)——以 CSSCI 检索论文与主要著作为研究对象》,载《公共管理学报》2008 年第 4 期。

张士闪:《从参与民族国家建构到返归乡土语境——评 20 世纪的中国乡民艺术研究》,载《文史哲》2007 年第 3 期。

张士闪:《乡民艺术民族志书写中主体意识的现代转变》,载《思想战线》2011 年第 2 期。

张士闪:《礼俗互动与中国社会研究》,载《民俗研究》2016 年第 6 期。

张小军:《象征资本的再生产——从阳村宗族论民国基层社会》，载《社会学研究》2001 年第 3 期。

张小军、李建明:《权力互竞交换共同体——贵州水族霞节、艾节和善节的个案研究》，载《民族研究》2013 年第 2 期。

常建华:《日常生活与社会文化史——“新文化史”观照下的中国社会文化史研究》，载《史学理论研究》2012 年第 1 期。

常建华:《中国社会生活史上生活的意义》，载《历史教学（下半月刊)》2012 年第 1 期。

沈延生:《村政的兴衰与重建》，载《战略与管理》1998 年第 6 期。

郑法:《农村改革与公共权力的划分》，载《战略与管理》2000 年第 4 期。

于建嵘:《乡镇自治：根据和路径》，载《战略与管理》2002 年第 6 期。

狄金华:《民间仪式与权力意志——华北米村丧葬仪式的变迁研究》，载《南通大学学报（社会科学版)》2013 年第 3 期。

曾宪义、马小红:《中国传统法的“一统性”与“多层次”之分析——兼论中国传统法研究中应慎重使用“民间法”一词》，载《法学家》2004 年第 1 期。

张明新:《从乡规民约到村民自治章程——乡规民约的嬗变》，载《江苏社会科学》2006 年第 4 期。

周家明、刘祖云:《传统乡规民约何以可能——兼论乡规民约治理的条件》，载《民俗研究》2013 年第 5 期。

刘伟:《论村落自主性的形成机制与演变逻辑》，载《复旦学报（社会科学版)》2009 年第 3 期。

岳永逸:《传统的动力学：娃娃亲的现代化生存》，载《北京师范大学学报（社会科学版)》2005 年第 6 期。

王沪宁:《中国的村落家族文化：状况与前景》，载《上海社会科学院学术季刊》1991 年第 1 期。

耿波:《从现代性到后现代：中国乡民艺术的“去语境化”》，载《齐鲁艺苑》2006 年第 4 期。

魏光奇:《清代直隶的里社与乡地》，载《中国史研究》2000 年第 1 期。

李智信:《社火溯源》，载《青海民族研究》2008 年第 4 期。

张振涛:《国家礼乐制度与民间仪式音乐》，载《中国音乐学》2002 年第 3 期。

王琼:《关中民间社火与宗教祭祀源探》，载《河南社会科学》2012 年第 11 期。

田为民:《政治稳定的社会心理条件研究》，载《江苏社会科学》1999 年第 2 期。

乌丙安:《非物质文化遗产的界定和认定的若干理论与实践问题》，载《河南教育学院学报（哲学社会科学版)》2007 年第 1 期。

苑利:《非物质文化遗产传承人保护之忧》，载《探索与争鸣》2007 年第 7 期。

萧放:《关于非物质文化遗产传承人的认定与保护方式的思考》，载《文化遗产》2008 年第 1 期。

李向振:《“非遗”传承人认定与集体性乡民艺术的保护——以冀南 GY 村“捉黄鬼”活动为个案》，载《贵州大学学报（艺术版)》2015 年第 2 期。

付来友:《钱来钱往——中国山东一个村庄的金钱、市场与乡土社会转型》，中国人民大学 2016 年博士学位论文。

李向振:《城边村日常生活与生计策略的民俗志研究——京北姚村故事》，山东大学 2016 年博士学位论文。

罗家德、孙瑜、谢朝霞、和珊珊:《自组织运作过程中的能人现象》，载《中国社会科学》2013 年第 10 期。

谢永栋:《近代华北庙会与乡村社会精神生活——以山西平鲁为个案》，载《史林》2008 年第 6 期。

段友文、王旭:《崇神敬祖、节日狂欢与历史记忆——山西娘子关古村镇春节民俗调查》，载《文化遗产》2012 年第 4 期。

关丙胜、赵郡丹:《文化的演进博弈：河湟西纳地区阳坡人的社火历程》，载《青海民族研究》2013 年第 1 期。

赵旭东、罗士泂:《游离于城乡之间——文化转型视角下作为行动者的中国农民》，载《学术界》2016 年第 11 期。

刘晓春:《从“民俗”到“语境中的民俗”——中国民俗学研究的范式转换》，载《民俗研究》2009 年第 2 期。

陈进华:《治理体系现代化的国家逻辑》，载《中国社会科学》2019 年第 5 期。

附 录

一、锦屏山碑刻选辑

(一) 太山行宫碑群

1. 乾隆五年严禁山林庇护圣殿碑

章丘县正堂加三级毛：为严禁山林庇护圣殿，事切城南六十里锦屏山朝阳洞太山行宫，今有生员靳延社等众领袖，请明示开缘募化建立太山行宫大殿，一概重新。花果树木，自迎仙门为始，南至小龙沟，西至窝峪顶，北至石峭岭，倘有无知乡民伤损树株，深为可恨，自示之后，仰周围士庶军民并领袖众等，看守香火道人，遇有打柴放火者立禀送县，以凭重究，决不宽贷，特示。

乾隆五年拾月拾壹日　始贴锦屏山

2. 乾隆六年旗杆碑

万古流芳

锦屏山太山行宫殿内殿外，公做彩幡四杆，旗杆二株，施财善人姓名开列于后（名略）。

住持　韩阳成

乾隆六年岁次辛酉上浣吉旦

3. 乾隆八年章丘县正堂席告示碑

章丘县正堂加一级席：为严禁山林以护圣殿，事切城南六十里锦屏山朝阳仙洞太山行宫，乾隆五年间蒙前任毛示谕，凡有庙宇、草地、山林、种养、花果、树木，建立太山行宫，养成树木多株。领袖生员靳延社等，恐有无知乡民进山打柴，烧损树株，殊属神人可恨。为此，示仰周围士庶军民人等知悉，自示之后，遇有打柴放火者立扭送县，重责枷号不恕，特示。

乾隆八年十二月十六日　始贴锦屏山

4. 乾隆八年锦屏山记事碑

盖尝观于天地消长之数，万物盛衰之机，不禁于锦屏山而旷然有感。此山发脉泰岱，蜿蜒绵亘，历新、蒙、泰、莱而枕阳丘之南首。峭壁插天，古洞窈然，其间红霞灿树，好鸟赠音，万卉竞秀，百葩呈芳，其亦钟奇毓秀之区欤。以前埋没荒草，仅为樵夫牧竖击狐伐兔之场，不得共玉皇、会仙、长白、摩呵诸山吐奇发秀者几百千年。乙卯岁，有羽士韩阳成系吕祖洞全真也，游方入山，相阴阳、观向背，察龙虎回绕环抱之势，审峰峦委折起伏之形，有武夷九曲，曲曲入胜，衡湘九面，面面皆圆之妙。愿借一榻以养真。环山善士，开荆棘辟蒙茸，争先恐后，协力修理。经营十有余年，洞内之掩于淤泥蔓草者，今则洁净轩亮矣。洞前之逼侧崎岖者，今则藻井坦易矣。西构讲堂，东凿清泉，南营雪阴，北砌朝阳，以人工承天巧，足以供辞客骚人之咏吟焉。至于绝顶大殿之巍峨，廊庑之辉煌，围墙山门之雄峙，则又临夫各巘各涧，奇花异卉，怪石古松，鸟道羊肠，有络绎奔会万派朝宗之势焉。夫自皇古以迄于今，历千万劫，一旦辟兹胜迹，堪与玉皇、会仙、长白、摩呵诸山并峙竞秀，何莫非众善士焦心劳虑拮据之所成哉，想亦此山之灵乘时鼓舞于冥漠之中，以人工承天巧耶。余重阳日胜游，众善士立索成文，迫于命，爰荒撰芜词，以志不朽。

章丘县正堂　毛邑

讯司厅　雷世臣

捕厅　张达

邑庠生　张元桂　薰沐叩撰

郡庠生　靳思峪　薰沐叩书

住持　韩阳成

乾隆八年岁次癸亥季春吉旦

5. 乾隆八年重修太山行宫碑

齐鲁泰岱有碧霞元君灵应宫，则以五岳之首，少昊无怀之所税鞅，黄帝有虞之所驻跸，三代以降，秦、汉、唐、宋，历明迄今，胪禅纷如，册祀辉铄，故不刊也。兹山脉发泰岳，巍震章南，领群山而翡翠插天，源漏河而甘流匝地。神通往来，莫依何从，人杼诚敬，伏竭无所，事在人为，时诚有待。黄冠白帢，多方结万姓之缘，绮履青衿，百计购双镮之入。我也于于，人皆喁喁，赴之如流水，输之若转圜，捐费有差，视赀为准，胼胝审面，次第永肩。庙貌崇闳，雄峙于峰巅，洞环深邃，拗折乎岩下。北开小院，布种青莲，东得甘泉，蔚成文甃。疏壅去秽，居然半亩之方塘，除荆剪棘，恰受一天之月晕。庑门更造，讲堂加新。平直砌方，起输娄于再世。参差错落，缀梁郢于同时。计费千金，庀畏数百。山分泰岱一支，神仍碧霞三座，朗然表胜，岿焉伟观。乃修筑告间，集会约期，或遇暮春，或逢重阳，厥有冠带之侪，布衣之俦，估贩之魁，帷门之侣，靡不指椒岭以首路，望危冈而膝地。殷辚万状，仿佛岱宗，杂还亿兆，依稀泰岩。或遥览乎敷木之彩，或下涧乎村落之字，或瞩眺乎町畦之横纵，或隐见乎渚澳之蜿蜒。步沿亟道，逶迤迤以犹龙，影翠崇峦，俨辉辉而集凤。群情翕赴，不约而同。灵应沕穆，冥中响答。窃见降瑞锡祉，调风布霖；成人事而感神庥，逭灾歉而被丰茂。倘仓（沧）海之未田，庶神明之永奠。然大纲稍举，细目未张，前以启后，真称大造之炉锤，后以续前，浑似不言之桃李。鸠工复施，继起萌见义之功，经始要终，再来任独贤之力。睹杰构之少渝，乃鸠僝而不懈，藻井连茄，仅遘脊茅之地，飞云丽日，大开宝鸡之天。勿徒托诸空言，亟有须于盛举，方诸此艺，千古同符，则此山可并泰岱不朽也已。

邑庠生　靳嗣韩　薰沐叩撰

韩学礼　薰沐叩书

乾隆八年岁次癸亥季春吉旦

6. 乾隆二十一年开山碑

从来名胜之区，皆得人以经理之，斯浑茫以辟，幽险以开，虽荒湮蔓草中，亦得以显其奇于宇宙。兹锦屏，吾邑望山也，山阴遥观，宛然横铺一字，山阳谛视，屹然鼎峙三峰，山腰有邃洞，昔名朝阳，此固山水凝结之始，天然成此伟观欤。但此前徒为牧竖樵采往来憩息之所，文人墨客曾未有过而留览者，亦以经理之无人焉。而山下三元村陈翁讳新邦者，雅意好修，飘然尘寰，尝西逾太行之高，南浮江淮之大，凡名山胜迹悉以登临为快，有时杖游是山之巅，度其形势，指画区别。适有全真道人韩阳成，偕其徒刘来广云游于斯，爱其洞幽深邃远，暑月无炎蒸之苦，霜天无栗冽之威，堪为修炼栖止之地，遂进谒陈翁，任募化之责而乞为常住。由是一诚感通，地产灵泉，爰披荆棘、启石洞，结庐于旁以居之。陈翁不以耄耋自委竭虑始之，又俯纯嘏靳先生毕力终之，先生亦以青衿不得志，适合其栖迟山林泉石娱老之愿，遂慷慨任以成之。爰集环山居士，各殚心力，鸠工庀材，不避寒暑，经营二十余年，而殿宇、山门、月台、墙垣相继告竣。每逢三月三朝，重阳九日，四方善信登临瞻拜焉。是昔为荒湮蔓草之区，今成辉煌熠熠巍灵之场，洵南部一胜概也哉。夫满目萧条，非陈翁无以开其始，平原一篑，非先生无以观厥成。至初终弗替，用肩厥事，尤赖住持者使大之力。念此建修维艰，为之述其始末，以示缵成者踵事而增华，俾后之视今远过今之视昔，乃无负于诸领袖之苦心也，是为序。

生员　韩学礼　撰文

生员　靳日峪　沐书

住持　韩阳成　徒　刘来广

乾隆岁次丙子三月清明吉旦立

7. 乾隆四十一年重修锦屏山碑

自来人以地杰，地亦以人灵。何言乎地以人灵也，从古奇迹仙踪异域胜境，非经人拂拭而表扬之，其湮没于榛莽鬼磷，荒风冷雨者何限。是山遥泰岱之灵脉，居阳丘之南鄙，俗呼平顶，雅号锦屏，堪舆家称为一字文星案焉。虽非峭壁插天，实则屏峰耸峙，历览万壑千山，望如银屏列前者殊不一觏，而且古洞天设，泉源浚涌，岂非章南一大名胜乎。前亦久湮于荒草野薮，莫可标揭。自雍正乙卯岁，羽士韩阳成云游栖止于斯，嗣有陈丈靖初，靳生纯嘏者与之募建庙坛，因集万家香火焉。嘻于乐哉！异境天开，蔚然挺一方之秀，胜踪地辟，杰焉亘万古之光，骚士登临，眷物外烟霞，青峰并襟怀竞爽，樵子环集，鉴空中楼阁，丹芝濯肾腹长清。要钟毓乎柏陵人士，岂竟崇夫奥区神皋，此所谓地以人灵也，人终以地杰矣。第数载倾坏，修葺莫遑，踵前修之故迹，扬开创之宏功，昔胡文定公所云，宗庙之事即远，有废而无立，不得以有为之言概置昔人之盛举也，兹于工竣，剷石镌名，因摅质言以识。

岁进士　靳延谞　薰沐叩撰

邑庠生　靳方山　浴手叩书

住持道人　刘来广（余略）

大清乾隆四十一年荷月吉旦

8. 道光三十年重修锦屏山庙宇碑

岁庚戌，新庙貌于锦屏之巅缘历风雨而难，仍欲急补助而不果。兹乃于泰殿山门之在上者，裂其瓦而换之于茶室，垣宇之在侧者，驱其石以垒之，更于老君神堂之在洞右者，需其人以整之，不鸟革，不翚飞，不金碧，以白云为装饰，以紫雾为填砌，昭其素也。是山辟于乾隆初年，灵始震于荒棘，宇横一峰，松列千株，悬崖百尺，窍透九重，南拱岱而北朝斗，苍翠万状，绵亘数里，盖天钟秀奇画图不啻也。然以野分枵，壤错阳丘。孟嘉之帽可邀，谢公之屐可及，枫丹菊黄，鸟弦泉琴，登攀者恒揽不盈掌。况运际升平，故其时和，时和则人暇，人暇则废举，废举则物华。幸赖禅师化托龙钵，而从前之土崩势解者，不崇朝而改观矣。每值春杪秋初，风月惠朗，烟霞澄鲜，率宾朋幼长集檐牙而赏焉，酌美酒，题好句，听雅奏，不时于襟期而更爽哉。因乘兴而歌曰："上天宫阙，门厂棂星，南山之麓，锦秀一屏，眷此妙趣，拙反自形。"

乡耆　张鉴　敬书

　　　张清亮　书丹

住持道人　李合林　（余略）

大清道光三十年八月十六日吉旦立

9. 咸丰五年重修碑

书闻庙者貌也，所以栖神者也，然庙貌辉煌，因足以肃斯人之瞻仰，而法像暗淡，无以显神之声灵，此明堂藻火所以踵事而增其华也。章南六十里锦屏峰，旧有太山行宫，自道光三十年重修殿宇山门以及群庙，残缺者补之，损坏者葺之，而焕乎有章矣。但妆塑未施，神像难免萧索，丹雘未涂，画壁犹待更新。春秋享祀之际，莫不谓上栋下宇已极雕峻之奇，而五色六章尚欠冕藻之盖，不胜表里殊致之叹矣。越六年乙卯，近山数村首事善人与住持于元海，同心协力募化四方，各捐囊金，共襄盛事，逞良工之妙用，耸翠流丹，妆佛仙之盛容，铸金绣像，数月之间功成告竣。登此山者咸快夙愿，以为前此殿阁流彩，既有连云耀日之观，当前黼黻增新，更著山龙华虫之美。洵有以来百族之香花，广千秋之福量。从此，古柏苍松，山光与庙貌共丽，云封雾结，山灵与神聪共昭。庶几前人之经营无替，而后人之继述亦永垂不朽矣。是为记。

郡庠生员　部殿文　敬撰

辛传礼　张清亮　同书丹

住持　李合林　于教先

大清咸丰五年九月重阳日吉立

10. 咸丰八年重修锦屏山太山行宫山门殿宇

《书》云："为山九仞，功亏一篑。"盖谓功贵于成也。前此道光三十年，重修锦屏山太山行宫，凡山门殿宇已焕然更新矣，但神像装塑未及告竣，忽焉中止，不无功败垂成之感也。于是附近数村父老共议各出囊金，同襄盛事，外有以表鸟革翚飞之观者，亦内有以彰山龙藻火之美，前功未成者，今则聿观厥成矣。是为记。

郡庠生　部殿文　敬撰

辛传礼　李师魁　书丹

住持　孙永平　李永传

大清咸丰八年十二月二十六日吉立

11. 光绪十二年重修碧霞祠老君堂碑

辛酉科顺天举人历任东阿县教谕张玉荣撰文：锦屏山于章城居离位，离为火，主文明，既世所谓一字文星案也。其巅旧有碧霞祠，东阿则老君堂，年久庙宇未整，都人士议重修，礼也。或曰元君朝宿泰山，文膺封典，于锦屏何与？岂知锦屏脉络与泰山相结，神之聪明正直，保彼东方，独不鉴观民瘼而遗于此耶。老子为至圣师，所著《道德经》与圣教相表里，服其教者畏其神，筑庙以祀之，犹函谷关之遗迹也。记曰："能御大灾则祀之。"元君之鉴观有赫，老子之与人为善，皆有功于民者，环山居人与元君祠石楦仍旧重易其瓦，诸圣母亦受庇阴，山门则圮之修之，缺者补之。老君堂乙丑岁经雹灾曾为修葺，今于瓦之毁者复易之，使坚此居人好善之心，亦为民祈福之意也。乙酉七月十六日动工，至丙戌季春告竣，用砖瓦一万千余，用灰三万余斤，费钱一千余贯。特勒诸贞珉以示无废云。

邑庠生　张绪曾　黄书绅　单起瑞　同书丹

孙继召　书人名（余略）

大清光绪十二年岁次丙戌季春穀旦

（二）*老君堂碑群*

1. 乾隆二年重修锦屏山朝阳洞老君堂碑

三队反　黑峪庄　三牌庄　扑蝗庄　月宫庄　石屋庄

东王黑　田广庄　张　庄　厂口崖　西王黑　苗　庄

鹁鸽崖　秋林峪　青冶庄　三元庄　东窑头　明社庄

沙湾庄　西窑头　文　祖　木厂涧　禅房峪　西庵庄

水龙洞　朱公泉　东栾宫

领袖　李东青　靳延祉（生员）　陈新邦（州同）　于世祯　于思成

经历　金麟　刘富　李东安　石吉　陈凤立　刘升

住持道人　韩阳成　郭复会　吴复基　同立

乾隆二年岁次丁巳孟冬吉旦

2. 乾隆五十六年重修神轴碑

从来莫为之前，虽美弗彰；莫为之后，虽盛不传。锦屏山朝阳洞右白衣祠，旧有神轴三幅，系开山之时黑峪庄众善人所制，历年久远，尘染虫啄，亦欲重为装饰。有善裔李福孝等，重阳登谒，目击心伤，以为先人即创之于前，而子孙不能继之于后，真不肖也。于是率众施财，再加整饬。未几而神像焕然一新，真可肃观瞻而慑人心矣，是为记。

领袖善人（略）

乾隆五十六年岁次辛亥九月吉旦

3. 嘉庆十二年修水池碑

今夫水以山秀，山以水明。兹锦屏山坐镇章南，缘结泰岳，严正危峻，层峦叠嶂，林木葱郁。夫其顶堞开畅明朗，宫殿爽垲。山之半腰岩悬陡峻，洞古深邃。洞外境地，高下两段，立有祠堂，供诸神圣。檐前花覆，窗外树满。里中称圣区焉。乙丑岁秋七月，适张家庄治清张公者游此，适泉水四流。或曰：“行潦挹彼山顶，流泉取诸漏河。”张公曰：“何不檐外砌池贮水，以备时需。愿捐助焉。”诸道称善，缘簿叩化，张公怡然先施，而大寨之善士信女及环山众社首各捐赀财。由是鸠工庀材，经始有终，谨勒石以志不朽。

增广生员　陈汝明　撰文

韩体睿　书丹

住持道人　王本明

嘉庆十二年岁次丁卯孟冬榖旦

4. 同治六年重修老君堂碑

夫盛德者必百世祀，此不必列诸祀典也。即众心所□……顽订愚，警人心而持风化，筑庙以祀之也固宜。锦屏山东阿旧建老君堂，重修者屡矣。乙丑岁孟夏念日后，忽疾风迅雷，□……几折，庙瓦多飞，守者震恐。霁后，环山居人士造者咸心伤之。念太史氏久居柱下守典籍，至圣曾问礼焉。所著《道德经》五……相发明，不特道家祖之，即儒者亦多采其说，表彰六经，其有功于世教也伟矣。第此深山穷谷，必为神所栖止耶。吾不□……瓣能格神明，思其人犹爱其树，况其塑像俨然。愚夫妇焚香顶礼，即足振聋聩、励风俗，亦儒以道得民之意也。任令祠宇剥□……小，居民之过也。即经雹灾，遂捐资鸠工，即旧补新，共费钱三百余贯，而庙复焕然。登斯门者，庶各思奥窔，无忘前哲之道德□……也夫。

辛酉科顺天举人张玉荣撰文并书丹

住持　李永传　（略）

同治六年丁卯公立

5. 同治九年重修文昌阁碑

章丘流于北者首推绣江水，峙于南者盛称锦屏山。山巅庙廓不具论，论道院之南有石门东厂，年湮基坏，众议撤旧整新，建庙于其上，敬额文昌阁，高距麓间，庶与一字文星共映照临也。不料虑始不易，图终尤艰，历三载而阁基廓然，非直观瞻，异日有跻斯境而耸肩者，词意俱游象外，乃知词坛艺院，未必不攸关斯阁耳。总之创在前辈，心出何因，因在今日，迹邻于创，神因人灵，人亦或得神助。告竣之余，爰勒碑，昭兹来许，以绵斯文之风于勿替。

奎文阁典籍　张兰馨　敬撰

后学　王景森　单其鹏　单其昌　共书丹

住持　李永传　（余略）

领袖善人

生员　张桂馨　单起先　冯绍曾　王建楹　王振宁　牛茂森　宋存春

生员　靳可振　监生　靳元霱　监生　李文崇（共34人，余略）

大清同治九年岁次庚午闰十月十五日孟冬穀旦

6. 光绪二十一年重修老君堂碑

事有举之而必不可废，废之而必不可不复举者。匪直庙宇而为然，而庙宇其显焉者也。此山旧有老君堂一宇，在昔首创之时，制度完固，规模森严，洵属一方之伟观。洎乎岁远日久，其相继而重修者不止一次，总未能永固而不敝。自光绪乙酉补葺而后，迄今仅十数年间，故址竟荒落难堪。则欲制复其旧要，必踵事增修庶乎有济，倘或迟迟需之异日，恐往迹荡然无余，费益靡而功益难底于成。兹幸十有二村奋然志切兴修，群思踊跃以谋趋事，按银出赀，无一不乐于输将，而慷慨好义之士抑切量其力所优，各出囊财任意捐施者。于焉诹工度材，招徕徒役，仿其旧制，更其形势，门墙栋宇灿然一新。而与太山行宫，启其蔽而修其圮，气象也为之改观。经始于五月朔后，告竣于六月之初，迨夫落成宴饮之会，父老子弟咸相谓曰："庙宇聿修，神有所凭依，而吾人亦可以无憾矣，特不有以记之，则无征难信，后之观之者，其谁知此事之举不可废，废而不可不复举哉。"故镌之于石，将得而考焉，且以志夫来者，终济其美而不已云。

邑庠生　靳可振　志

靳化蒙　书

住持　杨至绪

楹联　四围苍翠成文锦　万壑青葱列画屏

横批　流芳千古

大清光绪二十一年岁次乙未孟冬上浣吉旦

（三）盘道碑群

1. 嘉庆四年重修老君堂碑

锦屏章南明山也。山之佳境有笔难罄，而朝阳洞尤为巨观。在昔蒙茸蔽塞，自韩羽人游览此山，募化吾乡，靖初陈老先生领袖开辟，洞始玲珑剔透，幽深玄杳。内塑老子金身，奉司香火。盖靖初老先生素慕道德一经故也。望紫气之来宜念前显，仰青牛之驻当思后承。迩来古洞虽无崩坏，每于夏秋连阴之日，渍水浸淋，恐有侮神像，议于洞左另建庙堂，以作便殿。此议一举，众善毕集，由是鸠工庀材，自丁巳六月始其事，至客岁孟冬而告竣。於戏，创不逸，继维艰，诚始易，成终难，镌石以志不朽。

邑庠生　韩谦　薰沐叩撰

增广生　陈汝明　薰沐叩书

住持道人　王复昌

助缘道人　马本辉

嘉庆四年四月吉旦

2. 光绪十二年重修碧霞元君祠老君堂碑

锦屏山为章邑城南山村胜境也，其巅旧有碧霞元君祠、东阿老君堂。于去年乙酉仲秋重修鼎新落成，及丙戌孟秋始将众神像范金涂艧，一一妆塑，而且殿宇墙壁绘画更新，兼制庙门与文昌阁屏门，聊蔽殿尘。人赖神以造福，神藉人以安栖，此所谓两相需而两相因也。又有屈曲盘道铺砌二百余尺，创修水池，以备日用之汲。是皆环山人士同心襄事，各输财贵以底有成者也。兹因卜吉告竣，勒诸贞珉，永垂不朽云。

邑庠生　张绪曾　黄书绅　撰文

邑庠生　单起瑞　书丹

住持　张元珠　田元俊

光绪十二年菊月上浣穀旦

3. 光绪二十三年重塑老君像制天棚帐子封山碑

锦屏山自十二村封植以来，即有老君圣像碧霞元君殿。迄丙申冬，重塑老君圣像，举不敢废，意也。碧霞元君殿内制天棚帐子，尽物事神，心也。是工倡赀者十二村。以赀未全付，住持杨至绪又募赀数村。暨丁酉春，费资犹绌，不获已。乃剪柏树数株售值完之。此举也不惟一山增辉，即十二村也生色也。恐嗣后轻戕树木，使蔚然而秀者反至童焉，故勒石为记。凡附山树木，一株不许私伐，如违，十二村共殛之。

卓庵赵希颜　撰

化南孙继召　书

伯蓬孙道方　书

住持　张元珠　（余略）

光绪二十三年岁次丁酉五月吉立

4. 光绪二十八年息讼护庙告示碑

抚院营务处花翎同知衔，调补济南府章丘县正堂，卓异候升加三级记录四次（即杨学渊），为出示禁谕事：据石屋庄庄长潘乐宾等禀称：窃闻，庙之所在，神所凭依，有其举之则莫敢废。查身等石屋庄即在锦屏山下，山巅旧有文昌帝君庙一座，非直壮观瞻，亦所以培文教也，前人创造非无谓也。数年前，有乡间无知之徒，谓此庙与彼庄风水有碍，肆行拆毁，当时阻止，未能听信。现在身等惕以怨恫之义，已能尽释前疑，因而纠众捐资，身等重为之倡也。经修复完整，庙貌一新。诚恐无知之徒复有呈其臆见擅行拆毁之事，为此，叩恳出示预禁，以崇祀典而弭事端。上叩等情到县，据此合行出示禁谕。为此事仰该庄及附近乡村人等知悉：须知庙祀正神有举无费，毋得惑于风水肆行拆毁，倘敢故违，定即从严纠办，决不宽容，其各凛遵毋违，特示，右仰知悉。

告示（章丘正县印）

光绪二十八年四月二十九日

5. 光绪二十九年重修文昌阁碑

盖闻有其举之，莫敢废也，锦屏山巅西北隅旧有文昌阁古庙一所，夷考其始，自道光乙酉，鹤叔祖延亭公与诸君所并创建也。数十年来风雨剥蚀，摧残不堪，问已，但附近诸君子久蓄增修之志，每叹倡义乏人。洎壬寅夏，鹤家兄图南来游于此，见其庙貌倾圮，慨然以继修为己任，于是率诸君子鸠工庀材，增其式廓。矗地亘天，辉光直争乎日月，丹楹刻桷，烂漫复灿乎云霞。巍巍巨制，不弥月而聿观厥成矣。夫志之坚者事必成，诚之至者神必佑，矧帝君枢环北极，迹著西垣。协昌运之光华，六筐丽耀，作人文之主宰，累代扬休。灵爽即庆其聿安，阴骘必显为果报。行看白骡贲降，蕊珠临杏苑之辉，丹凤胪传，笋玉焕芹宫之彩。懿欤休哉，爰勒贞珉，以志不朽。

鸿胪寺序班、邑庠生　郭云鹤　撰文

候选训导、廪膳生员　徐道修　篆额

候选教谕、附贡生员　李延煜　书丹

领袖　试用守府、癸巳举人　郭云鹏

住持　杨至绪　赵云峰

光绪二十九年岁次昭阳单阏荷月中浣穀旦

6. 光绪二十九年重修山巅西北隅文昌阁功德碑

重修山巅西北隅文昌阁，植树二十五株，乐输君子姓字开列于左。姓名（略）

大清光绪岁次昭阳单阏荷月中浣穀旦

7. 光绪三十一年重修锦屏山庙宇碑

粤稽章邑名胜，东曰胡山，北曰女郎山，而脉络泰岱，灵应文星，辉于映离照间者，厥为锦屏。是山也，自乾隆丁巳，余七世祖纯嘏公及新邦陈公等，同扶韩真人辟石开基，创建庙堂，迄今百七十有余岁矣，其间上下十二村合踵事增修亦不一次。而历览其胜，见夫峭石雕壁，庙貌森严，巍峨于山之巅者，碧霞元君宫也。迤东而下，崖悬路曲，树荫林翳，有阁奕然，峙于峰岩间者，帝君文昌宿也。北望则窍石巉岩，有朝阳洞焉。榱桷雕镂有老君堂焉。是堂也，固《道德经》所有著。是洞也，亦紫气青牛之灵所寄托。噫！前人制作巨矣，增修周矣，所虑者风霜剥蚀，雨露侵凌。近数年来，宫殿洞堂渐有圮敝之象，非再事重修能保无恙乎。光绪癸卯春，道人杨至绪及众首事已切重修之志，然功巨而难骤理也。由是十二村共出赀材，四方仁人义士各事输捐，一时，县尊、左堂刘、右堂黄亦倾囊金。鸠工庀材，圮者补之，敝者新之，堂焉皇焉，懿欤盛哉。然而未已也，洞堂之东群峰拱列，一山佳区也。后为斩棘披荆，北筑天地一庙，东修厅榭数间，前则横栏映砌，石刻玲珑，后则虚窗悬空，烟岚缭绕。以为文人学士登临啸傲，饮酒赋诗之所凭依焉，是真邑南一胜境也。两越岁乙巳秋八月告竣，爰志大概，以叙由来云云。

邑庠生员　靳尔芳　撰文

邑庠生员　靳少泉　靳蔚山　书丹

首事　（略）

住持　张元珠

光绪三十一年岁次乙巳仲秋上浣榖旦立

8. 功德碑

万古流芳

左刘　贰两

章丘县令　杨　捐银　拾两

右黄　贰两

其余（略）

楹联　锦绣文章传善事　屏列姓名记鸿功

光绪三十一年岁次乙巳仲秋上浣榖旦立

9. 宣统元年禁山碑

皇清

锦屏山主公议禁止山林条约

——树木为山之羽翼，住持者加意培植，约毋得枉伐

——凡附山樵木之人，住持者宜严为防伺，约毋得疏忽

——凡摧残树木之人，住持者宜急为捉获，约毋得私纵

——遇有持强不服，住持者宜急声明山主，约毋得徇隐

——凡遇有事故，住持者宜急报山主，山主宜急赴，约毋得推诿不前

十二庄公议勒石

住持道人　张理注

宣统元年十一月下旬吉旦同立

10. 甲戌年锦屏山碑（分上、下两截）

正面上部碑文：

锦屏山

甲戌年夏孟宪杰题

背面上部碑文：

古柏风雨沧桑　章丘人杰地灵

孟宪杰题

正面下部碑文：

公元1994年6月19日，市长孟宪杰率政府要员十余人，由镇、村负责人陪同，亲临锦屏山巡视，会商建设通讯微波站一事。时值风和日丽，峰峦滴翠，百鸟争鸣，众皆赞叹不已。孟市长兴致勃勃，豁然挥毫题词以畅其怀。并亲自为机站定位，诣意年内实现水、电、路三通，修复部分文物古迹。至此锦屏山声誉大震，可谓开发之新纪元。锦屏山乃岱脉奇峰，历代皆有典籍，惜哉年远失修，有损昔日盛况，铸成一大憾事，尤待开发，民思久矣。今日得兴壮举应时，万众莫不欣喜，奔走相告，市长题词即令已发，锦屏丰姿指日可待，故刻石以记之。

张福经　撰文

王绅家　书丹

文祖镇三德范经济联社

公元一九九四年六月十九日立

11. 甲戌锦屏独秀碑

锦屏独秀

甲戌初冬刘海亭

注：刘海亭，时任章丘市（县）委书记。

（四）墓林碑群

1. 韩阳成墓碑

大清

永言孝思

此山之修始于乾隆二年暮春之初，成于二十二年季秋之日。领袖者有陈公、靳公等诸君子。披荆棘辟蚕丛者，吾师韩道人讳阳成也。迨二十三年，岁在戊寅，而吾师乘鹤化去矣，寿六十岁。等不忍其功德，谨立碣以志不朽。

故仙师羽化韩讳阳成之墓

徒　齐来随　刘来广　朱泽润　胡泽芳

徒孙　刘复丹　同立

大清乾隆二十四年岁次已卯孟秋吉旦

2. 刘来广墓碑

方外要道，亦切近真实。若立念不跨，操心不固，为功不久，虽谈玄说妙，如蒸沙做饭耳。吾师刘上人，洵无愧于其继阳成韩师祖筑本于此山也。澄心了道，笃志殷勤，且精于石工，劳于力作，凡庙中之檐砌阶级，逼侧之门径墙宇，无非其精勤整理，历久不衰。自羽化之后，历有年所，而手泽常留，与岳并存。吾徒思之慕之，爰勒石以志不朽云。

故仙师讳来广号寒宫刘真人之墓

徒　孙复仁　张复全　刘复丹　王复昌　孙复祥　刘复秀（余略）

乾隆五十六年九月吉旦

3. 杨至绪墓碑

真人自髫龄入山，尔时其师祖师父在上，真人不过竭力耕田供职而已，初无大异于人也。既而其师祖师父羽化，真人撑持山务，凡前人未竟之绪则踵事而增华，后事宜垂之统则夙图而预维。至山之旧者新之，缺者补之。暇日课徒，则愚者砭之，顽者订之。晋接涉历，则老者敬之，幼者抚之。举凡关乎山者，真人系焦心劳虑，拮据以图。方期寿享期颐，斯山大为整理，不意天夺之速，竟于光绪三十四年四月十四日卯时乘鹤上升。意恐年远无稽，故略志其巅末，以昭示后世云尔。

大法师讳至绪杨真人之墓

奉祀徒　朱理训　任理柏　朱理忠　张理注　张理池　孙理度（余略）

大清宣统元年冬十一月下浣吉立

二、重要民俗资料提供者简介

张福经，男，1941 年生，三德范西村人，中共党员。长期担任三德范办事处（管理区）党总支书记，经济联合社党总支书记、社长。全面主持了 20 世纪 60 年代末至 1998 年村庄建设的工作。退休后主编《三德范庄志》。

李景兴，男，1945 年生，三德范张家巷扮玩“领头的”，喜爱书法、绘画。

张烈民，男，1951 年生，三德范张家巷“扮玩领头人”，性格直爽。

赵介平，男，1949 年生，大专文化，三德范南村人。先后在三德范小学、中学任教，1991 年被评为“济南市优秀教师”。三德范辛庄巷扮玩“领头的”之一。

冯兰贵，男，1935 年生，三德范金家巷村民，曾长期在三德范煤矿下井作业。

冯昭宝，男，1959 年生，三德范西道巷村民，长期担任经济联合社干部。

单象厚，男，1932 年生，三德范单家巷村民，集体化时代曾任初级社社长、生产队长。

张烈才，男，1969 年生，三德范张家巷村民，喜爱书法、绘画。张家巷扮玩新生力量的代表人物。

刘绪刚，男，1950 年生，三德范东村人，中共党员。1966—1970 年，负责生产大队治安工作。1971 年，参军入伍。1975 年，退伍后回大队任民兵连长。1997—2002 年，任三德范东村村主任。

宋广艺，男，1948 年生，三德范辛庄巷村民，青年时期擅长快书、单口相声。

宋凯峰，男，1980 年生，三德范西道巷扮玩“领头的”，乡镇工作人员，擅长葫芦雕刻。

张江，男，1972 年生，三德范西村人，大学文化，中共党员。1996—2002 年任章丘市（今章丘区）文祖镇团委书记。2002 年 3 月，任文祖办事处主任。现任三德范管理区主任、党总支书记，三德范村经济联合社社长、党总支书记。近年主持了三德范村庄建设和传统文化挖掘、保护、弘扬等方面工作。

后 记

从我第一次走进三德范村，到现在已六年时光。在本书的前身——博士论文写作期间，我曾幻想自己会“厚积薄发”，即在做了足够充分的田野调查之后，可以基本掌握这个村落内部的知识体系，然后洋洋洒洒地写出一本十分“精致耐读”的作品。虽然我前后写了几篇极不成熟的短文，三德范这本“大书”非但没有读薄，反而越读越厚了。我抱着“旁观者清”的盲目自信闯进了村落内部盘根错节、千头万绪的历史现场和现实生活的迷雾中。我变得经常能在田野里触发灵感，又经常在进一步的思索里发现这种灵光何其肤浅。结果，欲速则不达，一下文思枯竭，陷入了遥遥无期的“述而不作”的状态。

事实上，这种战战兢兢的惶恐或困境绝非向壁虚构。从1938年费孝通先生的《江村经济》出版，乃至“五四运动”以来，知识分子们将眼光从圣贤文化转向民众文化开始，关于中国乡村的描述、讨论和解读实在已经是积简充栋了。除了严肃、刻板、枯燥的理论建构，林耀华的《金翼》、赵树理的《三里湾》，甚至陈忠实的《白鹿原》——如果将文学创作视为历史叙事之一种，这些饱含着中国乡土社会情感的文字，哪篇不是国人活生生的生活叙事！由此，“眼前有景道不得”的敬畏和忧郁占据了我的内心。

虽然至今尚未抵达彼岸，但本书的出版预示着我走出了最困难的时期。一路走来，我感谢所有师友给予的关心和扶助。2009年4月，在山东省淄博市淄川区，由李万鹏教授领队，我第一次参加了较为规范、系统的田野调查。转眼间走过了十年光景，李万鹏教授也离开我们很长一段时间了，我和同学们永远地怀念他。我的硕士研究生导师、博士研究生合作导师刘德龙研究员是我学术道路上的领路人。不仅如此，刘老师对我学业上的扶掖和生活上的照料远远超出了自己求学之初的预料，这是我要永远感恩的。在大学时代，我的博士研究生导师张士闪教授就是同学们集体膜拜的“男神”。近年来，士闪师在大众“偶像派”的身份以外，学术“实力派”那种特有的学术造诣上的醇厚精深，以及每每醍醐灌顶又不失绵里藏针的训诫使我既敬又畏。可以说，这本小书如果没有跟张士闪教授在办公室、咖啡馆的几次长谈，以及微信、邮件里无数次的机锋碰撞，是不可能呈现在读者面前的。

过去近十年间，山东大学儒学高等研究院（文史哲研究院）的刘宗迪教授、朱以青教授、李浩副教授、赵彦民教授、龙圣副教授给予了我很多帮助。在博士论文的构思以及写作过程中，刘铁梁教授、王加华教授、刁统菊教授更是多次同我邮件讨论、电话交流、当面晤谈，王加华教授还在成书前对本书的体例结构给予了切中肯綮的建议。2014 年夏，我曾计划围绕硕士阶段的研究基础“泰山皮影戏”拓展下去，最终完成“山东皮影戏研究”之类的作品。为此，中国社会科学院的叶涛研究员慷慨地赠以藏书，以鼓励、支持我的想法。虽然事与愿违，但我不敢忘记叶老师在自己学术成长道路上的多次点拨和教诲。北京大学历史系的赵世瑜教授是我导师的老师，在陪同他考察三德范村以及奔赴我的老家山东省泰安市西界考察少数民族宗教文化期间，赵老师对我的写作给予了很多鼓励和建议。此外，过去的两年间因缘际会，我曾有机会陪同东京大学、香港中文大学等高校的多位学术名家考察三德范村，并经常在考察过程中获得灵感和教益。其中，东京大学的菅丰教授、香港中文大学的张瑞威教授、南京农业大学的季中扬教授、中山大学的吴重庆教授等都曾使我受教获益，在此一并致谢。

感谢原文化部民族民间文艺发展中心的李松主任，因为他对三德范村的关注，在经过专家们的严格评审后，我所申报的《中国节日影像志·山东三德范元宵节》（批准号：YXZ2018006）得以入围国家社科基金重大项目《中国节日志》子课题。借此，我不但获得了必要的研究经费，而且更加从容地走进了村落社会内部开展细致观察。在此基础上，借助此次拍摄，我与张恒露、李雅文、姚诚等媒体制作圈的朋友，为三德范的父老乡亲留下了一份虽有缺憾，但充满时代感、多视角、直观并贴近真实的光影记录。

在本书的写作过程中，我还要感谢中国传媒大学的耿波教授，没有他的几次精到的纠偏，我会走很多弯路。中国社会科学院的施爱东研究员、清华大学的张小军教授、中央民族大学的林继富教授、天津大学的马知遥教授在这本书的前身——我的博士论文预答辩、正式答辩时提出了很多中肯的意见或建议，他们是促使我的论文不断修订的重要动力。武汉大学的吕德文教授、山东大学外语学院的朱耀云副教授、中国艺术研究院李修建研究员、西南大学付来友博士、武汉大学李向振博士、贵州师范学院李生柱博士、中国人民大学罗士洞博士，以及我的舍友南京大学李海超博士、曲阜师范大学朱斌博士，也在这本书的写作前后给予了我或宏大或细微、或委婉或直率的批评建议。

同时，在写作本书和田野调查过程中我还承担着繁重的教学科研任务。山东省民俗学会的刘德增教授、张从军教授、王丕琢研究馆员、李丕宇教授、李新华教授、姜波教授、陈国忠教授、郭永军教授，齐鲁师范学院的李红艳教授、齐健教授、董晓红教授、张洪芹教授，以及历史与社会发展学院的同事们都在百忙之中给予了我很多无私的帮助。

当然，还要感谢我的家人，特别是兄长孙亮一直以来给予我的照顾！

感谢以三德范管理区张江书记为代表的所有乡民。尤其是张福经、李执华、冯昭宝、赵淑美、陈叔平、冯娜、张烈民、李景兴、赵介平、张军生、陈连财、张烈才、王延训等，他们在我田野调查期间给予了最直接的帮助和照顾。

我将永远感恩三德范村这片土地！

朱振华

2019 年 10 月 20 日于建大花园